W0226047

Über dieses Buch Ein höchst schlitzohriger »Ratgeber für Lesben«, der verrät, wie frau am geschicktesten eine Beziehung zu einer Frau anfängt, aufbaut, fortführt und notfalls wieder beendet. Die Autorin äußert sich zu allen dabei auftretenden Problemen, wobei der Band jedoch kein technisches Lehrbuch über lesbische Sexualität ist und bei aller erotischer Offenheit nichts Pornographisches hat. Auf das hinreißendste wird erklärt, wie und wo eine Frau ihre Wunschpartnerin findet und »anmacht«, mit ihr flirtet, sie verführt und erobert. Wie verhält frau sich in der ersten Nacht und wie – was fast noch wichtiger ist – am Morgen danach? Wie arrangiert sie sich mit unterschiedlichem Geschmack in der Liebe und anderen Dingen? Wie wird sie mit Eifersucht, Fremdgehen, Streit oder Gefahren wie Aids fertig? Celeste West weiß auf alle Fragen eine Antwort, die praktisch und witzig zugleich ist. Sie stellt die verschiedenen Möglichkeiten lesbischer Beziehungen dar, gibt Ratschläge für das Zusammenleben und Hilfen bei Auseinandersetzungen. Themen wie Zurückweisungen, Verlassenwerden, Krankheit und Tod werden dabei nicht ausgespart.

Auch wer nicht lesbisch ist, liest dieses flott und mit viel »Herz und Schnauze« geschriebene Buch mit Vergnügen. Celeste Wests Sprache ist voller Anspielungen, oft erotischer Art, höchst sophisticated und nie peinlich. Ein so gescheit und locker geschriebener, amüsanter, geistreicher und nützlicher Ratgeber füllt in der Tat eine Lücke.

Die Autorin Celeste West, geboren 1942, stammt aus Pocatello, Idaho, und lebt in San Francisco. Sie leitet dort den kleinen »Booklegger«-Verlag und zugleich die Buchhandlung des ZEN-Zentrums. Gelegentlich zu Orgien neigend, ist die erklärte Lesbe dennoch »jeden zweiten Zoll eine Dame«. Neben aufregenden Frauen liebt sie vor allem Katzen.

Celeste West

Lesben-Knigge

Ein Ratgeber für alle Liebeslagen

Aus dem amerikanischen Englisch von
Michaela Huber

Fischer Taschenbuch Verlag

Die Frau in der Gesellschaft
Lektorat: Ingeborg Mues

Deutsche Erstausgabe
Veröffentlicht im Fischer Taschenbuch Verlag GmbH,
Frankfurt am Main, April 1992

Titel der amerikanischen Originalausgabe:
»A Lesbian Love Advisor. The Sweet and Savory Arts of Lesbian Courtship. With the Commentaries of Lady Clitoressa & Her Circle«
Copyright © 1989 by Celeste West
Erstveröffentlichung bei Cleis Press, Pittsburgh, San Francisco 1989
Für die deutschsprachige Ausgabe:
© 1992 Fischer Taschenbuch Verlag GmbH, Frankfurt am Main
Umschlaggestaltung und Grafik: Friederike Simmel, Frankfurt am Main
Gesamtherstellung: Clausen & Bosse, Leck
Printed in Germany
ISBN 3-596-10614-1

Inhalt

Für
Sue, Joanne und Elsa,
sine qua non

Einführung

Es scheint, als seien alle Menschen auf unserem Planeten darauf aus, einer Lady den Hof zu machen: heterosexuelle Männer, Lesben, schwule Männer – und so manche Hetera erwägt es ebenfalls. Kein Wunder: Der weibliche Teil der Bevölkerung hatte noch nie etwas für »Instant-Sex« übrig. Wir sind als Künstlerinnen darin geübt, Sexualität mit Romantik, Sinnlichkeit und Intimität zu bereichern und zu erotisieren. Außerdem ist die Frau die Glücksbringerin schlechthin: Nahrung, zarte Berührungen, behagliche Atmosphäre, das ist ihr Geschäft. Vermutlich hängt dies damit zusammen, daß Frauen sich tendenziell als »in Beziehung«, als eine Art »Zwischen-Wesen« verstehen. Wir legen großen Wert auf Verbundenheit, die selbstverständlich im Gewand echter Emotionen daherkommen muß. Frauen sind in der Lage, eine Beziehung auszubalancieren, indem sie eher verhandeln als Regeln aufstellen und ihr Territorium abstecken. Frauen ziehen Qualität und Tiefe einer sexuellen Beziehung der Quantität vor, wobei sie sich selten scheuen, eine innere Verpflichtung einzugehen.

Zwei Frauen gemeinsam können daher ein im höchsten Grade befruchtendes Verhältnis eingehen, eine sinnesberauschende wechselseitige Sinnlichkeit leben. Selbst das Wort »Lesbe« oder »Lesbierin« ist sinnlich, leicht, poetisch und geschichtsträchtig. Studien typischer Lesben (in nicht-therapeutischen Situationen) zeigen, daß wir glücklicher, unabhängiger und seelisch gesünder sind als heterozentrierte Frauen. Es erfordert sicherlich eine gute Portion persönlicher Würde, die eigene Unabhängigkeit nicht für eine Ehe und sexuelle Vergünstigungen nicht für Status einzutauschen sowie eine wahre Form der Partnerschaft zu leben anstelle von Begrenzungen durch Geschlechtsrollen oder Dominanzstreben. Lesbisch zu sein bedeutet weit mehr als nur die Lust auf Frauen oder eine exotische Marotte wie anno dazumal das

Monokel oder heutzutage der hochmoderne Haarschnitt. Lesbisch zu sein ist politisch und enthält eine Philosophie der Gleichheit, des Selbst-Bewußtseins, der Authentizität und des Mutes. Seit langem gibt es bestimmte Kreise von Frauen, die durch Reichtum oder Talent in die glückliche Lage versetzt wurden, ihre Liebe und ihre Freundschaft zu Frauen zu kultivieren. Der einzige »Schrank«, an den diese Frauen dachten, war der für ihre Chanel-Kostüme. (Anm. d. Ü.: Im Englischen bedeutet »in the closet« das Gegenteil von »coming out«: eine Frau, die ihr Lesbischsein vor der Öffentlichkeit verbirgt. Im Deutschen werden diese Frauen gelegentlich mit dem Ausdruck »Schrank-Lesben« bezeichnet.) Schließlich war Coco Chanel eine ihrer Schwestern. Alle, die es wissen wollten, konnten es wissen. Keine, die es wußte, scherte sich darum. Heutzutage hat die Frauen- und Lesbenbewegung dazu beigetragen, eine ähnlich selbstbewußte Freiheit für Millionen Frauen aller Gesellschaftsschichten zu schaffen.

Als mein eigenes Lesbischsein erblühte – wir schrieben das schicksalsträchtige Jahr neunzehnhundertneunundsechzig –, betrachtete ich es mehr als Offenbarung denn als unliebsames Etikett. Nach näheren Informationen über das »Wer, Wo, Was und Wie« dürstend, sprach ich mit allen Lesben, die mir über den Weg liefen, und durchkämmte die Bibliotheken. Wie sich herausstellte, war über das Paarungsverhalten von Lesben weniger bekannt als über das der Gorillas und der Küchenschaben. Wo blieb die Dian Fossey des Lesbianismus? Schließlich begegnete ich einer Frau, die ich nur als eine der lesbischen Koryphäen bezeichnen kann, eine weise Dichterin, die damals bereits über siebzig war. Aus England stammend, führte sie ihr Weg über Montreal und New York City – wo sie große Armut und schwere Schicksalsschläge ertragen mußte – dahin, in den Wäldern Nordkaliforniens ein lesbisches Avalon zu schaffen. Sie lachte, als wir sie »Lady Clitoressa« nannten. »Lady« bedeutete ursprünglich »eine, die das Brot knetet, bis es locker wird«, und »Clitoris« bedeutet natürlich »Gottheit«.

Ihr wirklicher Name ist Elsa Gidlow, und sie ist eine Muse

des *savoir-faire* und *savoir-vivre*. Meine Tagebücher waren voll von ihr. Sei vorsichtig, sagten sie, sie ist wie Zen, sie kann dir das Herz brechen. Natürlich tat sie es, und dann bemühte sie sich darum, mich zu lehren, wie man Herzen wieder zurückgewinnt. Sie schrieb eine aufregende Autobiographie (*ELSA, I Come with My Songs*), und es reicht wohl, wenn ich sage: Für mich wichtigtuerische neue Lesbe war sie eine schelmische, wenn auch mitfühlende Lehrerin. Sie ist der Überzeugung, Lesben könnten einen Ratgeber gebrauchen, weniger für »peinlich korrektes Verhalten« als für »ekstatisch korrektes Verhalten«. Elsa sagte immer, lesbisch-feministische Politik könne durchaus zu etwas »weniger Zwanghaftem« reifen. »Ja, Lesbischsein ist ein Stück vom Kuchen.«

Servieren wir ihn weiter. Unsere Zahl und Vielfalt sind Legion. Die konservativste, also am meisten zitierte Schätzung und Definition von Lesben in den Vereinigten Staaten entstammt dem alten *Kinsey Report* aus den gesetzten und angsterfüllten fünfziger Jahren: zehn Prozent aller Frauen. Das bedeutet, es gibt heute mindestens zwölf Millionen Lesben in den Vereinigten Staaten. Hey, das bedeutet, jede Stunde werden allein in den USA einundzwanzig Lesben geboren!

Doch wir wissen, Lesben werden genauso gemacht wie geboren, besonders seit der großen sexuellen Revolution, die mit dem Feminismus begann. Bis die Belästigungen aufgrund sexueller Vorlieben endlich aufhören, ist es nicht möglich, uns wirklich zu zählen. Homosexuelle ForscherInnen glauben, zusätzlich zu jeder in statistischen Untersuchungen gezählten Lesbe existieren noch zwei oder drei weitere. Selbst das hängt davon ab, wie Lesbischsein definiert wird.

Wer erinnert sich noch an die Zeit, als eine Frau definiert wurde als eine Person, die im Norden durch ihren Ehemann begrenzt ist, im Osten durch ihre Kinder, im Süden durch ihre Armut und im Westen durch ihre Kleidung? Heute bestehen nur noch siebenundzwanzig Prozent aller Haushalte aus »traditionell« verheirateten Paaren mit Kindern. Mehr als fünfundzwanzig Prozent aller Lesben sind Mütter und stolz darauf, wenn auch nicht auf unsere Armut. Lesben sind, wie die meisten Frauen, nach wie vor eher arm, aber inzwischen ebenso gut ausgebildet und auf der Suche nach Jobs, die Unabhängigkeit garantieren, wenn schon nicht Status oder dicke Schecks. Und Kleidung? Die lesbische Mode war immer die Mode der Freiheit.

Um Alice Walker zu zitieren: Lesbischsein verhält sich zum Feminismus wie Lila zu Violett, wobei Lesbischsein ein sich entwickelndes, kontinuierliches Spektrum an Möglichkeiten darstellt. Manche definieren eine Lesbe als eine Frau, deren tiefste emotionale, erotische und spirituelle Bindung und Loyalität einer Frau gilt oder Frauen als Klasse. Nach dieser Definition sind die meisten Frauen Lesben, glaubt man dem letzten *Hite Report* über die Sexualität der Frauen. Für Frauen bringen erotische Gefühle *alle* Sinne ins Spiel, nicht nur die Genitalien.

Manche definieren eine Lesbe als androgyne Frau, deren expansive und rezeptive Rollen gemischt sind, die alle Geschlechtsrollen »spielen« kann, ohne sich auf sie zu fixieren. Frauen, die verletzlich und dreist, durchsetzungsbewußt und nachgiebig sind. Es sind eher die von sich selbst besessenen Männer, die es nötig haben, Lesben als kesse Väter zu definieren, als Wesen, die »gegen sie« lieben. Der Wunsch, daß Männer uns sexuell begehren, ist nichts weiter als männliches Wunschdenken. Die lesbische Frau empfindet eine tiefe Zuneigung für ihr weibliches Selbst und fühlt sich frei, auf diese Vitalität und Erotik in allen Frauen zu reagieren. Meine Lieblingsdefinition ist: »A Lesbian is a woman who can teach you how to fix a car – or a cat.« – Eine Lesbe ist eine Frau, die dich lehren kann, wie man ein Auto repariert – oder eine Katze pflegt. Und wer immer darauf besteht, Lesben ausschließlich über ihre genitale Präferenz zu definieren (und wer könnte so primitiv sein), soll nur damit weitermachen. Lesben lieben die Lust um der Lust willen. Was spricht dagegen, wenn wir definiert werden als das Geschlecht, das auf Orgasmus aus ist, nicht auf »War«gasmus (*war* = Krieg).

Die lesbischen Themen sind die menschlichen Themen. Frauen sind sich mehr darüber im klaren, daß wir die Erde von unseren Müttern geerbt und von unseren Kindern nur geliehen haben. Lesbische Feministinnen waren bei buchstäblich allen fortschrittlichen Bewegungen der letzten zwanzig Jahre an vorderster Front. Wir sorgen uns um die Rechte und Zukunft aller Wesen, seien es Affen, Biotope oder Felsen. Emma Goldman hatte wie immer recht: »Homosexuelle sind gesunde Menschen in einer ungesunden Gesellschaft.« Die Norm ist nicht immer normal. Lesbischsein ist eine Möglichkeit, in einer patriarchalischen Kultur des Mega-Todes auf die Kraft des Lebens zu setzen. Uns von der Norm abzugrenzen ermöglicht uns, kreativ zu sein. Unsere Gemeinschaften zielen auf ein Klima von Sicherheit und Liebe; sie sind gute Modelle für kleine, sich selbst erhaltende Gemeinden. Indem wir uns für erotische, geschlechtliche und persönliche Freiheit einsetzen, leben wir Lesben die Revolution jeden Tag. Lady Clitoressa hat einmal ihre »Dreieinigkeit lesbischer Etikette« so zusammengefaßt:

1. *Bleibe deinem Lebens- und Liebesstandard treu.*
2. *Vermeide es, ein anderes Lebewesen unnötig zu verletzen oder auszubeuten.*
3. *Versuche zu verhindern, daß schlechte Situationen schlimmer werden.*

Zahllose Lesben aus allen Teilen Amerikas und des Auslands kamen, um auf Lady Clitoressas grünen Weiden zu grasen. Sie erwärmten sich für ihre Dreieinigkeit; sie wiederum erwärmte sich für deren »sinnlichen Intellekt«. Ich danke vielen dieser Frauen, die meinen Horizont und mein Herz erweitert haben, besonders denjenigen, mit denen ich in liebevoller, aber spitzzüngiger Kontroverse über dieses Buch gelegen habe. Ich gebe zu, dieser Ratgeber bezieht sich hautpsächlich auf die Ansichten von Lesben in diesem kleinen goldenen Halbmond aus San Francisco, Marin und Alameda im nördlichen Kalifornien. Hier leben wir in einer wunderschönen Luftblase, einem psychischen Seehafen mit kosmischer Libido. Alles, was ich tun kann, ist, euch auf einen Besuch einzuladen. Wir werden euch den Himmel und das Meer reservieren. Seid jedoch vorbereitet. San Francisco ist die einzige Stadt, in der ihr gefragt werdet: »Bist du gekommen?« Möge eure Antwort klar, frei und freundlich ausfallen.

Inzwischen hat sich herausgestellt, daß wir hübschen, stolzen Märchenwesen nicht den Paradiesgarten verlassen müssen, sondern daß wir im Gegenteil immer mehr werden. Ein lesbischer Regenbogen lächelt über diesen grünen Wiesen. Ein Wort leuchtet in ihm: *Veränderung.*

San Francisco, 1989
Celeste West

I.

Die hohe Kunst: Lesbisches Flirten, lesbische Romantik

Beginnen wir beim Flirten. Beginnt nicht schließlich alles damit? Das Flirten ist der Musik verwandt, eine leichte Berührung als Mittel und Ziel. Das Wort selbst stammt von dem alten französischen *fleureter* ab, was wörtlich bedeutet: »Von Blume zu Blume schweben.« Eine Form des Flirtens ist die Anmache, ein eher zielorientiertes und assertives Verhalten (*con brio*). Jede Lesbe hat ihren einzigartigen Flirt-Stil, mit wunderbaren Variationen. Am Anfang prägst du dir vielleicht gern ein paar Themen ein, übst sie sogar oder nennst sie »Eröffnungsspiele« wie in anderen Sportarten. Keine Angst: Selbst wenn du schrecklich schüchtern bist, es kann dir immer noch gelingen, jene Qualität »eloquenter Rezeptivität« zu entwickeln, die sich vielleicht als die magnetischste Form aller Verführungsstile entpuppt. Lesben wissen diese Schüchternheit zu schätzen, sie ist oft nur ein Schleier der Tugend. Aggressivität ist natürlich verboten.

Natalie Barney, die »Amerikanerin in Paris«, deren exquisite Kunst-Salons Legende sind, hält den Titel Lesbianas: »*une séductive exemplaire*.« Natalie widmete ihren beträchtlichen Reichtum und Genius ihren amourösen Freundschaften und pickte ihre Geliebten noch mit weit über achtzig vom Strand auf. Zwar muß die Tatsache, daß sie fließend zwei Sprachen beherrschte, einnehmend gewesen sein, doch eine ihrer charmantesten Eigenschaften war ihre Fähigkeit, ihr Leben lang wie eine Novizin zu erröten, wenn sie einer verführerischen Frau vorgestellt wurde. Wer wäre nicht entzückt von einem so rosigen Kompliment?

Flirten und Anmache, darin ähneln sie ebenfalls der Musik, verbessern sich mit zunehmender Praxis. Es ist ein Prozeß, der sich nur wenig abkürzen läßt, wenn auch ein charmanter Akzent und ein leichtes Erröten helfen mögen. Empfehlenswert sind die folgenden Techniken, die wir weiter unten ausführlich diskutieren werden, als Teil des Repertoires: *Clitzpah*; Gesprächs-Vorspiel; Körpersprache; Kenntnis erprobter Anmach-Orte; und, aus Gründen der Sicherheit: Überlebenstechniken nach Zurückweisung.

Dann sei bereit. Flirten und Anmache können dir in der Tat die Türen öffnen zu jenem ekstatischen, wild- und doch so zartblühenden Garten: der lesbischen Romanze. Der Preis dafür, hineinzugelangen, besteht darin, deine sicheren Grenzen und deinen alltäglichen, gewöhnlichen Verstand hinter dir zu lassen. Du schwebst auf die Blume zu, in die psychedelische, pulsierende, vergängliche Lavendelblüte der Romantik, du bist die Königin für deine Königin... und dann? Hört es nicht genau hier gewöhnlich auf? Wir fragen uns: Was ist geschehen? Wohin geht die Blume der Romantik, wenn sie stirbt? Du kannst sie länger leben lassen. Du kannst sie nicht ewig bewahren. Es kommt immer die Zeit, sie neu auszusäen. Also werden am Ende dieses Kapitels Pflanzanweisungen für neue Romanzen zwischen alten Partnerinnen angefügt. Denke daran, eine Weile innezuhalten, nicht nur um dich zu erfreuen – auch um dich auszuruhen. Dies ist der Sinn eines Zyklus.

Clitzpah

Clitzpah ist eine Art der Anmache, die von reinem Hedonismus zeugt: Lust um der Lust willen. Du bist offen, weit offen dafür, die Engel singen zu hören, hier und jetzt, ohne Scham. *Clitzpah* ist der Weg zum Abenteuer, auf dem du immer ein wenig mehr gibst und ein wenig mehr bekommst. Du spürst, daß du es wert bist, über und über mit Küssen bedeckt zu werden und den Körper einer Frau gleichermaßen zu kosten und zu liebkosen. Auch wenn du nicht so empfindest, so sollte es sein. Du bist ein Kind des Universums; das gilt es zu feiern – nun geh! Das göttliche Recht, das Erste Gebot lautet: Du hast das Recht, der Dame deines Herzens alles vorzuschlagen, was du dir wünschst. Selbstverständlich respektierst du dabei ihr natürliches Recht, dich zurückzuweisen, da es dir gelegentlich auch so ergehen wird. Schließlich ist die Zurückweisung ein Bestandteil des Spiels, das die Werbung so aufregend macht. Mehr über die wechselhafte und wertvolle Rolle der Zurückweisung später. Jetzt aber zelebrieren wir *Clitzpah* und feiern das Leben, den unwiederbringlichen Moment. Warum sollten wir nicht mit jeder Faser unseres Wesens leidenschaftlich glücklich sein?

Schließlich ist *Clitzpah* auch politisch korrekt. Eine große, starke Feministin wie du darf doch keine Angst davor haben, eine Schwester zum Tanz aufzufordern!

Unterhaltsames Vorspiel

Du brauchst dir über das Anmach-Gespräch keine Sorgen zu machen, wenn die Kugel erst einmal rollt und beide Frauen angeturnt sind. Lesbisches Flirten ist ebenso wie die lesbische Verführung eine wechselseitige Angelegenheit. Keine übernimmt die Kontrolle. Keine ist das Opfer. Die große Herausforderung besteht darin, einer Frau, die du begehrst, zu signalisieren, daß du bereit, fähig und willens bist, dich mit ihr auf höchst vergnügliche Weise einzulassen. Die Aufgabe besteht also darin, die richtige »Eröffnung« zu finden. Lies noch einmal den Absatz über *Clitzpah* und denke an *Lady Clitoressas erstes Gesetz der Bewegung: In neun von zehn Situationen mußt DU den ersten Schritt tun.* Im Anmach-Spiel nimmt auch die hartgesottenste Lesbe häufig die gezierte Haltung ein: »Nach Ihnen, meine liebe Alphonse...« Jede Frau wartet darauf, die andere möge beginnen, das seltsamste Balzverhalten aller Spezies. Schüchterne, sehr schüchterne Frauen führen ein aufregenderes Leben, als sich gewöhnliche Leute je vorstellen können. Was kühnen Menschen wie ein schlichtes *Tête-à-tête* erscheint, bedeutet der Schüchternen die höchste Form des Abenteuers, voller Gefahren und verblüffender Erfolge. »Ich habe sie angelächelt, und sie lächelte zurück!« kann uns volle zwei Wochen in Glückseligkeit versetzen. Es ist schon ein Wunder, daß Lesben jemals dazu kommen, das Manna wirklich zu kosten, aber am Ende kommt es doch, wie es kommen soll... früher oder später. Um aber jetzt in die Gänge zu kommen, legst du dir am besten einige allgemeine Eröffnungssätze zurecht, die dir leicht über die Lippen kommen. Sie einzuüben bedeutet nicht, unehrlich zu sein. Buchstäblich alle sanften Schwerenöter in Lady Clitoressas Kreis haben einige solche Eröffnungssätze eingeübt.

In der Regel empfiehlt es sich, niemals schrecklich witzige, sarkastische oder intellektuelle Bemerkungen an den Anfang zu stellen. In der Regel wird dein Gegenüber darauf keine schnelle Erwiderung bereit haben; also fühlt sie sich unbehaglich und wünscht nur noch eines: der Situation zu entkommen – und dir. Eine Bemerkung wie: »Haben Sie immer soviel Spaß?« sollte auf deiner Abschußliste stehen. Schließlich willst du mit dieser Frau flirten, und sie nicht an die Wand nageln. Eine leicht sexuelle Andeutung wie: »Kann ich Sie zu einem Drink einladen – oder zu einem Sommer auf Ibiza?« wird so manche Frau nervös machen – selbst wenn sie verdammt genau weiß, wovon du sprichst. Eine am Hungertuch nagende Künstlerin jedoch gab einmal zu, die Ironie des folgenden Satzes genossen zu haben: »Kann ich Ihnen einen Drink besorgen, oder hätten Sie lieber das Geld?« Dies war der Beginn einer faszinierenden Unterhaltung über Kunst, die ökonomische Situation von Frauen und weit darüber hinaus... Hier ist ein Eröffnungssatz nach New-Age-Art: »Die Erde ist solch ein wundervoller Ort. Kommen Sie öfter her?« Er verlangt jedoch ein entsprechendes Umfeld, um nicht lächerlich zu wirken.

Heutzutage gilt es als etwas überzogen, wenn eine Lesbe in einer Bar oder auf einer Party Runden schmeißt wie ein Cowboy im Western-Saloon. Du mußt eine Lady zwischen zwei

Gläsern erwischen, und heute nippen Frauen langsamer an ihrem Drink oder beobachten die Szenerie bei Mineralwasser oder Saft. Wenn du es nicht lassen kannst, frage sie, ob du ihr einen Drink »holen« (nicht »spendieren«) darfst, und bezahle ihn selbstverständlich. Eine angeturnte Mitspielerin reagiert darauf mit einem verblüfften Lächeln und mit: »Die nächste Runde geht auf mich«, eine tollkühne mit: »Vielleicht können wir das nächste Glas an einem ruhigeren Ort trinken ...« Und hier eine Eröffnung für Fortgeschrittene: »Wenn es nicht länger als romantisch gilt, alkoholisiert zu sein, ist es dann besoffen, romantisch zu sein?« Ein Anfangssatz für alle Gelegenheiten, der nicht von Trinkgewohnheiten abhängig ist, besteht in der Frage: »Darf ich mich einen Moment zu Ihnen gesellen?« Der »Moment« entwaffnet eine Lady, die fürchtet, bei einem seltsamen Vogel hängenzubleiben – und gibt dir die Möglichkeit, rechtzeitig den Abgang zu machen, wenn dir danach ist.

Hast du erst einmal eine Frau aus der Ferne gesehen, kannst du ihr mit einem freundlichen »Wie geht es Ihnen?« näherkommen. Das ist für dich kein Risiko und auch für sie ungefährlich. Einige wenige Frauen werden es dir daraufhin erzählen – in allen Einzelheiten. Indem du aufmerksam zuhörst (»Oh. Oh? Oh!«, falls es dir für einen Augenblick die Sprache verschlägt), macht die Unterhaltung riesige Fortschritte, es sei denn, es stellt sich heraus, daß sie sich in einer hoffnungslos unglücklichen Situation befindet. Dann tauchst du ab auf die Toilette. Die meisten Frauen jedoch antworten zunächst einmal mit »Gut, danke« und fragen entsprechend zurück. Selbst wenn sie nichts fragen, hast du jetzt eine erstklassige Gelegenheit, über die Eröffnungssequenz hinaus zu einem wirklichen Dialog zu gelangen. Biete ihr irgendeine Abwandlung von: »Tja, mir geht es gerade ganz gut, denn ...« Hier erwähnst du irgendein kleines Ereignis vom Tage, deinen jüngsten Coup oder eine nette Bemerkung über die Szene. Du erscheinst damit interessant, erfolgreich oder zumindest positiv – keine Frau, vor der eine andere davonlaufen möchte. »Ich habe gerade eine Geschichte verkauft« ... »ein

Tourenrad erstanden«... »einen wundervollen Film gesehen«... »unserer Gastgeberin zustimmen müssen, als sie sagte...« usw. Schließlich flichtst du geschickt etwas Nettes über deinen Beruf ein und steuerst damit die Unterhaltung zu ihr zurück, indem du fragst: »Und was machen Sie?«, da die meisten Frauen irgend etwas machen. Gelegentlich aber haben Frauen langweilige Jobs, also ist die beste Nachfrage: »Wie verbringen Sie eigentlich am liebsten Ihre Zeit?« Merke: Sobald du etwas Schmeichelhaftes über ihre Erscheinung oder ihre Kleidung sagst – und Komplimente sind exzellente Eröffnungssätze –, hast du sofort signalisiert, daß dein Interesse an ihr mehr als nur, sagen wir mal, schwesterlich ist. Frage sie über *alles mögliche* nach ihrer Meinung. Irgendwo in diesem Einführungsschwätzchen bemerkst du so ganz nebenher: »Übrigens, ich heiße...«

Zugegeben, das reißt eine Frau nicht gerade vom Hocker, aber wir reden hier über die grundlegenden Dinge des Lebens: Wie ein Welterfolg beginnt. Der Lebenszweck aller ritualisierten sozialen Mitteilungen und des ganzen Small talks über das Wetter ist: *Kontakt*; der Inhalt ist im wahrsten Sinne des Wortes irrelevant. Small talk bedeutet nichts weiter als: »Ich bin dir freundlich gesonnen und erkenne an, daß wir diesen einen Augenblick im Leben miteinander teilen können.« Small talk ist die federleichte Ausnahme von der literarischen Regel. Auch du kannst leichtfüßiger und heiterer werden, wenn du nur einfach daran denkst, daß wir uns hier im gelobten Land des Prozesses befinden, nicht des bleischweren Inhalts. Du kommst schnell in eine lockere Stimmung und ein ebensolches Gespräch, wenn du mit deinem Gegenüber ein gemeinsames Interesse entdeckst, weshalb es immer besser ist, die Dame bei einem Frauenstudien-Vortrag oder selbst einem Ikebana-Volkshochschulkurs zu treffen als in Bar oder Bus. Niemals solltest du unmittelbar dazu übergehen, eine Frau ins Kreuzverhör zu nehmen, ihr all die »Erzähl mir deine Lebensgeschichte«-Fragen zu stellen über solche delikaten Angelegenheiten wie persönliche Ziele und Hindernisse, das Verhältnis zu den Eltern, das Coming-out oder frühere Geliebte. Selbstverständlich willst du nichts *mehr* wissen als das, aber die sofortige Verfolgung dieses Ziels bedeutet, dich in die Privatangelegenheiten der Dame einzumischen. Zunächst solltest du nichts weiter tun, als ein paar deiner eigenen allgemeinen Interessen mit Anekdoten zu verknüpfen und sie freundlich darzubieten (diese Geschichten handeln dann von bestimmten Lieblingsmahlzeiten, Katzen, Tagesereignissen, Frauenthemen). Um an Informationen heranzukommen, mußt du Informationen geben; dann geraten die Dinge in Fluß.

Wenn all deine Versuche, dich als Lady Chatterley zu betätigen, dir nichts weiter einbringen als bleiernes Schweigen, erinnere dich daran, daß auch die schönsten XX-Chromosomen nicht unbedingt gleich eine Beziehung bedeuten. Dann übe dich einfach eine Weile in Geduld und laß es durchaus zu einigen Gesprächspausen kommen. Du signalisierst ihr damit deine respektvolle Aufmerksamkeit. Schweigt die Dame beharrlich, so begnüge dich damit, dich der Gegenwart einer wunderschönen Frau zu erfreuen. Lächle sie an, so lange, wie es brauchen würde, die Worte auszusprechen: »Würdest du gerne jenseits aller Worte mit mir Liebe machen?« Schweigen kostet nichts, und es verletzt nicht. Es kann sogar durchaus erfrischend sein. Atme Wohlgefühl ein und Hoffnung aus. Denke daran: Diese Lady kommt gerade von Göttin weiß woher und braucht vielleicht eine Chance, die plötzlich aufgetauchten neuen Optionen zu sondieren – dich zum Beispiel. Merkst du aber, daß sie auf das Spiel nicht eingehen mag, dann sei so galant und sage: »Tja, es war mir ein Vergnügen, mich mit dir/Ihnen zu unterhalten.« Und das war's dann.

Das Wichtigste am unterhaltsamen Vorspiel ist die gute Energie, da zu sein, sich lebendig zu fühlen und das Spiel zu genießen. Dies bringt uns zu *Lady Clitoressas zweitem Gesetz der Bewegung: Nur keine unziemliche Hast.* Lesben verfügen über eine ungezählte Vielfalt erotischer Gefühle und Sinnesempfindungen, die sie ins Spiel bringen können. Es ist nicht nur ungeschickt, auf sofortige Befriedigung zu drängen, es ist ausgesprochen tollkühn. Die meisten Lesben können es nicht leiden, eilig von einer Fremden zum Sex gedrängt zu werden. Anders als die Opfer wildgewordener Testosterone können wir es uns leisten, Connaisseurinnen der Subtilitäten zu sein und dabei geradezu verschwenderisch mit Zeit umzugehen. Sinnliche Lesben wissen: Überhaupt dahin zu gelangen, ist die Hälfte des Spaßes wert; die Blume des glühenden Verlangens wächst in der Jahreszeit der Erwartung. Wir könnten auch sagen: »Mit der Vertrautheit wächst die Chance für den Annäherungsversuch.« Bei der ersten Begegnung solltest du nur ein Date ausmachen und nicht darauf aus sein, bis zum Letzten zu gehen. »Ich würde mich sehr freuen, Sie/dich wiederzusehen. Darf ich Sie/dich anrufen?« oder, weniger vage: »Ich gehe auf die Frauenkunstausstellung. Ich würde gerne mit dir dorthin gehen. Hättest du Zeit und Lust, mitzukommen?« In diesem Fall demonstrierst du, daß du eine aktive Person bist, die bereits etwas Interessantes zu tun hat. Du präsentierst ihr eine neutral klingende Gelegenheit. Ein Ereignis-Date kann weniger heikel sein als die Frage nach einem Abendessen oder einem Tanz, die deutlicher auf romantische Interessen verweist. Welche Schritte du auch immer unternimmst, tu etwas. Sonst verzehrst du dich hinterher mit »Es wäre so schön gewesen…«; jede Handlung kann Erfolg zeitigen oder wenigstens einiges deutlich machen. Also geh los und ergreife das Rad des Schicksals, solange es sich dreht.

Sagen wir einmal, du hast das Steuer in der Hand und bewegst dich vorwärts. Dann kommt jetzt der nächste Schritt auf dem Pfad des unterhaltsamen Vorspiels nach den »Eröffnungen«, nach dem großen Aufwärmen. Es ist dies der entscheidende Schachzug namens »aufs Ganze gehen«, die Frage nach S-e-x. Aufs Ganze gehen kannst du bereits beim ersten Mal oder beim fünfzehnten Date, es ist abhängig von deiner Periode, den Sternzeichen und sonstigen Signalen, die du erhältst. Du magst es bei dieser Frau auf ein gemeinsames Leben oder eine süße Nacht abgesehen haben. Am besten übst du, indem du dir zum Beispiel folgende Szene vorstellst: Dies ist dein letzter Abend in München. Du hast eine anscheinend interessierte Schöne den ganzen Abend unterhalten, und es wird spät. Spielerisch berühren sich eure Hände. »Ich habe gar keine Lust zu gehen.« Dann liebkosen deine Finger aufmerksam jede ihrer Fingerspitzen in stummem Zwiegespräch. Du glaubst zu sehen, wie unmittelbar darauf die Brustwarzen unter ihrer Bluse hart werden. Es heißt also jetzt oder nie. Aber *wer* wird den ersten Schritt tun???

Erinnere dich an deine Chancen: Sie könnte eine der neun Lesben von zehn sein, die von *Clitzpah* nur gehört haben. Und nach der Wahrscheinlichkeitsrechnung ist klar: Es ist an DIR. Bei dieser delikaten Angelegenheit ist es natürlich von höchster Bedeutung, sich an Lady C.s »keine unziemliche Hast« zu erinnern, obwohl natürlich ebenso klar ist, daß die Zeit dir *tatsächlich* wegläuft; also flüsterst du leise: »Darf ich dich nur einmal küssen?« (Erfolg, langersehnter Erfolg. Ein abgrundtiefer Blick und feuchte Lippen, die sich erwartungsvoll schürzen ...)

»Ich würde dich so gerne irgendwann einmal von oben bis unten abküssen.« (Liebevolles Lächeln. Tiefes Atemholen.) »Weißt du, ich wäre entzückt, wenn du die Nacht mit mir verbringen *könntest* ...«

Geübte Verführerinnen werden das harmlos klingende »nur einmal« der Eröffnungszeile und das »irgendwann« der nächsten zur Kenntnis nehmen. Schließlich bist du ganz und gar nicht verzweifelt. Ein Kuß ist in der Tat besser als keiner, und manchmal *ist* besser als niemals. »Wenn du könntest« im letzten Vorschlag gibt der Lady, die gegenwärtig noch nicht bereit dazu ist, eine Möglichkeit, mit einem diplomatischen: »Nun ja, ich kann heute leider nicht«, statt mit einem endgültigen »Nein danke« zu antworten.

Es geht hier nicht darum, allgemeingültige, für die Ewigkeit bestimmte Aufforderungen wiederzugeben, sondern lediglich darum, die altmodischen, wohlduftenden guten Manieren und die Unaufdringlichkeit zu betonen, für die Lesben berühmt sind. Im oben genannten Szenario enthalten die entscheidenden Sätze genügend feingewebte Schlupflöcher, durch die beide Spielerinnen hindurchtanzen können. Es ist einfach, die Hand auszustrecken, und ebenso einfach, loszulassen. Vielleicht mußt du *dieses* Mal *diese* Frau gehen lassen. Es ist jedoch *immer* erfolgreich, bei einer Avance eine schöne Frau freundlich darauf aufmerksam zu machen, daß du – nun ja, scharf auf sie bist. Zumindest wird sie das Kompliment zu schätzen wissen, während du dich daran erfreust, wieder mal das Leben in dir pulsieren zu fühlen. Außerdem bist du am Haupthindernis aller Lesben vorbeigekommen, da schließlich der einzige Fehler darin besteht, es nicht zu versuchen.

Anders als schwule Männer sind Lesben nicht auf Code-Sätze programmiert, die den Aufbruch signalisieren. Natürlich, wenn eine in einer Bar sagt: »Wohnst du hier in der Nähe?«, ist das irgendwie ein Signal, abgesehen davon ist es eine beliebte Informationsstrategie. Erspare uns bitte: »Wie magst du die Eier am Morgen, Liebling?« und das abgestandene: »Zu dir oder zu mir?« Frauen, die den Merkur im Skorpion haben, fallen gern auf »Möchtest du dich mit mir davonstehlen?« herein. Lady Clitoressa selbst schmolz dahin, als ihr ins Ohr geflüstert wurde: »Heirate mich für heute nacht«, eine Nacht, die dreizehn Jahre dauerte. Gespräche über Sex, ob soziologischer oder unverblümter Art, werden natürlich häufig einfach deswegen geführt, um das Thema weniger heikel zu machen und den nächsten Schritt zu erleichtern. »Ohr-Verkehr« ist ein eigenes Vergnügen, schon allein deshalb, weil du auf diese Weise die Vielfältigkeit lesbischen Sexes kennenlernst. Außerdem ist er von nicht unwesentlicher Bedeutung, falls irgendwelche exotischen Gewohnheiten von dir gefordert werden. Und schließlich müssen wir seit Aids einfach lernen, uns über unsere Sexpraktiken und die Sexgeschichten möglicher Partnerinnen zu unterhalten.

Wenn der vorangegangene Abschnitt über das unterhaltsame Vorspiel eher prosaisch anmutet, so liegt das daran, daß du schließlich mit deinem ganzen Körper die andere Frau anmachst. Zu Beginn des sozialen Tanzes ist es weniger wichtig, *was* du sagst, als *wie*. Wir wissen ja: Alles ist Körper, und dieser ist so kommunikativ, daß wir tatsächlich die meisten Botschaften auf nicht-verbale Art erhalten. Erinnerst du dich noch an die Zeit, als Rauchen noch sexy war? Damals brauchte eine Frau keine Worte, um das erste Feuer zu entfachen. Generell solltest du mit deiner verbalen Anmache nicht eher beginnen, als die Dame deines Herzens ihre Antennen ausgefahren hat. Das lesbische Balzritual kann äußerst subtile Signale enthalten, selbst Telepathie und Energiefelder spielen eine Rolle. Nutze sie.

Viele Künstlerinnen der lesbischen Verführung beginnen mit den Augen. Wieder und wieder sprechen Natalie Barneys *amies* davon, daß sie zunächst von ihren unvergleichlichen Augen gefangengenommen, manchmal sogar direkt erobert wurden. Ein Blick war ein intimer persönlicher Austausch. Sie selbst bemerkte dazu: »Berühren kann jeder. Es ist der optische Nerv, der die Seele durchzuckt.« Wenn dir das zu poetisch erscheint, sei eine »wissenschaftliche« Studie zitiert: Zweiundsechzig Prozent aller Befragten äußerten in einer US-Umfrage, sie seien von den Augen ihres Gegenübers am meisten angezogen, die Haare dagegen landeten weit abgeschlagen bei zweiundzwanzig Prozent. Es stimmt wirklich: »Mit den Augen zu hören gehört zu den delikaten Künsten der Liebe.«

Ein Grund, warum Bars den Ruf haben, sexy zu sein, liegt darin, daß dort sehr viel visuelle Bestätigung und Augen-Spiele stattfinden. Die Augen sind wie geöffnete Schalen. Die Pupillen weiten sich im Schummerlicht ähnlich, wie sie es vor Verlangen tun würden. Wenn zwei Lesben miteinander flirten, beginnen sie zunächst mit ein paar feurigen Blicken, die wir als »Applaus-Reaktion« bezeichnen können. Zunächst siehst du dich selbst anerkennend in den Augen einer Frau gespiegelt. Geschmeichelt spiegelst du ihr wiederum dein Bild von ihr als anspruchsvolle, sensible Seele. Sie sieht diese attraktive Spiegelung und wirft dir ein noch entzückenderes Bild von dir zurück. Die applaudierenden Bilder spiegeln einander bei dem Vorgang, einander zu spiegeln, wie leuchtende Tautropfen in einem Spinnennetz. Was letztlich aus dieser exquisiten, zerbrechlichen Illusion wird, kann nur die Zeit erweisen. Jedenfalls ist es ein bezaubernder Anfang.

So magisch wie der Tanz im Spiegelkabinett auch sein mag, das Auge gilt auch als altes Symbol für Ehrlichkeit, Klarheit und Macht. Avalokiteshvarr, die geliebte chinesische Göttin Kwan Yin, wird manchmal dargestellt mit tausend offenen Händen, in jeder ein geöffnetes Auge. Die Damen sagen: »Der Unterschied zwischen Sex mit einem Mann oder Sex mit einer Frau ist wie der Unterschied zwischen der Liebe mit geschlossenen oder mit offenen Augen.« Frauen setzen sich oft am Tisch einander gegenüber, um sich in die Augen sehen zu können. Zwei Männer dagegen bevorzugen es eher, sich nebeneinander zu setzen. Eine Pionierstudie lesbischer Erfahrung heißt aus gutem Grund: *Sieh mir in die Augen.* Mit einem langen Blick kannst du einer Frau signalisieren, daß du sie begehrst, ob quer durch eine Bar oder einen vollen Seminarraum. Ja, du brauchst schon etwas Übung, um deinen anerkennenden Blick beizubehalten, wenn eine Frau ihn bemerkt; gewöhnlich senken wir den Blick sehr schnell, wenn das Gegenüber ihn auffängt. Du aber bist un-verschämt – und freundlich. Du hebst eine Augenbraue und lächelst sanft. Bitte nicht grinsen. Lady Clitoressa pflegt die Begegnung mit einer fast unsichtbaren Verbeugung abzurunden. »Die einzige Etikette, die eine Frau jemals kennen muß, ist die, wie man sich von Herzen verbeugt.« Gemeinsam mit einem Nikken oder Lächeln kannst du der Lady einen stillen Gruß, einen warmen Farbtupfer, einen Hauch Sternenstaub senden. Ein paar ganz Verschmitzte tippen bei dieser Gelegenheit leicht gegen ihre Hutkrempe.

Vielleicht hilft dir eine kleine Übung: Zwinkere Frauen zu,

die dir auf der Straße begegnen oder mit dem Auto an dir vorbeifahren. Nur zwinkern, keine Grimassen, kein einziges Wort, nicht einmal ein Lächeln. Autofahrerinnen, Frauen am Schalter, in Telefonzellen und anderen, denen du zufällig begegnest. Bei Polizistinnen macht es sicher besonderen Spaß, ganz zu schweigen von Nonnen. Die Frau kann niemals sicher sein, ob sie ihren Augen trauen kann. Sollte sie dich jedoch tatsächlich fragen: »Haben Sie mir gerade zugezwinkert?«, dann lächle und frage mit einem freundlich-überraschten Gesichtsausdruck zurück: »Gezwinkert? Hätte ich das denn tun sollen?« So ein Zwinkern ist entwaffnend und konspirativ, wenn es geradezu beiläufig geschieht. Deshalb ist es ganz besonders nützlich, wenn du bei etwas Unartigem ertappt wirst, wie zum Beispiel, diesen *Ratgeber* auf dem Kopierer in deinem Büro zu vervielfältigen.

Wenn du eine liebenswerte Frau triffst und mit ihr Augenkontakt aufgenommen hast, dann solltest du darauf achten, nicht zu drängen, nichts zu überstürzen, so als hättest du gerade deine Doktorarbeit im Flirten abgeschlossen, sondern mit einer gewissen Leichtigkeit das ganze als Spaß betrachten. Auf das richtige Timing kommt es an. Du wirst es merken, wenn du erfolgreich warst. Manchmal wird eine Frau sogar den Kopf herumreißen, als habe sie etwas fundamental berührt. Achte dabei darauf, welcher Kultur die Dame deines Herzens angehört. Freundlicher Augenkontakt mit einer Kaukasierin kann bei einer Asiatin als ausgesprochen rüde gelten. In einer Untersuchung wurde herausgefunden, daß Weiße eher beim Zuhören Augenkontakt suchen, Schwarze dagegen nur beim Reden, womit sie den Weißen irrtümlich den Eindruck vermitteln, sie würden nicht zuhören.

Augen sind nur ein Tor zur romantischen Verführung. Blinde Frauen zum Beispiel haben eine Art, mit ihrem ganzen Körper zuzuhören, die ein Wunder eloquenter Rezeptivität darstellt, von der wir alle nur lernen können. Margaret Mead, seit jüngstem als Adeptin lesbischer Sensibilität bekannt, hat angeblich in einer privaten Unterhaltung häufig die Handflächen geöffnet nach oben gestreckt. Ruhige, vollständige

Stille bedeutet: »Ich bin empfängnisbereit.« Laß dein Blut pochen, und sie wird es hören. Dies ist die Fähigkeit des *être là*, der Präsenz mit helleuchtender Intensität. Geübte Verführerinnen (und weise Frauen) verwenden ein ganzes Spektrum von Signalen aktiven Zuhörens wie Augenkontakt, nach vorne lehnen, mit dem Atem auf ihr Gegenüber einschwingen, nicken, vorsichtige Berührungen (bei einem besonders berührenden Thema) und vor allem: niemals unterbrechen. Auch versuchen sie nie, die Unterhaltung zu beschleunigen, etwa indem sie die Sätze der anderen beenden. Warum sich beim Tanz beeilen?

Nicht nur Zeit ist ein delikates Thema, auch Raum. Wir alle wissen, daß eine lesbische Feministin »Raum« braucht wie die Luft zum Atmen. Alle Frauen (in allen Kulturen) haben verschiedene »Intimitätszonen«, wenn sie einer neuen Person begegnen. Selbst Männer wissen das; wenn sie rüde sind, versuchen sie, den Raum einer Frau zu dominieren. Beginne mindestens einen Meter entfernt und kreise dann näher, abhängig von den Hinweisen, die dein Gegenüber dir gibt. Wenn ihr beide sitzt, ist Distanz weniger bedrohlich, und du kannst dich allmählich in die Unterhaltung hinein»lehnen«. Umarmungen sind eine große Studie in »Raum-Teilung«. Eine typische Distanz-Frau wird sich nicht in die Umarmung hineinschmiegen, sondern da, wo kein Druck ausgeübt wird, von dir weichen. Dies könnten wir als »A-förmige« Umarmung bezeichnen. Sei wachsam; hier hast du eine »Raum-Pflegerin« vor dir; gehe so sorgfältig mit ihr um, als wäre sie ein wildes Tier. Körperfreudige lehnen sich mit dem ganzen Körper in die Umarmung, Brust an Brust und Bauch an Bauch. Verwechsle das nicht mit sexueller Umarmung. Manche Frauen gehen sehr großzügig mit körperlicher Zuneigung um, ebenso ist es in manchen Kulturen. Es wurde festgestellt: Je friedliebender die Kultur, desto eher wird sie körperliche Zuneigung demonstrieren. Dreimal darfst du raten, ob Maggie Thatcher oder Nancy Reagan andere Menschen gern umarmen?! Mittelmäßige Freude am Körperkontakt zeigt eine Frau, die sich zwar in die Umarmung hineinschmiegt, den

Körper jedoch leicht zur Seite biegt, so daß ihr linker auf deinem rechten Hüftknochen liegt.

Das Händeschütteln ist eine weitere faszinierende Studie. Manchen Frauen fällt es ganz leicht, anderen überhaupt nicht. Europäische Lesben scheinen mit dieser Tendenz geboren zu sein. Die Französinnen sind dabei besonders charmant, indem sie häufig ihre linke Hand benutzen, die »dem Herzen näher ist«. Eine ausgesprochen freche Variante ist, die Lippen kurz über ihren Handrücken schweben zu lassen, die Hand dann umzudrehen und deinen Atem sanft über die erotisch sensible Innenseite ihres Handgelenks zu hauchen. Ein einfaches Händeschütteln kann ein machtvolles Ausdrucksmittel sein, wenn es mit einem langen Blick in die Augen der anderen Frau verbunden ist und damit, einen Augenblick innezuhalten. Sei darauf vorbereitet, diese Avance mit einer fröhlichen Bemerkung aufzulösen. Ja, es ist durchaus in Ordnung, mit Handschuhen Hände zu schütteln, aber warum sollte sich eine Lesbe selbst verleugnen?

Wo begegnest du ihr?

Clitzpah besteht nicht nur aus sensitiver Aufmerksamkeit und *savoir-faire*. Sondern auch aus Cleverneß. *Wo* sollst du Miss Richtig aufgabeln? In einer wilden Lesberado-Bar? Falsch. Selbst lebenslange Mitglieder der trinkenden Klasse in Lady Clitoressas Kreis halten Bars für eine ineffektive Welt des Trivialen. Besuche eine Bar, um Freundinnen zu treffen, Musik zu hören, dich zu entspannen, zu tanzen, Billard zu spielen, schönen Frauen bei all diesen Tätigkeiten zuzusehen – und wenn du Lust hast, spendierst du einer von ihnen einen um fünfhundert Prozent überteuerten Drink. Aber denke an *Lady Clitoressas Flüssigkeits-Gesetz: Eine Romanze, die in einer Bar beginnt, wird auch in einer Bar enden.* Bars ziehen tendenziell solche Frauen an, die Alkohol brauchen, um Mut zu fassen, und die ihre Realität Drink für Drink verändern.

Du kannst dir bei ihnen nie sicher sein, besonders wenn du selbst zuviel getrunken hast. Es stimmt schon, neue Lesben und alte Kundinnen bevölkern die Bars, aber sie sind wahrscheinlich ebenso schüchtern wie du.

Alkohol vermindert – anders als manch andere Stimmungsmacher – deine Fähigkeit zur Kontrolle und Sensibilität. Und das Schlimmste ist: Es könnte sein, daß du dich selbst vor lauter Nervosität in ein Koma trinkst, wie in einem schlechten Witz morgens neben einer aufwachst, deren Namen du nicht weißt, und danach erst einmal tagelang deinen knochenbrechenden Kater kurieren mußt. Und das soll romantisch sein? Es ist ein Mythos, über den Rand eines Glases hinweg könne dir überschwengliche Liebe entgegengebracht werden. Wir können Bars nur aus wenigen Gründen empfehlen: weil sie dunkel sind, sexy und anonym wie die One-night-Stands, für die sie manchmal gut sind.

Hervorragend und äußerst empfehlenswert ist es dagegen, der Liebe über gemeinsame Interessen näherzukommen: in Workshops, politisch aktiven Gruppen, bei spirituellen Praktiken, in Sportzentren, Seminarräumen, bei Vorträgen, bei der Arbeit, bei irgendwelchen Hobbys (was ist bloß mit den Hobbys passiert?). Selbst wenn du nicht sofort auf eine sexuell attraktive Frau triffst, die auch noch innerlich frei für dich ist, hast du auf jeden Fall deine Zeit gut investiert, indem du etwas Sinnvolles tust, ohne Bar-Koller, verräucherte Kleidung und Frustration. Du wirst dadurch attraktiver, erweiterst dein Wissen und deinen Freundinnen- und Bekanntenkreis oder knüpfst einfach nur nützliche Verbindungen. Möglicherweise stellst du dabei sogar fest, daß du eigentlich gar keine Geliebte suchst, sondern soziale Vergnügungen und Unterstützung. Frauencafés und -buchläden, Frauengesundheits- und -sportzentren sind gute Orte, weil du sehr viele Lesben dort triffst.

Große Partys und Tanzveranstaltungen sind ein bißchen wie Bars, wenn Likör und Lesben die einzig gemeinsamen Zutaten sind. Kleinere Abendveranstaltungen mit Freundinnen und neuen Frauen sind sehr viel besser, weil dort die Unterhaltung weniger oberflächlich ist, du mehr Hintergrundinformationen über die in Frage kommende Person erhalten kannst und dich gewöhnlich gut amüsierst, auch wenn es nicht unbedingt zu einer sexuellen Liaison kommt. Lesbische Freundinnen sind gewöhnlich großartige Kupplerinnen, da sie selbst romantisch sind, also bitte deine Freundinnen, entsprechende Abendessen zu arrangieren. Du würdest dasselbe für sie tun, wenn du dich erst einmal gebunden hast und sie wieder auf die Rolle gehen.

Apropos auf der Rolle: Hast du dich je gefragt, warum so viele Lesben nirgendwo ohne ihren Hund hingehen? Hunde bieten eine wunderbare Möglichkeit, neue Frauen kennenzulernen – Frauen, die Hunde mögen, natürlich, und für manche Lesben ist das wesentlich. Der Hund liefert ein unverfängliches Gesprächsthema, und du kannst ganz vorsichtig von Hunden auf Menschen überleiten, insbesondere auf Frauen... Katzenliebhaberinnen haben es noch leichter: Sie dürfen an ihrem Liebling demonstrieren, wie zärtlich sie sein können. Und das wilde, fröhliche und schnurrende Wesen demonstriert wiederum, wie eine Verführung *wirklich* funktioniert.

Ein Mitglied aus Lady Clitoressas Kreis gibt zu, daß sie sich einen besonderen Weg hat einfallen lassen: Sie antwortet auf Wohnungsanzeigen, wenn sie neue Frauen treffen will, besonders in einer neuen Umgebung. Bei einer möglichen Wohnungsgenossin kannst du schnell zur Sache kommen, herausfinden, ob sie allein lebt, und unmittelbar ihre allgemeinen Vorlieben und ihren Lebensstil erkennen. Dann »entscheidest« du dich angeblich für ein anderes Zimmer, wartest aber ein paar Tage ab und fragst sie dann, ob sie mit dir einen Kaffee trinken geht. Wenn du damit Erfolg hast, deckst du den ganzen Schwindel auf und stellst fest, daß du eine verdammt gute Liebhaberin in jeder Hinsicht bist, und das war's. Unsere kühne Freundin sagt bei solchen Gelegenheiten einfach: »Deine witzige Anzeige hat mich einfach angezogen«, was wahrscheinlich stimmt. Und es wird ihr vergeben. Natürlich ist es aus moralischen Gründen verboten, eine Frau, die unbedingt ein Zimmer braucht, in deine Hütte zu locken, es sei denn, du hast wirklich ein Zimmer übrig.

Manche Beschäftigungen sind lukrative Jagdgründe für Lesben. Versuche dich als freie Schriftstellerin oder in einem sonstigen »Nebenberuf«, der etwas mit Verlagen, Musik, Okkultismus, Photographie oder Körperarbeit zu tun haben sollte – fast jede Dienstleistung oder Kunst, in der du die Zeit kontrollierst und neuen Frauen auf gleicher Ebene begegnen kannst. Viele solcher Nebenbeschäftigungen zahlen sich mehr in Begegnungen als in Bargeld aus, aber manche Damen sagen: Orgasmen, die man von der Steuer abschreiben kann, hätten einen besonderen *frisson*. Dagegen ist es ein ausgesprochen männliches Phänomen und in der lesbischen Kultur verpönt, wenn eine Frau, die über bestimmte professionelle Macht verfügt – als Ärztin, Therapeutin, spirituelle Ratgeberin, Lehrerin –, einer Klientin beziehungsweise Schülerin sexuelle Avancen macht. Hier geht es schließlich um Lust mit und nicht um Macht über...

In großen Städten und Universitätsorten gibt es häufig personell stark fluktuierende Organisationen, die ausschließlich für die Begegnung von Lesben da sind. Die berühmten Daughters of Bilitis waren ihre Großmütter. Solche sozialen Organisationen inserieren gewöhnlich in Frauenzeitschriften. Wenn du nichts dergleichen finden kannst, bleibt dir immer noch der Weg, selbst eine Gruppe zu gründen. Und wenn alle Lokalzeitungen strikt männlich organisiert sind, kannst du Code-Worte benutzen, um deine Idee deutlich zu machen. Lesben auf dem Lande in der Nähe einer Stadt mit einem Kino organisieren eine regelmäßige »Ladys' Night«. An vielen Universitäten gibt es Lesbengruppen, in fast allen Städten sortieren sich die Lesben inzwischen nach bestimmten Altersgruppen (»Lesben über vierzig« oder »Ältere Lesben« oder »Junglesben«). In San Francisco war die »Lesben über vierzig«-Gruppe so erfolgreich, daß sich Frauen, die noch auf die große Jahreswende warteten, in einer »Etwas ältere Lesben«-Gruppe organisierten. Solche Erscheinungen inspirierten die Kabarettistin Linda Moaks dazu, die »So-Sos« zu gründen, die »Slightly Older Sex Objects« (etwas ältere Sexobjekte), ein Name, der darauf hinweist, daß manche dieser sozialen Gruppierungen nur aus einem einzigen Zweck gegründet wurden.

Sag's mit einer Anzeige

Ob in einer lokalen Frauenzeitschrift oder in *EMMA* oder in einer überregionalen Tageszeitung unter »Sie sucht Sie«: hier ist eine Möglichkeit, von dir aus den ersten Schritt zu tun und die Frau deines Herzens anzulocken. Längst haben Lesben, die eine Anzeige zur Selbstvermarktung bevorzugen, ihr Loser-Image verloren. Ihre Anzeigen klingen häufig eloquent, attraktiv, und erfrischend klar beschreiben sie darin, was sie sich genau vorstellen. Die Verfasserinnen sind in der Regel alles andere als Mauerblümchen, sondern ganz gewöhnliche Frauen, die sich in Bars tödlich langweilen und viel zu beschäftigt sind (als Mütter oder mit ihrer Karriere), um sich irgendwelchen umfangreichen und möglicherweise vergeblichen Flirtereien hinzugeben. Manche Frauen sind auch neu in der Stadt oder auf dem »Frauen-Markt«.

Auch ich gürtete meine Lenden, um eine Anzeige aufzugeben, als ich von anderen Erfolgen in Lady Clitoressas Kreis erzählen hörte. Es dauerte doch tatsächlich Tage, bis diese ehemals rasende Reporterin die entsprechenden wohlgesetzten Worte fand! Folgendes habe ich daraus gelernt: Schon der bloße Akt, eine Anzeige zu formulieren, ist wertvoll, selbst wenn du sie nie aufgibst. Sie ist mindestens so gut wie der Gang zur Therapeutin, um dich dazu zu zwingen, deine gegenwärtigen und zukünftigen Ziele zu formulieren und aufzuhören, herumzualbern. Deine kostbare Person mit wenigen Worten zu beschreiben, festzustellen, was dir im Leben wichtig ist und was du von einer anderen Frau erwartest, ist eine großartige Möglichkeit, deine Strümpfe hochzuziehen und dich in die richtige Richtung zu bewegen. Wie ehrlich traust du dich, deine wirklichen Bedürfnisse zu schildern? Bist du bereit, dein wahres Selbst zum Vorschein kommen zu lassen, oder gehörst du eher zu diesen Glaswesen, die in tausend Stücke zerbrechen, wenn die Neunzig-Tage-Garantie der Romantik abgelaufen ist? Bist du so groben Vorurteilen verhaftet wie: »Keine Fetten, keine Femininen und keine über vierzig«? Oder wird deine Anzeige von reiner Selbstliebe zeugen, indem du dich ausschließlich als begehrenswertes, liebe-volles Wesen präsentierst?

Soviel zum Thema Selbsterkenntnis; nun zur Technik der heißen Anzeige. Du hast jedenfalls mehr Kontrolle über das Geschehen, wenn du selbst eine Anzeige aufgibst, statt auf die Selbstbeschreibung einer anderen Frau zu reagieren. Also schildere um Himmels willen *deutlich*, was du willst! Sicher, wir sind alle scharf auf eine, die »sexy« ist, doch ich stellte beim Schreiben fest: Was ich wirklich wollte, war eine witzige, fröhliche Frau von Welt, eine Geschäftsfrau oder Künstlerin – jedenfalls eine der aktiven Art. Das *machte* sie sexy für mich. Wenn du ganz besonders auf eine Akademikerin, eine Nymphomanin, eine treue Seele, eine Nichtraucherin und Nichttrinkerin oder eine von der eleganten Sorte stehst, dann sage es! Eine »Wunschliste« ist klarer und klingt sehr viel netter als ein Grummeln über Eigenschaften, die du »bloß nicht...« an deiner Geliebten haben willst.

Schildere deine Hauptinteressen, deine liebste Art, dir die Zeit mit einer Frau zu vertreiben: Rucksackreisen, Musik, romantische Abende am Kamin, Doppelkopf. Fügst du nicht wenigstens kurze Details ein über dein Äußeres, deine Persönlichkeit, deine Lebenseinstellung, dann mangelt es deiner Anzeige an »Fleisch«. Sei dabei so gnadenlos ehrlich, wie es dir nur möglich ist. Wenn du dich falsch darstellst, setzt du dich mit größerer Wahrscheinlichkeit einer Zurückweisung aus. Hast du den Eindruck, an einer bedeutsamen Unfähigkeit oder Behinderung zu leiden, dann erwähne sie und entschuldige dich nicht dafür. Auf diese Weise vermeidest du das nervenzerrüttende Warten auf die passende Gelegenheit zur Erklärung. Wenn es um ihr Aussehen geht, lügen die meisten, was das Zeug hält. Glückliche Lesben hängen weniger an irgendwelchen äußeren Klischees als der »Het-Set«. Vor allem aber: *Sei* humorvoll. Und behaupte nicht nur, du wärst es. In der Anzeigenprosa machen sich Verben am besten; halte jedes Adjektiv ans Licht und eliminiere Wischi-Waschi-Worte wie »irgendwie«, »etwas«, »leicht« und irrelevante Zeilen wie: »Auf diesem nun nicht mehr ungewöhnlichen Wege.« Wenn noch eine einzige Lesbe in San Francisco schreibt, sie liebe Strandspaziergänge, schicken wir sie nach Alaska.

Gib deiner Annonce einen griffigen Titel. Hier sind ein paar Vorschläge: »Cunnigunde, Linguistin, sucht liebe-volle Gespräche«, »Keine Last mit der Lust?«, »Gehen wir ans Eingemachte – und naschen daran!«, »Kratzbürstiges Weib sucht liebevollen KV«, »Hochseiltänzerin will sich fallen lassen«, »Verrücktes Huhn sucht gleichgesinntes«. Die wohl kürzeste Anzeige erschien in einer Zeitschrift in San Francisco: »Ich will Sex! Du bist lesbisch. Ich bin lesbisch. Schreib! Chiffre...« Die Inserentin konnte sich vor Zuschriften kaum retten.

Verrate niemals deine Telefonnummer, sonst bekommst du Anrufe von schrägen, sehr schrägen männlichen Vögeln. Wähle lieber eine Chiffre-Anzeige oder ein Postfach. Wenn dir ein Brief gefällt, telefoniere zunächst mit ihr, um Näheres abzuchecken, dann triff dich mit ihr an einem öffentlichen Ort. Glücklicherweise haben wir es nicht mit Männern zu tun, sonst müßte die Liste der Vorsichtsmaßnahmen jetzt endlos werden. Sei darauf gefaßt, eine »Verabredung« vorschützen zu müssen, falls du in eine unbehagliche Situation gerätst.

Hier nun einige Hinweise, wie du auf eine Anzeige antworten kannst: Du solltest dich ruhig trauen, auch wenn du nicht alle geforderten Merkmale der Anzeige erfüllst. Die meisten Inserentinnen werden dir eine Chance geben; ich machte bei meiner Nichtraucher-Regel eine Ausnahme für eine Pfeifenraucherin und eine Frau, die ihre Zigaretten mit einer Hand rollte. Du kannst der Inserentin gar nicht genug schmeicheln; schließlich reden wir hier vom Flirten. Sie wird gern angenehme Dinge hören, selbst wenn sie zum fünfzigstenmal eine Anzeige formuliert hat. Liefere ihr eine kurze Beschreibung deiner Person und füge ein Foto bei, auf dem du fröhlich und unkompliziert aussiehst. Seltsamerweise: Falls du umwerfend aussiehst, könnte das die Frauen eher verschrecken. Mehr als das Äußere verrät ein Foto etwas über das »Image«, das eine Frau von sich selbst vermitteln möchte. Posierst du lieber mit einer Katze oder auf deiner Harley Davidson oder im Licht- und Schattenspiel auf deinen Audrey-Hepburn-Wangenknochen? Wichtig ist auch deine Handschrift, also verfalle nicht auf die Idee, deine *billets doux* mit der Schreibmaschine zu tippen. Und eine fotokopierte Antwort ist wie Plastikblumen zu verschicken. Du solltest vor allem gut gelaunt klingen. Schließlich hältst du Ausschau nach einer Liebhaberin, nicht nach einer Therapeutin. Reagiere in demselben Stil, in der die Anzeige gehalten war: War sie ernst, so schreibe ernst; war sie witzig, dann scherze; war sie erotisch, dann begib dich auf die gleiche Ebene. Auf eine gute Anzeige gibt es meist eine überwältigende Reaktion, also antworte schnell und sei nicht überrascht, wenn die Frau deiner Träume zu beschäftigt ist, um sich dir zuzuwenden.

Hier ist die erste Anzeige, die ich verfaßt habe. Ich bin kein Mitglied der »Fasse dich kurz«-Schule. Schließlich geht es hier um seelische Tiefe, und da sollten ein paar Pfennige hier und dort doch keine Rolle spielen. Da ich keine Massenreaktion auslösen wollte, entmutigte ich gezielt alle S-M-Frauen, Konservative und Raucherinnen. Vermutlich verlor ich auch für immer alle Frauen, die keine Pferdeliebhaberinnen sind, aber das spielt wahrscheinlich auch keine Rolle. Alles, was ich sagen kann: Mein Leben war nie mehr dasselbe seitdem:

Rendezvous im O. K. Korral
Eine galante, reinrassige Schützin hält Ausschau nach dem Wildpferd, das sie mit Freundschaft, später vielleicht mit Liebe zähmen möchte. Ich bin eine Langstreckenläuferin, Gewinnerin des lesbischen Dreierordens für drei vorangegangene Langzeit-Beziehungen, die meinen Verstand geschult

und mir das Herz geöffnet haben. (Empfehlungen auf Anfrage.) Eine glückliche, exzentrische, finanziell beinahe »abgesicherte« Schriftstellerin (Wer kann sich schon jemals sicher sein?); ich brauche eine große Wiese und billige dir dasselbe zu. Wenn wir uns der Leidenschaft hingeben, kann ich dich sanft oder wild lieben – keine Sporen, keine Peitsche, natürlicher S & S (Sex und Spiritualität) wird uns zum Licht am Ende des Horizonts tragen. Meine Farben sind die der Anarchie; ich bin eine glühende, begeisterte Linke: neunzig Prozent politisch bewußt; zehn Prozent einfach faul. Bist du meine blitzgescheite/nichtrauchende/sich selbst mögende, lachende Zen-Kavalierin? Hast du deinen Humor schwer erworben? Bist du eine liebevolle Frau, die ihren Lebensunterhalt als Unternehmerin oder Künstlerin verdient? Da ich mit meiner fünfundvierzigjährigen Silbermähne und meiner Boheme-Eleganz im Moment besonders umwerfend aussehe, warum solltest du warten, mit dieser Zentaurin und Pferdenärrin anzubändeln? Foto nicht nötig, Schönheit und Mut sind mir wichtiger als Aussehen, aber eine kleine Notiz, jetzt gleich…

Ich erhielt fünfundzwanzig Antworten, von denen ich sechs geradezu hinreißend fand. Ich galoppierte also zu fünf herrlichen Verabredungen. Die sechste Reaktion kam von meiner früheren Geliebten, die mich erkannt hatte und dachte, ich hätte die Anzeige ausdrücklich und ausschließlich für sie geschrieben. Sie ist Löwin, und die Welt dreht sich natürlich nur um sie… Es gelang uns, einigen alten Müll loszuwerden und wieder zusammenzufinden. Es ist also durchaus ratsam, es mit einer Anzeige zu versuchen, bevor man das Geld für eine Paarberatung ausgibt.

Nun kommen wir, wie es nicht anders sein kann, zu *Lady Clitoressas Gesetz der Schwerkraft: Die Wurzeln der Zurückweisung sind unendlich.* Auch wenn du es persönlich nimmst, wenn eine Frau dich abblitzen läßt – vielleicht ist es gar nicht so gemeint. Schließlich *kennt* diese Frau dich gar nicht persönlich. Zugegeben, es kann sein, daß sie sich nicht besonders von deiner Erscheinung, deinem Typ oder deinem elektromagnetisch-chemischen Feld angezogen fühlt. Keine ist jeder Fraus Liebling. Doch wie heißt es so schön: Zu jedem Topf gibt es einen Deckel. Die Frau, die du dir zufällig zum Anbalzen ausgesucht hast (was von deiner eigenen »Typologie« abhängt), ist vielleicht einfach nur müde, beschäftigt, deprimiert, mit einer anderen zusammen, muß gerade »mitten in der Menge allein sein«; es gibt natürlich unzählige Möglichkeiten.

Begabte Verführerinnen, die sich an die unterschiedlichsten Frauen heranmachen, behaupten: Wenn sie nicht jeden Abend wenigstens ein paarmal abgewiesen werden, haben sie es nicht wirklich versucht. Entscheidend ist, sich niemals mit dem »Warum« abzuquälen, sondern in Bewegung zu bleiben. Die Musikerin Laurie Anderson hat einmal gesagt: »Es ist nicht die Kugel, die dich tötet, es ist das Loch.« Laß dich nicht von einem »Nein«, das nichts mit deinem wahren Wert als menschlichem Wesen, ganz zu schweigen von irgendwelchen grundlegenden Überlebensnotwendigkeiten zu tun hat, bis in die Grundfesten erschüttern. Vertraue Miss Manieren, die uns in Erinnerung ruft: »Auch gräßliche Augenblicke gehen vorüber.« Miss Manieren selbst hat einmal vor versammelter Mann- und Frauschaft, in aller Öffentlichkeit also, die angebotene Umarmung des Liebesgurus Leo Buscaglia zurückgewiesen. Buscaglia selbst hat dies später in einer solch entzükkenden Geschichte wiedergegeben, daß er wahrscheinlich – ebenso wie Miss Manieren – froh ist, daß sich die Episode genau so und nicht anders abgespielt hat. Jede/r von ihnen hatte einfach ein anderes bevorzugtes Szenario. So kann es dir auch ergehen: In dem spezifischen Augenblick kann die Frau, mit der du in Kontakt treten willst, vielleicht gerade ganz andere Pläne haben. Dies wird dich enttäuschen, ist jedoch wohl kaum als eine Zurückweisung deiner gesamten Persönlichkeit zu interpretieren.

Selbstverständlich handelst du dir immer mehr Körbe ein, je aktiver du dich auf dem Markt umsiehst. Indem du es auch nur versuchst, gehörst du bereits zur Risikogruppe. Du wirst dir »Neins« einfangen, allerdings auch das eine oder andere »Vielleicht« und sogar ein gelegentliches »Ja«. Das ist der kleinste Preis, den du bezahlen mußt, um jene Delikatessen kosten zu können, die für die weniger Abenteuerlustigen für immer Gegenstände ihrer Phantasie bleiben werden. In den süßen Künsten kannst du nur wie eine Epikuräerin leben, wenn du es dir leisten kannst, wie eine Stoikerin zu verlieren. Im Zen-Buddhismus ist es Gesetz, daß jemand, den oder die du bittest, dein/e LehrerIn zu werden, dich dreimal zurückweist. Die Religion romantischer Liebe ist nicht weniger rigoros. Da du dir ohnehin Zurückweisungen einhandeln wirst, solltest du sichergehen, dich um den besten Preis zu bewerben. Warum solltest du dich selbst ablehnen, bevor sie es tut? Das verblüffte Objekt deiner Begierde mag vielleicht alle einschüchtern – und ist doch möglicherweise die einsamste Person im Raum. Laß dich nie bei einer nieder, der du damit einen Gefallen zu tun glaubst. Sie hat jedes Recht, so schroff und diskriminierend zu sein wie eine Bienenkönigin. Es ist schrecklich entmutigend, sich bei einer Frau einen Korb zu holen, die du gar nicht an erster Stelle begehrst, aber es geschieht dir recht, wenn du so mackerhaft vorgehst.

Eine der liebenswertesten Eigenschaften erfahrener Verführerinnen besteht darin, daß sie selbst niemals eine andere Frau rüde abblitzen lassen. Schließlich standen sie selbst schon schüchtern im Rampenlicht. Es gibt nur eine Art und Weise, eine Frau zurückzuweisen: eindeutig und *herzlich*. Lächle und sage: »Ich bin heute abend nicht interessiert, aber vielen Dank für die Freundlichkeit.« Du kannst dich sogar noch ein paar Minuten länger mit ihr unterhalten. Es kostet nichts, ihr zu zeigen, daß du ihren guten Geschmack zu schätzen weißt und ihr alles Gute wünschst. Lesben neigen nicht dazu, liebestoll einer Frau hinterherzulaufen. Besonders ungehörig ist es, wenn du dich weigerst, mit einer nüchternen Frau, die dich darum bittet, zu tanzen – es sei denn, du kannst nicht tanzen, bist behindert oder gerade tief in ein absolut lebensnotwendiges Gespräch vertieft. Wenn du mit deiner Liebsten da bist, frage sie, ob sie etwas dagegen hat, wenn du einmal tanzt, und versichere ihr, daß du gleich zurück sein wirst. Es ist immer leicht, sogar angenehm, nur einen Tanz zu tanzen. Danach bedankst du dich herzlich und verläßt die Tanzfläche. Sie hat dich ja schließlich nicht gefragt, ob du sie heiraten willst. Immer, wenn ich sehe, wie einer liebenswerten Frau und guten Tänzerin abrupt der Strom abgestellt wird, frage ich mich, was mit unserer *Sisterhood*, mit unserem Tanz des Lebens, passiert.

Romantik oder: Liebe als Wahnsinn

Wenn du das tiefe Tal der Zurückweisung durchschritten hast, kannst du, mit ein wenig Glück und Ausdauer, schließlich das wilde Hochland lesbischer Romantik und des Liebeswerbens erklimmen. Dieses ist nicht zu verwechseln mit den reichen Hochebenen gegenseitiger Verpflichtung und Partnerschaft. Romantik ist eine feine Art der Verrücktheit, wenn du dir bewußt bist, was sich gerade abspielt, und ihren Exzessen und Absurditäten ein Lächeln schenken kannst. Romantik kommt in zwei allgemeinen Formen vor: als *Hohe Romanze* und als *Quäle-Mich-Romanze*. Beide beinhalten veränderte Bewußtseinszustände und leidenschaftliche Besessenheit. Es ist ratsam, eine spirituelle Führerin oder eine ähnliche Frau zur Seite zu haben, die dann die Aufgabe übernehmen kann, dich zu zentrieren, wenn du außer Rand und Band gerätst, da dies Sinn und Zweck der Romantik darstellt.

Bei der Hohen Romanze geht es um ein hinreißendes Spiel

der Sinne. Diese liegen im wahrsten Sinne des Wortes bloß, sind befreit von den täglichen Sedimenten und höchst empfindsam und empfänglich. Musik kann dich zu Tränen rühren, Gedichte haben mehrere Bedeutungsschichten, Nahrungsmittel sind göttlich, der Wein ein Juwel, Blumen werden zu Welten der Sinnlichkeit. Sex ist reine Selbstaufgabe, der Körper Quecksilber und Honig. Körperlich magst du vielleicht auch ein wenig durcheinandergeraten, wie trunken sein, ständig rot werden und dein Herz klopfen hören. Die Damen des Kreises sagen, es sei eine ganz ähnliche Erfahrung wie die reinsten LSDs oder potentesten Haschischs. Du bist offen, sehr gut drauf, endlich ermächtigt, dich mit Schönheit und Bedeutung zu benetzen. Triviale Probleme und Pflichten existieren gar nicht oder können mühelos auf ein Minimum reduziert werden, deine Barrieren fallen, wenn du zur großen Vereinigung gerufen wirst. Entwaffnet bist du verletzlich und beeinflußbar.

Unser analytisches Gehirn kann nur klägliche Versuche unternehmen, all das auszuloten. Studien über die Lustzentren unseres Gehirns zeigen, daß der Körper während romantischer Verrücktheiten Stimmungsaufheller produziert wie das berühmte »Liebeshormon«, das Amphetamin PEA (Phenyläthylamin). Lesben sind sicherlich die romantischsten Kreaturen auf der Erde, und wahrscheinlich produzieren sie PEA in ungeahntem Ausmaß. Oder ist es andersherum – drängt uns PEA zum Lesbischsein? Eine wissenschaftliche Erklärung führt immer zu weiteren Fragen. Wir wissen allerdings, daß Amphetamine wie PEA eine körperliche Erregung (»arousal«) auslösen, gekennzeichnet durch höchste Aufmerksamkeit und Intensität, sogar Schlaflosigkeit und Appetitmangel. Außerdem produziert der Körper auch seine eigenen Beruhigungs-Opiate, »Glückshormone« wie die berühmten Endorphine. Diese Erkenntnisse haben sogar neue Industriezweige entstehen lassen, da Aerobicübungen die Endorphinproduktion erfreulicherweise stimulieren. Depressive und Menschen, die dazu neigen, von chemischen Stimmungsaufhellern abhängig zu werden, sind häufig ganz schlechte natürliche AlchimistInnen »selbstproduzierter« Drogen wie PEA und Endorphine. Schlimmer noch: Welche »Rezepte« ihr Körper auch immer enthält, äußere Chemikalien zerstören sie. Die Körperalchimie kann sich auch dramatisch ändern durch Diäten, Übungen und Seelenmassage. Heute wissen wir, unsere halbfreiwilligen Trips auf der Straße der Romantik haben ähnliche Auswirkungen.

Die wunderbare Welt der Chemie enthält noch mehr romantische Neuigkeiten. Studien zeigen, daß die kaum wahrnehmbaren chemischen Parfums, die man »Pheromone« nennt und die in allen Körpersekretionen vorkommen (Schweiß, sexuelle Flüssigkeiten, Urin), Frauen eher sexuell erregen als Männer; Männer werden in Anwesenheit dieser unbewußt wahrgenommenen Pheromone eher aggressiv. Frauen haben auch einen empfindsameren Geruchssinn als Männer, besonders während des Eisprungs. Jede Frau hat einen einzigartigen Pheromon-Duft, vergleichbar mit ihrem Fingerabdruck. Es ergeht uns bei Pheromonen wie bei Parfums: Entweder werden wir magnetisch von ihnen angezogen, oder sie stoßen uns entschieden ab. Anfangs bist du vielleicht ausschließlich von dem körpereigenen Duft einer Frau angezogen oder von ihrer speziellen Mischung aus ihren Pheromonen und gekauftem Parfum. Wenn du später herausfindest, daß du überhaupt keine Affinität zu dieser Frau hast, und lamentierst: »Was kann ich nur in ihr gesehen haben?«, dann könnte dich ihr Duft auf die falsche Spur gelockt haben. Ähnlich können Pheromone dich unmittelbar von einer Frau zurückstoßen, die dich verstandesgemäß eigentlich perfekt ergänzen könnte. Ihr Pech: Du kannst sie einfach nicht riechen. Chemiker, die sich als »Duftspezialisten« gerieren, haben Insekten-Pheromone synthetisch hergestellt und verwenden sie entweder als biologische Fallen oder als Abschreckungsmittel und forschen nun über synthetische menschliche Pheromone, um diese in der menschlichen Verhaltensmodifikation einzusetzen. Sehr beängstigend. Die kommerziellen Parfumhersteller mit ihren drastischen Hinweisen auf Stimmungsveränderungen durch ihre Duftwässerchen erscheinen dagegen vergleichsweise wohlmeinend. Wenn du also eine Frau im »keimfreien Raum« triffst, was in feministischen Kreisen dabei ist, *de rigueur* zu werden, wird diese neue Beziehung vielleicht etwas weniger verwirrend werden.

Wissenschaftliche Studien über die an Romanzen beteiligten neurochemischen Vorgänge verweisen darauf, *wie* unsere Sinne und die Lustzentren unseres Gehirns eine Art Whirlpool des elektro-chemischen Magnetismus darstellen. Diese materialistische Analyse kann jedoch nicht die letzte Quelle oder den Zweck auch nur einer anfänglichen chemischen Reaktion erklären. Sie kann niemals in der Lage sein, das sich ständig verändernde Zusammenspiel der Milliarden subtiler Einzelreaktionen zu analysieren, die jenseits kontrollierter Laborbedingungen stattfinden. Fokussierte Wissenschaft hat nicht die Werkzeuge, lesbische Romantik zu verstehen – wagte sie es überhaupt, den Versuch dazu zu unternehmen. Die meisten Lesben stimmen jedoch einer vorherrschenden wissenschaftlichen Theorie zu, wonach Romantik in all ihren bunten Farben und Düften nur einem einzigen Zweck dient: der Fortpflanzung. Und die Damen sind sich einig, daß eine gute lesbische Romantikerin eine andere Lesbe schaffen kann, auch ohne einen Generationensprung. Es dauert nur einen Kuß lang.

Die ganze Welt ist ein hinreißendes Liebeslaboratorium, wenn eine Frau bereit ist, sich diesen Experimenten zu unterziehen. Ihr Schritt auf das Lesbischsein zu mag ihr den Duft einer Blume in der Nacht, den Mondaufgang in ihren Zeiten, eine bestimmte Erinnerung, eine wiedererweckte Hoffnung, eine großzügige Berührung, einen Augen-Blick bedeuten... Eine Frau mag nur die magische Wirkung einer anderen Frau wahrnehmen oder sich selbst erlauben, den Moment zutiefst zu genießen, oder sie mag den Zauber in jeder Körperzelle rückhaltlos empfinden. Wie tief sie dabei auch beteiligt sein mögen, die meisten Frauen würden – in der einzigen Umfrage, die wir wirklich gerne veröffentlicht sehen würden – Virginia Woolf zustimmen: »Es sind Frauen allein, die meine

Phantasie beherrschen.« Da Frauen das bewußtere Geschlecht sind, sind wir uns auch einander mehr bewußt.

Der Rhythmus lesbischer Romantik liebt es, immer weiter und weiter zu pulsieren, aus schierer Freude daran, sich gut und lebendig zu fühlen. Achte darauf, diesen kosmischen *élan vital* zu unterstützen, indem du Erweiterungen möglich machst, zum Beispiel indem du in der Fülle der Natur mit ihr badest oder deine Sinneswahrnehmungen schärfst oder feministische Rituale mit tiefer innerer Anteilnahme durchführst. Manche nennen das verrückt, weil es sich um über-sinnliche Wirklichkeit handelt. Wahrscheinlich bist du in dieser Zeit geradezu verantwortungslos und opferst alles deiner Leidenschaft. Der Zustand ist ekstatisch, aber erschöpfend; keine kann ihn ohne Pause aufrechterhalten. Gewöhnlich gibt es irgendwo auf dem Weg zwischen einer Woche und über sechs Monate bis zwei Jahre einen Höhepunkt, diese Zeit enthält eher Stimulation als Nährwert. Manchen Lesben, wie der bezaubernden Margaret Anderson von der Zeitschrift *Little Review*, die es als allererste wagte, Auszüge aus James Joyces *Ulysses* zu veröffentlichen und die eine berühmte Gerichtsreporterin wurde, ist das üppige Buffet des Lebens nicht fremd. Margaret Anderson berichtete, von *allem und jedem* leicht »romantisiert« zu werden, und schrieb eine leidenschaftliche autobiographische Trilogie über diesen ständig exaltierten Zustand. Keine lesbische Liebhaberin, Künstlerin, ob mystisch oder witzig, sollte ihre Enthüllungen versäumen.

Während manche es heiß mögen, geht es anderen keineswegs so. Einige wenige Lesben bevorzugen es, nüchternen Geistes zu bleiben, und erlauben es sich nur selten, eine *folie à deux* zu erleben. Sie wählen ihre Partnerinnen pragmatisch aus wie die Heldin eines Romans von Jane Austen. Wieder andere bevorzugen eine Variation der Hohen Romanze namens »Quäle-Mich«. Diese Präferenz enthält viele der sinnlichen Effekte der Hohen Romantik. Im Quäle-Mich jedoch ist Distanz – nicht Nähe – das Ziel. Der Schlüssel zu Erregung und Leidenschaft ist das verzweifelte Sehnen nach einer unmöglichen Liebe in einer Landschaft der Sehnsucht, aus der es kein Entkommen gibt. Die Angebetete wird idealisiert, über sie wird nachgegrübelt, sie ist der Grund für all das Leiden und schließlich für die Vergebung. Gleichgültigkeit, Betrug und Verfolgung werden erduldet. Die Quäle-Michs sind genial: Wenn die Romanze tatsächlich gutzugehen verspricht, schaffen sie sich einen ganzen Stab von Mitbewerberinnen oder produzieren irgendeine andere Gefahr, um das Quäl-Niveau wieder zu erreichen. Ein Publikum, das die Beteiligten beobachtet und schallend verlacht, ist gewöhnlich eine wesentliche Zutat des ganzen schmerzvollen Dramas. Große Angst über dem Land verleiht Quäle-Michs das Gefühl, lebendig und – tja, glücklich zu sein. Eine körperliche Variante des Quäle-Mich kann S & M sein.

Eine jüngere oder auch unschuldigere Version des Quäle-Mich heißt »Vergucken«. Hier ist das Objekt der Zuneigung wahrlich unerreichbar und wird es wahrscheinlich immer bleiben (Lehrerinnen, Berühmtheiten, Hetera). Oft ist ein solches Sich-Vergucken einer Lesbe zu unschuldig für fleischliche Gelüste, die körperlich befriedigt werden müßten.

Die Quäle-Mich-Romanze hat eine lange und gefeierte Geschichte in der westlichen Zivilisation, beginnend mit der Tradition der höfischen Minne im zwölften Jahrhundert. Sie ist locker gebunden an den christlichen Sadomasochismus: Lust muß »schmerzen«, um die Anstrengung wert zu sein; Leiden adelt; der Geist ist willig, aber das Fleisch ist schwach. Die Essenz des Quäle-Mich ist sein geringer Risikofaktor. Du kannst keine Frau verlieren, die du nie hattest, außerdem brauchst du nicht daran zu arbeiten, sie zu behalten, und du mußt es der Welt nicht einmal kundtun. Quäle-Mich-Romantikerinnen haben ein reiches, wenn auch pompöses Phantasieleben. Häufig finden wir sie unter den Dichterinnen und Songwriterinnen.

In der romantischen Werbung ist das Ziel die andere Frau. Wenn sich der Kreis oder der Zyklus Richtung Liebe und gegenseitiger Verpflichtung bewegt, verändert sich das Ziel spiralförmig in Richtung auf gegenseitiges Glück und Wachstum jeder Frau. Die reine Romantikerin kann jedoch ihren platten Egoismus temperieren, indem sie ihn versteht. Romantische Liebe ist die Projektion der Phantasie über die ideale Partnerin auf eine Frau, der du neulich begegnet bist. Psychologisch bist du von ihrem wirklichen So-Sein durch dein leuchtendes Bild einer Möchte-gern-Frau getrennt. In der Zwischenzeit macht sie dasselbe begeistert mit dir. Wieder handelt es sich hier um eine »Applaus-Reaktion«. Du liebst die Liebe und dich selbst, nicht die andere Person. Oder wie eine kluge Frau einmal bemerkte: »Wann immer sich zwei Frauen begegnen, sind in Wirklichkeit acht Frauen anwesend. Da ist jede Frau, wie sie sich selbst sieht; jede Frau, wie die andere Frau sie sieht; jede Frau, wie sie auf das Kräftefeld dieser besonderen Frau reagiert; und jede Frau, wie sie wirklich ist.« Das ist ja wunderbar, denn schließlich verwandeln wir dabei unser gewöhnliches verkrumpeltes Ich in bildschöne Traumfrauen, was dazu führt, daß wir die wahre Lust auf Erden immer wieder erneuern. Die Werbung um eine andere Frau ist auch der Katalysator in der Alchimie, der die Schlacke selbstsüchtiger Liebe in das Gold einer gebenden Liebe verwandelt. Romantik ist Inspiration, ist die Muse der Liebe. Viel von ihrer seidigen Art muß sich zu geübten Fähigkeiten materialisieren, wenn eine einmal eingegangene Beziehung gedeihen soll. Warum sollten wir jemals aufhören, uns zu umwerben?

Margaret Anderson macht Dutzende von Vorschlägen für ein deliziöses Werbe-Verhalten. Die folgende Liste romantischer Gepflogenheiten schließen einige Lieblingsgewohnheiten Margarets ebenso ein wie solche aus Lady C.s Zirkel. Selbst so etwas Potentes wie lesbischer Sex oder tiefe Freundschaft wird welken ohne das strahlende Licht der romantischen Gefühle. Merke dir *Lady Clitoressas Mondgesetz: Liebe ist wie die Mondin: Wenn sie nicht zunimmt, nimmt sie ab.* Merke dir auch, daß alle großen Freundschaften zumindest ein wenig *amoureuses* sind, aufgrund des wechselseitigen Flirtens. Jede Frau verspricht immer wieder, was natürlich niemals in Erfüllung gehen kann. (»Seufz – wären wir uns nur unter anderen Umständen begegnet...«) Jede Frau bekommt Streicheleinheiten für ihr Ego, und keine wird verletzt oder enttäuscht.

Die folgenden Vorschläge, eine Romanze am Leben zu erhalten, wirst du am besten nachvollziehen können, wenn du ein bestimmtes Alter überschritten hast oder das Wunder der Romantik mehrfach kosten durftest, ihren Schimmer jedoch immer noch zu schätzen weißt. Erfahrene Lesben wissen, daß Romantik nie von Dauer, aber unser Bedürfnis nach ihr unendlich ist.

Romantische Signale

* Besuche sie niemals ohne ein Unterpfand deiner Liebe: eine einzelne Blume, ein Sträußchen (aus Kräutern), eine köstliche Süßigkeit oder etwas, das du selbst hergestellt hast.
* Verstecke ein anderes kleines Geschenk oder eine Notiz für deine Geliebte, die sie nach deinem Weggang finden soll.
* Gestalte ein Überraschungsfest: ein Gedenktag für einen Moment, den du nie vergessen hast.
* Sorge an jedem Tag dafür, daß es einen Augenblick gibt für die reine Freude daran, mit ihr zusammen zu sein, wie kurz dieser Augenblick auch immer sein mag.
* Versuche, dein Leben für immer in Begegnungen und Abschieden zu leben.
* Wähle den Pfad des Herzens und des Gefühls zur sexuellen Intimität; sei nicht abhängig vom Sex, der dich zum Herzen führen soll.
* Komplimente. Komplimente. Komplimente. Ein Tag ohne Komplimente ist ein Tag ohne Romantik.

* Enthalte dich jeglicher Erwähnungen deiner eigenen Defizite.
* Beklage dich über nichts, sei es groß oder klein. Verlasse den Raum oder selbst die Stadt, bis du dich wie eine attraktive Fremde benehmen kannst.
* Rufe sie regelmäßig mit einem neuen Kosenamen und erinnere dich daran, welche ihr davon am besten gefallen.
* Sei nicht dramatisch. Dramatisiere deine Geliebte.
* Schreibe Liebesbriefe, um dauerhafte Wellen im Meer der gegenseitigen Anziehung zu schaffen.
* Gehe nicht davon aus, daß deine Geliebte so romantisch ist wie du, also übernimm du die Initiative.
* Tatsächlich solltest du überhaupt nichts einfach so annehmen.
* Wechsle nie dein Parfum.
* Vergiß nicht, den Haaransatz in ihrem Nacken zu küssen, den empfindsamen Puls an ihrem Handgelenk und sanft deinen warmen Liebesatem in ihr Ohr zu hauchen.
* Sende ihr nie ungefragt ein Foto. Bitte sie um eines.
* Zeichne ein kleines Herz auf ihren Badezimmerspiegel, mit Seife oder deinem Lippenstift.
* Provoziere niemals Eifersucht; alles ist schon zerbrechlich genug.
* Sei nicht geheimnisvoll, sei intim.
* Erinnere dich daran, daß Charme potenter ist als Intellekt.
* Erinnere dich, daß Verständnis potenter ist als Charme.
* Versuche deiner Geliebten keine Pläne aufzudrücken, wenn sie gerade lesen oder ein Nickerchen machen oder die Aussicht genießen will.
* Sei immer bereit, deine Waffen abzulegen, nicht ohne dich über dieses Wunder zu freuen.
* Nimm all das gerade Gesagte, besonders aber dich selbst leicht.

II.

Schlafzimmer-Manieren: Sexuelle Freuden und soziale Gefahren

Und so schreiten wir fort vom Spielfeld der Hohen Romanze zu dem der köstlichsten Berührung. Du hast die Tore der Leidenschaft mit einer einzigen Rose erstürmt, und jetzt... Was nun folgt, ist kein lesbisches Sexhandbuch, sondern ein paar Vorschläge für eure intime Gastfreundschaft. Es ist manchmal schwierig, bei der Diskussion über lesbischen Sex ruhig zu bleiben, denn für unsere Gesellschaft ist Lesbischsein sowohl ein exotischer »Thrill« als auch ein entsetzlicher Schrecken. Für gewöhnliche Lesben ist beides schwer zu ertragen. Entspannt euch, alle! Laßt uns gegenseitig die schizoide Hysterie über lesbischen Sex (über *allen* Sex) vergeben und statt dessen allen die Gelassenheit wünschen, Küsse zu genießen, wo immer sie zu bekommen sind. Für uns ist Sex nur eine der zahlreichen Formen lesbischer Kommunikation, sozusagen eine weitere soziale Fähigkeit, die uns die Zeit auf Erden besonders versüßt. Selbst Lesben – so heißt es – finden im Sex eines der meta-physischen Geschenke der Weisheit, die sie bewußt auskosten. Meistens ist lesbischer Sex nichts Außergewöhnliches, lediglich eine Art und Weise, das Leben und die Lust einzuatmen wie die Luft, die unsere Lungen füllt. Das Natürliche und Glückliche an lesbischer Sexualität besteht darin, daß die daran beteiligten körperlichen Reaktionen gewöhnlich selbstverständlich und harmonisch sind, ganz anders, als wenn Figur XY in der Lage sein muß, zu stehen, zu passen und in Figur XX zu bleiben – wobei XX letztlich für jede sich daraus ergebende Konsequenz verantwortlich ist, einschließlich Geburt, Tod, Schmerz und Kindererziehung. Lesbischer Sex ist eher das reine Vergnügen und – unbelastet von männlicher Herrschaftsideologie – ein leidenschaftlicher emotionaler Austausch von ungeheurer Intimität.

Lesben können nur den Kopf schütteln, wenn sie hören, daß jede zweite Hetero-Ehe ein »sexuelles Katastrophengebiet« ist, so Masters und Johnson. Shire Hites letzte Studie *Frauen und Liebe* fand heraus, daß sienbenundachtzig Prozent der viertausendfünfhundert befragten Frauen unabhängig von ihrer sexuellen Präferenz (elf Prozent gaben sich als Lesben zu erkennen) ihre größte emotionale Erfüllung bei anderen Frauen gefunden hatten. Vierunddreißig Prozent der Lesben über Vierzig hatten eine heterosexuelle Ehe hinter sich gelassen, um sich einer Frauenliebe zu widmen; ist dies die »kulturelle Revolution«, von der im amerikanischen Original als Untertitel die Rede ist? Sechsundsiebzig Prozent der Lesben bewerteten ihr Sexualleben als »gut«, aber die Mehrzahl der heterosexuellen Frauen äußerten sich ärgerlich und verletzt durch die Tendenz der Männer, »etwas vorzuenthalten und sich zu distanzieren«. Männliche Kritiker ereiferten sich selbstverständlich über Shere Hites Forschungsergebnisse und spalteten Prozentrechnungs-Haare, aber die widerhallende Botschaft: »Heterosexuelle Frauen sind sexuell zutiefst enttäuscht!« wird in einer Studie nach der anderen erneut bestätigt.

So hat Ann Landers neunzigtausend Frauen gefragt: »Wären Sie zufrieden damit, im Arm gehalten und liebevoll gestreichelt zu werden, und würden Sie dabei *den* Akt vergessen?« Überwältigende zweiundsiebzig Prozent stimmten dafür, den Geschlechtsakt sausen zu lassen und dafür das intime Zusammensein zu verlängern. Nach dreißig Jahren im Weisheit versprühenden Demoskopie-Busineß erlaubte sich Ann Landers daraufhin die Bemerkung, sie sei über solche Ergebnisse »nicht überrascht«, und fügte hinzu: »Viele Frauen da draußen sind so unzufrieden mit ihrem Sexualleben, daß sie am liebsten gar nichts mehr damit zu tun haben möchten.« Piff, paff, vielen Dank, Annie. Eine weitere Umfrage in den USA enthüllte, daß selbst »glücklich« verheiratete Frauen mit ihren Männern unzufrieden sind. Studien, die im Auftrag solcher, des Feminismus unverdächtiger, Verlagsprodukte wie *Redbook, Women's Day, New Woman, Glamour* und *Cosmopolitan* durchgeführt wurden, kommen zu demselben traurigen Ergebnis. Die Damen waren sich immer darin einig, daß heterosexuelle Männer die besten Förderer lesbischer Liebe sind. Wenn heterosexuelle Männer, die Frauen wirklich lieben, es nicht schaffen, sie auch wirklich zu erreichen – tja dann... Wie singt Aretha: »Sisters are doing it for themselves...«

Instinktiv und intuitiv weiß eine Frau, wie sie einer anderen Frau Lust bereiten kann, schließlich hat ihr eigener Körper und dessen Erregbarkeit es sie gelehrt. Ihre Herangehensweise und ihr Zugriff bringen auf natürliche Weise ihre eigenen besonderen Präferenzen und Rhythmen zum Ausdruck; sie tut einfach das, was ihr selbst gefallen würde. Einfühlung als Königsweg zur Ekstase: »Hier?« – »Ahhh, hier.« – »Und hier...« – »Ja, da.« Lesbischer Sex ist deshalb einzigartig, weil er umfassend und reichhaltig ist, statt sich auf genitale Akte und Aktiönchen zu beschränken. Lesben tanzen zu allen Farben des Regenbogens, nicht nur an einem Ende. Abgesehen von Fingern, Zungen, Brüsten, Mösen, Haaren, Bäuchen usw. erotisiert unser Gefühl für die Hohe Romantik alles, was mit Liebesgeflüster und Musik daherkommt. Außerdem wissen wir phantasievolle Genüsse zu schätzen wie etwa verrückte Kleidung, von Leder über Federn bis zu Seide und Spitze. Frauen als die Langstrecken-Tänzerinnen des Sex haben die Fähigkeit, köstliche Ewigkeiten lang größtmögliche Nähe zueinander zu verspüren, und können, wie Lady C. es ehrfurchtsvoll ausdrückte, »einen kinetischen Ruhepunkt« erreichen, für den der Orgasmus nur den Anfang darstellt.

Tischmanieren, Gusto und besonderer Geschmack sind häufig ein Spiegel sexueller Vorlieben, so daß die Damen der Ansicht sind, es gezieme sich, mit einer möglichen Geliebten zunächst zu dinieren. Außerdem, so möchte ich hinzufügen, erfordern manche lesbischen Sex-Praktiken einen guternährten Körper, so daß ein wenig körperliche Stärkung ein besonders kluges Vorspiel darstellt. Das beste Verführungs-Dinner ist eines, das du selbst zubereitest, da du die Zutaten nach deinem Geschmack zusammenstellen und zu ihrem Vergnügen arrangieren kannst; außerdem strahlt das Selbstgemachte (vielleicht sogar aus dem eigenen Garten) etwas besonders Persönliches aus. »Ich kenne da ein nettes kleines Restaurant« mag eine nette kleine geräuschvolle Busfahrt mit sich bringen. Es ist besser, nur wenige Schritte vom Schlafzimmer entfernt zu sein, wenn sich das Verlangen regt.

Als einzige Regel für ein Verführungs-Essen – gleichgültig, ob zu Hause oder anderswo – gilt, daß du es einfach als eine nahrhafte, nette Geste im gesamten Verführungsabenteuer betrachtest, nicht aber unbedingt als *die* Nacht. Das senkt die Angstschwelle erheblich. Das romantische Bistro-Dinner in den lesbischen Memoiren *ELSA, I Come with My Songs* von Elsa Gidlow illustriert, wie sich Nähe mit einer Fülle subtiler Einladungen herstellen läßt und auf diese Weise ein weiteres Nacht-Crescendo ausgelöst werden kann. Gehe niemals davon aus, daß die Dame deines Herzens die Nacht bei dir verbringen wird, wenn es auch durchaus ein Teil des Vergnügens sein kann, derartiges zu planen und sich darauf vorzubereiten. Das Verführungs-Dinner ist ein Moment, in dem du demonstrieren kannst, wie behaglich es bei dir daheim sein kann: durch deine aufmerksame Gastfreundschaft, deinen guten Geschmack oder auch nur dein erstes komplettes Porzellangedeck. Sei geduldig; die Liebe ist ein bewegliches Fest. Die Dame will vielleicht erst das Terrain sondieren, bevor sie sich darin niederläßt, oder ist so nervös, daß sie es vorzieht, die erste gemeinsame Nacht in ihrem eigenen Bett zu verbringen, oder vielleicht ist sie auch nur besorgt, weil sie die Katzen noch füttern muß. Schließlich war es eine Einladung zum Abendessen, nicht zu einer Orgie.

Begrüße sie mit schwesterlicher Umarmung. Halte Augen-, nicht Schenkelkontakt. Erhebe dein Glas auf sie, nicht »auf uns« (zu aufdringlich). Sorge dafür, Blumen im Haus zu haben, und schenke ihr eine ganz besondere, die sie mit nach Hause nehmen kann, ob am Morgen oder am Abend. Kerzen sind ein absolutes Muß; Tischtuch und Servietten sollten vorzugsweise aus Leinen sein. Falls du Austern liebst, serviere sie ihr nicht gleich beim ersten Mal, das wirkt zu forciert; auch Artischocken sind eine zu starke Metapher, aber wenn du weißt, daß sie darauf steht... Bringe jedenfalls vorher in Erfahrung, was sie nicht mag. Viele Lesben verabscheuen Fleisch oder Alkohol, also mußt du möglicherweise wählen zwischen deinen Eßgewohnheiten und ihren. Falls du in Versuchung gerätst, beim Abendessen zuviel zu trinken, erinnere dich daran, daß du einen ausgezeichneten Champagner für das Brunch zurückgelegt hast. Schließlich hast du dir nicht die ganze Arbeit gemacht, um sie unter den Tisch zu trinken. Wer sagt, es sei einfach, Hedonistin zu sein?

Für ein gutes Menü empfehlen sich Proteine, vielleicht das, was man früher einfach *nouvelle cuisine* genannt hat, also kleinste Portionen (jede eine Delikatesse) aus ultra-frischen Salaten und Gemüsen, kunstvoll auf einer Platte angerichtet. Die *nouvelle cuisine* ist bekannt für Finesse, visuelle Kunst und, tja – Nacktheit. Keine schweren, alles überdeckenden Soßen täuschen die Sinne. Wenigstens heute abend solltest du derartiges nicht servieren. Bereite statt dessen solch deliziöse Köstlichkeiten zu wie Palmenherzen, Tintenfischringe, kleine Krabben oder geschmorte Endivien, die auch noch den Tastsinn reizen, da sie mit den Fingern gegessen werden. Mit solch kleinen Köstlichkeiten könnt ihr euch dann auch gegenseitig füttern, wenn der entsprechende Grad an Intimität erreicht ist. Manche Lesben vermeiden Salate, weil beispielsweise grüne Salatblätter als Anaphrodisiakum gelten. Aphrodite warf sich auf ein Bett aus Salatblättern, um ihr inneres

Feuer zu kühlen. Da es heutzutage aber geradezu als Mangel an Etikette gilt, keinen Salat zu servieren, hat eine der Ladies einen besonderen Salat für das Verführungs-Dinner kreiert. Ja, auch dieser läßt sich mit den Fingern essen. Der »Trick«, wie es bei solchen Gelegenheiten in *COSMO* heißt, besteht darin, kleine »Boote« aus Romana-Blättern herzustellen.

Silvias Verführungs-Salat

Wasche einen Kopf Romana und trockne jedes Blatt gut mit einem Papierhandtuch ab. Toaste ein Stück Brot, bestreiche es dünn mit Knoblauch, schneide den Toast diagonal in vier Dreiecke und lege sie in eine Salatschüssel. Arrangiere die Romana-Blätter über dem Toast. Koche zwei Eier weich und dekoriere mit den Vierteln die Salatblätter. Mische drei Teelöffel leichtes Olivenöl, drei Teelöffel Zitronensaft und etwas Pfeffer und Salz und gieße die Soße darüber. Die Krönung bilden geriebener Parmesankäse und geröstete Sesamsamen.

Wenn ihr euch zum Kaffee und einem Nachtisch auf die Couch zurückzieht, dann – und nur dann – kannst du ernsthaft überlegen, ob du »den ersten Schritt machst«. Vielleicht steht dir einfach der Sinn nach einem weiteren aufregenden Vorerwartungs-Abend oder nach einer Einladung zu einem Abendessen bei ihr zu Hause. Wenn es etwas gibt, das noch aufregender ist als ein Verführungs-Dinner, dann sind es zwei Verführungs-Dinner. Wenn die Zeit gekommen ist, liegt es an der Gastgeberin, den ersten Schritt zu tun. »Ich wünschte, du müßtest heute abend gar nicht mehr fort.« Das nagelt die andere nicht fest, macht aber deutlich, worum es dir geht. Denke daran: Du kannst keine Frau verführen, die nicht verführt werden will; ihr entscheidet beide, wieviel Energie ihr austauschen wollt. Ein wunderschönes Abendessen und geistreiche Unterhaltung sind ein höchst sinnliches Ereignis, das schon an sich Erfüllung genug bedeutet, aber – oh, ihr süßen Träume...

Das »erste Mal« oder: Ein langsames Entkleiden

Mit jeder neuen Frau gibt es ein »erstes Mal«, und jedesmal bist du ganz durcheinander. Wahrscheinlich kann es in Zukunft also befriedigender sein, aber nichts gleicht der ersten Dämmerung der Fleischeslust. Manche Lesben, die im Leben als »neugierig« gelten, sind nur Meisterinnen des »ersten Mals«. Dabei gibt es in Wirklichkeit zwei Male, das »erste« und das »letzte Mal«. »Erste Male« erfordern Fingerspitzengefühl und Sorgfalt, um Peinlichkeiten soweit wie möglich zu vermeiden. Natürliche Schüchternheit ist jedoch ebenso charmant wie Natalie Barneys Erröten. Dies ist in der Tat ein Muß in den besonderen Erotika des »ersten Mals«, also vermittele nie den Eindruck, zu professionell vorzugehen. An den Knöpfen herumzufummeln ist nicht unbedingt anturnend. Sei versichert, daß manche Frauen beim »ersten Mal« zu schnell zum Orgasmus kommen; das bedeutet, du hast ein langes Vorspiel vor dir. Erfahrene Verführerinnen denken an Kleinigkeiten, die geeignet sind, eine Gast-Liebhaberin zu entspannen. Lady C. gestaltete ihr Schlafzimmer als »eine Kirche für zwei«. Installiere Lampen, die hell genug sind, um erkennen zu können, wo sich die einzelnen Möbelstücke befinden, die du aber zum Zwecke der Verschwiegenheit der ersten Nacht dimmen kannst. Telefon und Anrufbeantworterin sind leise gestellt. Eine Kerze in einem Glas beschützt die Flamme und sollte in Reichweite stehen, ebenso eine Auswahl an Getränken. Eine Gardenie oder andere duftende Blumen am Bett werden ihr später die Erinnerung versüßen.

Manche Amouren entflammen schnell. Auf dem Teppich herumzurollen verkürzt das verbale Vorspiel. Doch solches Feuerwerk zündet oft erst später.

Also gut, gehen wir jetzt davon aus, daß du den ersten Schritt gemacht hast. Dann kommt das eher verlegene, aber köstliche »Einstimmen«. Erweise dich als wahre Gastgeberin: »Hier sind frische Handtücher«, dränge sie nicht und hilf ihr, ihre Nervosität in den Griff zu bekommen. Schließlich:

»Dies ist das Bett, dies sind meine Arme...« Wenn äußerste Zurückhaltung geboten ist, wirst du es merken. Scham mag eine kleinbürgerliche Vorstellung sein, aber Intimität ist aristokratisch. Erweise dich ihrer würdig. Biete ihr an, zuerst ins Badezimmer zu gehen. Wenn sie die Tür hinter sich schließt, respektiere es. Zieh dich selbst rasch aus und krieche unter die Bettdecke, das beschleunigt die Dinge, wenn sie herauskommt. Vielleicht gehst du dann auch erst ins Bad oder anderswohin, so daß sie sich ausziehen und zu Bett gehen kann. Bringe die Drinks, zünde die Kerze an... Und wir lassen euch im sanften Mondlicht des Liebeslagers zurück, wo ihr euch den Freuden eurer Körper hingebt...

Der Morgen danach

Wecke deine Geliebte mit einem Kuß und einer Umarmung und allem anderen, was eure Seelen schmelzen läßt, aber danach kehre zur lesbischen Alltags-Etikette zurück, wobei die genauen Verhaltensregeln davon abhängen, ob du eine Wiederholung des gestrigen Abends wünschst oder nicht. Wenn nicht, biete ihr Kaffee und ein Croissant an und erzähle ihr, daß du gleich wegmußt. Zeige ihr, daß du zu tun hast, sei aber nicht grausam. Vielleicht erwähnst du, daß du die nächsten sechs Monate vor lauter Arbeit zu nichts anderem kommen wirst, aber benimm dich nicht ungehobelt. Du schuldest jeder Frau wahre Höflichkeit, deren Zuneigung du ermutigt und gewonnen hast. Selbstverständlich hast du absolute Integrität mit deiner romantischen Werbung verbunden, also brauchst du ihr nichts zu gestehen, wie etwa, daß deine Partnerin, mit der du seit drei Jahren zusammenlebst, demnächst heimkommen wird.

Wenn du das Erlebnis des gestrigen Abends großartig fandest, wünschst du dir vielleicht, eine Liaison zu beginnen, also plane entsprechend. Sorge dafür, daß ein zusätzlicher Morgenmantel oder Schlafanzug bereitliegt, damit ihr beide es euch zum Brunch gemütlich machen könnt. Schließlich ist das letzte, was du willst, daß sie sich anzieht! In Second-hand-Läden stapeln sich Designer-Klamotten aller Art, und häufig paßt eine Größe für alle. Wenn du für das Brunch nicht genügend Lebensmittel zu Hause hast, biete ihr an, frühstücken zu gehen. Es ist jedoch unverzeihlich, keinen Kaffee, Milch, Tee oder Saft im Haus zu haben. Beim Brunch solltest du das nächste Date mit ihr ausmachen, oder du wirst dich später fragen, ob alles nur ein wunderschöner Traum war. Am nächsten Tag ist es ratsam, einander liebevolle Dankeschön-Nachrichten zu schicken, um das Liebemachen mit Liebe in Verbindung zu bringen. Wenn du es nicht gewohnt bist, Liebesbriefe zu schreiben, genügt schon ein beziehungsreiches »Dank dir für *alles*«. Ein beigefügtes Lavendelsträußchen oder »die blaue Blume der Erkenntnis« hilft deiner Prosa auf die Sprünge. Schreibpapier mit deinem eingravierten Monogramm erfüllt denselben Zweck. Eine kleine Investition in dieser Richtung mag dir für den Rest deines Liebeslebens genügen. Verwende niemals nur gedrucktes Briefpapier, sondern ausschließlich graviertes. Lesben haben sensible Fingerspitzen.

Exotische Vorlieben und abenteuerliche Amouren

Lesbischer Sex ist ganzheitlich, dennoch gibt es Spezialitäten, selbst irgendwelche Tricks, etwa S & M. Manchmal ist es peinlich, deiner neuen oder alten Geliebten zu gestehen, daß du am liebsten mit deinem Auto irgendwohin fahren und Räuber und Gendarm spielen oder die Unterwäsche-Abteilungen in den Kaufhäusern mit ihr durchstöbern möchtest, um in der Umkleidekabine mit ihr herumzualbern. Es kann eine delikate Angelegenheit sein, ihr zu gestehen, daß du davon träumst, Pfirsichmus von ihrer Du-weißt-schon zu lekken, mit einer neunschwänzigen Peitsche geschlagen zu werden oder daß sie vorgibt, eine lüsterne Nonne zu sein.

Beginne damit, sie wissen zu lassen, daß du an ihren Phantasien interessiert bist und sie gern teilen möchtest. Selten wird ein Vorschlag (dir) so erschreckend und unmoralisch erscheinen, daß er die gesamte Beziehung in Frage stellen könnte. Wenn es doch so ist, dann laß die Finger davon. Wir alle haben unsere Schlangengruben, gefüllt mit Tabus. Laß sie wissen, daß du sie immer noch wahnsinnig liebst, nicht aber diese besondere Phantasie. Nichts ist tatsächlich so schrecklich, es sei denn, es ist mit Zwang und Gewalt verbunden. Eine Phantasie ist nichts weiter als eine Phantasie. Die meisten von uns haben »Schlüssel«-Phantasien, die in unsere Kindheit zurückreichen. Manche können unglaublich Spaß machen, wenn ihr sie auslebt. Das gilt zum Beispiel für alles, was ein Durcheinander verursacht, angefangen damit, die Körper gegenseitig mit Fingerfarbe zu bemalen bis hin zu Weibercatch im Schlamm. Was die eine Frau riesig anturnt, kann für die andere ausgesprochen anti-erotisch sein – zum Beispiel, bepinkelt zu werden. Wenn die eine Frau heiß ist, während die andere sich ekelt, solltet ihr lieber wechselseitig vergnüglichere Anregungsmittel finden. Diese gibt es zuhauf, und sie können eine Quelle reichhaltiger Vergnügungen sein. Zum einen bedeutet es, daß keine Langeweile aufkommt. Zum zweiten bedeutet es große Intimität und Vertrauen und schafft eine weitere Verbindung zwischen euch. Viele Tabus können tatsächlich nur mit einer ganz besonderen Geliebten ausagiert werden. Analer Sex und der Gebrauch von Dildos, Gleitmitteln, Fesseln oder Drogen sind nicht gerade das, was du mit jeder in der ersten Nacht tun würdest.

Die Verwendung von Dildos war früher einmal eine Hauptstreitfrage zwischen Lesben. Jahrelang von Feministinnen als politisch unkorrekt und Verkörperung phallischer Penetration verurteilt, sind Dildos inzwischen von der Tabuliste gestrichen und tauchen in den Schlafzimmern lesbischer Frauen immer häufiger auf. Gigantische, starre Dildos sind natürlich die absurde, narzißtische Verkörperung männlicher pornographischer Vorstellungen. In letzter Zeit sind jedoch Dildos auf dem Markt, die aus feinstem Silikon hergestellt sind, sogar Doppel-Dildos. Manche davon sind fast zu Kultgegenständen avanciert: kunstvoll gestaltete Statuen tauchender Frauen. Sie sind weich und biegsam, und in den USA sind sie in Frauen-Versandhäusern erhältlich. Manche Lesben finden Dildos genauso amüsant wie das Organ selbst und Vergnügen sich gern damit. Die Ladies fragen sich: Ist der Dildo ein Penisersatz oder umgekehrt? Als eine Art Faustregel gilt jedoch: Viele Lesben benutzen weder Dildos noch eine organische Version davon wie Karotten, Gurken oder Bananen, also gehe langsam vor und gewöhne sie daran. Vibratoren sind etwas besser akzeptiert. Am besten ist es, mit deiner Geliebten über erotische Sexpraktiken und Spielzeuge zu sprechen, vorzugsweise, wenn ihr beide erregt seid. Wie in allen delikaten Situationen ist auch hier Kommunikation das beste Gleitmittel.

Sado-Maso-Rollenspiel

Der lesbische Preis für das beste sexuelle Gleitmittel geht sicherlich an sado-masochistische Praktiken. Viele haben es ausprobiert, wenige bleiben dabei, trotz des großen Presserummels darum und der Tatsache, daß es bei Heteros als schick gilt. Die meisten – weltlichen Dingen aufgeschlossenen – Frauen in Lady C.s Zirkel halten das Sado-Maso-Konzept eher für ein abzulehnendes Klischee. Individuelle Frauen können es kaum ertragen, zu Karikaturen patriarchalischer Herrschaft und Unterwerfung gemacht zu werden. Ein anderer Aspekt das Sado-Maso, den viele Lesben für anti-erotisch halten, ist seine sado-puritanische Seite. Eine ganze Menge des »feelings« basiert auf schrecklichen und unrealistischen Schuldgefühlen. Darüber hinaus wird dein Körper durch Brandwunden, Narben und Hepatitis nicht gerade interessanter.

Lady C. selbst erklärt jedoch, Sado-Maso sei eine der wertvolleren Häresien der feministischen Religion. Wie alle Häresien enthalte S & M, so sagt sie, einen Kern Wahrheit und einen wichtigen Wert für unsere Befreiung. Die S & Ms, die sie »us

& thems« nennt, haben sich Verdienste erworben, da sie nicht nur die Präsenz, sondern auch die Pathologie von Dominanz und Unterwerfung in uns allen nach außen tragen. Wie oft agieren wir unsere Beziehungskonflikte in einem verbalen Sado-Maso-Theater der Gewalt aus und bemerken dabei nicht einmal, daß psychischer Schmerz ebenso grausam sein kann wie physischer? Sado-Maso bringt uns dramatisch in Erinnerung, daß alle Beziehungen auf noch weiteren Elementen beruhen als nur Liebe – und diese sind Macht und Kontrolle.

Sado-Maso unterstreicht auch solch kosmische Wahrheiten wie Vergänglichkeit und gegenseitige Abhängigkeit. Es agiert aus, daß alle unsere Ego-Rollen in Wirklichkeit Abwandlungen des »als-ob«-Spiels sind, zum Beispiel wenn die heute abend besonders gestylte »Top« beim morgigen Tageslicht ausgesprochen »unten« liegt oder sich die »Leidgeprüfte« als dynamische und keineswegs statische Persönlichkeit entpuppt. Außerdem hängt die Identität der anscheinend alles beherrschenden »Top« vollständig von einem Partnerschaftsmodell ab, von der Bereitschaft einer anderen Frau nämlich, die entgegengesetzte Rolle zu spielen und ihr dabei einen Zerrspiegel vorzuhalten. Wer übt dabei *wirklich* die Kontrolle aus? Jede tut es, und beide gemeinsam tun es.

Die Vertreterinnen des Sado-Maso-Sex haben viel dazu beigetragen, die Lust an Fetisch und Phantasie, an ritualen Spielen und Rollentausch in die lesbische Gemeinde einzuführen. Frauen brauchen jedoch die Ikonographie des Faschismus für erregendes sexuelles Theaterspiel nicht. So gehört zum Beispiel »S & S«, Sex und Spiritualität, zu den ebenso liebe- wie machtvollen Alternativen, wie sie in späteren Kapiteln beschrieben werden. Außerdem hat Sado-Maso unsere Verschiedenheit in den Schmerz-Lust-Schwellen ans Licht gebracht. Betrachten wir es doch einmal so: Für manche ist es vielleicht Liebe auf den ersten Biß. Was für die eine nichts als grausamer Schmerz ist, stimuliert vielleicht die Tigerin in einer anderen Lesbe. Die wahrhaft erotische Lesbe versteht, daß die Power der Empfindung sich dreht und wendet wie der Yin / Yang-Fisch in verschiedenen Stadien der Leidenschaft und Bewußtheit.

Und schließlich sehnen wir uns alle – nicht nur die Leder-Fetischistinnen – sicherlich nach der tiefen Entspannung, uns einem anderen Körper und Willen anzuvertrauen, genauso wie wir Glück dabei empfinden, die Potenzen unseres eigenen Körpers und Willens zu spüren, während wir die Ekstase einer Geliebten erregen und in Bahnen lenken. Die entscheidende Frage lautet vielleicht: Wann ist es dumm oder ausbeuterisch, mit solch grundlegenden Kräften wie den Grenzen unserer Sinnesempfindungen zu spielen – und wann ist es heilend und fördernd? Stammt unsere Motivation aus dem Willen zur Macht, oder bleibt sie im Fluß mit den Liebesenergien?

Bisexueller Swing

Eine weniger provokative, aber immer noch faszinierende Häresie mit unendlichen Wirklichkeiten ist Bisexualität. Ja, viele Frauen und Männer hatten und haben Sex mit Frauen, die sich selbst als Lesben definieren. Dies sollte kein Problem sein, solange dabei nicht die Gefahr der Aids-Übertragung besteht. Denke an Safer Sex! Die Ladies wünschten, der ungenaue Begriff »bisexuell« existierte nicht, außer in der technischen Form als Bezeichnung für eine Person, die gleichzeitig mit einer Frau und einem Mann Sex hat. Jedes der selbstdefinierten und sich ständig neu definierenden Sexgeschlechter (weibliche und männliche Homosexuelle / Heterosexuelle / Bisexuelle) mag in wenigstens sechsunddreißig Kombinationen mit anderen Personen geschlechtlichen Vergnügungen nachgehen. »Bisexuell« scheint ein wenig vage in unserer vielfältigen sexuellen und multidimensionalen Welt. Da gibt es das alte Märchen, nach dem bisexuelle Männer nicht zugeben können, schwul zu sein, und bisexuelle Frauen solche Frauen sind, denen es peinlich ist, heterosexuell zu sein; aber vielleicht ist Bisexualität eine experimentelle oder – vielleicht lebenslange – Übergangsphase für manche Menschen, die im nächsten Leben das Geschlecht wechseln werden.

Diese negative Sicht der Bisexualität stammt daher, daß Homosexuelle häufig glauben, das Konzept der Bisexualität untermauere die homophobische Überzeugung, so etwas wie Homosexualität existiere gar nicht. Tja, wir Lesben brauchen uns darum eigentlich gar nicht zu kümmern. Außerdem besteht die Befürchtung, Bisexuelle würden nur unsere Früchte kosten, aber spätestens dann, wenn die Verfolgung Homosexueller ihr häßliches Haupt erhebt, würden die Bisexuellen ihr »heterosexuelles Privileg« in die Waagschale werfen und uns wie Judasse verraten. In Wirklichkeit sind Bisexuelle nicht besser oder schlechter als wir alle, manche sind vertrauenswürdig, manche nicht. Viele Lesben verlangen nach wie vor von bisexuellen Frauen, eine definitive Entweder-Oder-Wahl zu treffen. Aber gehört es nicht zu den fundamentalen schwulen und lesbischen Bekenntnissen, daß alle Menschen frei sein sollten zu lieben, wen immer sie lieben wollen?

Was wir vom »bisexy-Drama« in der weiten Arena der Sexualität lernen können, ist, daß die aufgeführten genitalen Theaterspiele nur ein Genre sind. Die wirkliche Action spielt sich außerhalb des Bettes ab, und hier sollten wir auf so etwas wie Loyalität, Authentizität und Evolution achten. Handelt es sich um einen Charakter mit feministischen Werten (geteilte Macht) oder maskulinen Werten (Macht über)? Wann und warum ist der Stil des einen Charakters rezeptiv-feminin und wann energisch-maskulin? Ist der/die AkteurIn die VerfasserIn ihres eigenen Scripts; sind ihre Liebesgesänge ehrlich? Bisexualität ist eine gute Frage zum Nachdenken, wenn du gerade gedacht hast, du hast schon alles herausgefunden.

Zölibat

Damit kommen wir zu einer der exotischsten (und in der Hetero-Welt am meisten tabuisierten) sexuellen Formen, sich auf Menschen zu beziehen: zölibatäres Verhalten. Das Zölibat ist die nachdenkliche, durchdachte Bestätigung und Förderung des eigenen Selbst, die dazu führt, sexuelle Energie in alternative Bahnen zu lenken. Es ist nicht zu verwechseln mit einem zufälligen, ungewollten Zustand der Keuschheit. MystikerInnen haben schon lange verstanden, daß sexuelle Energie eine wunderbar mächtige Form spiritueller Energie sein kann. Sexuelle Abstinenz kann den sexuellen Strom in Herzens-Bewußtheit verwandeln und uns auf diese Weise mit dem kosmischen Ganzen vereinigen. Warum die Forderung aufstellen, daß Sex immer nach außen in einen Orgasmus gelenkt werden sollte, ob als Onanie oder Sex mit einer anderen Person?

Lesben üben sich oft in sexueller Enthaltsamkeit, um in der Lage zu sein, ihre höchst kreative Energie voll und ganz auf ihre Kunst, ihren Beruf oder ihre Studien zu konzentrieren. Manchmal tun wir es, ohne näher darüber nachzudenken. Vielleicht brauchen wir die Enthaltsamkeit, um uns selbst zu erden, bevor wir in eine bedeutsame Beziehung mit der Macht und der Wirklichkeit einer anderen Frau eintreten, oder um eine liebevolle Beziehung mit uns selbst einzugehen. Möglicherweise müssen wir uns von einem Inzest oder einer Vergewaltigung erholen. Wir möchten vielleicht einfach erkunden, wie wir eine andere Art liebevoller Beziehung aufbauen können, die nicht von den turbulenten Stürmen des Sex gebeutelt wird. Schließlich gibt es andere Wege zu Liebe und Intimität als genitalen und orgasmischen Sex. Eine bedeutsame Zeit und tiefe Gefühle miteinander zu teilen, sich einer Sache oder Partnerschaft in einer wichtigen gemeinsamen Aktion zu widmen – all das kann mit Zuneigung, Zärtlichkeit *und* höchstgefärbter Erotik gesegnet sein. Wir können uns zum Beispiel dafür entscheiden, uns in visueller, phantasievoller oder astraler Hinsicht mit einer anderen Frau zu verbinden. Das ist nicht dasselbe wie genitaler Sex, aber es ist auch nicht weniger. Wir alle müssen manchmal im Leben enthaltsam sein, und bei manchen Menschen müssen wir es auch immer sein (gegenüber der hinreißenden Partnerin deiner besten Freundin, deiner Chefin, deiner Therapeutin oder spirituellen Lehrerin). Es ist weise, sexuelle Enthaltsamkeit willkommen zu heißen, wenn sie angemessen ist. Sie wird dir guttun.

Häufig stellen Lesben fest, daß sexuelle Enthaltsamkeit nach einer schwierigen Trennung nützlich ist. Wir können zurücktreten und die Dynamik der Veränderung ergründen, feststellen, was falsch gelaufen ist, was wir besser machen können; wir können uns Zeit nehmen, zu trauern und loszulassen. Sich sofort in die Arme einer anderen zu stürzen, kann dich dazu verdammen, dasselbe alte Muster zu wiederholen; dann wirst du nicht geheilt und verändert, sondern verzerrt.

Eine Periode bewußter Enthaltsamkeit mag Monate, Jahre oder ein Leben lang dauern – solange sie sinnvoll und bestärkend ist. Schließlich ist das Zölibat keine Strafe oder Buße. Entweder sind Frauen wirklich friedvoll in ihrer und durch ihre Enthaltsamkeit, oder sie beenden diese Übung irgendwann. Auch bedeutet Enthaltsamkeit nicht Asexualität. Manch eine Enthaltsame führt ein glückliches Sexualleben mit sich selbst und ein sinnliches mit der Welt. Sich selbst zu lieben, sagt Lady C., ist eines der großen Yogas: Es erleuchtet und zentriert ohne die verzerrenden Komplikationen. Schließlich ist es auch angenehm zu entdecken, wie überraschend erotisch die ganze blühende Welt ist – ohne daß irgendein genitaler Akt dazu erforderlich wäre.

Hier sind einige Tips von der Enthaltsamkeits-Befreiungsfront, wenn du versuchen willst, das Zölibat zu praktizieren:

1. Beobachte einfach deine sexuelle Energie und erwarte nicht, daß sie plötzlich verschwindet. Streite mit dieser alten Freundin nicht und verleugne sie nicht. Sie ist in jeder Hinsicht eine zu mächtige Kraft, als daß du ihr widerstehen könntest, also winke ihr einfach lächelnd zu, wenn sie vorübergeht.

2. Und sie geht vorüber, fließt herein und heraus wie die Gezeiten. Fühle, wie interessant es sein kann, mit ihr zu fließen, besonders wenn du die Energie kreativ kanalisieren kannst.

3. Versuche sexuelle Stimulation zu vermeiden, was sehr schwierig ist in einer Kultur, in der dir Sexuelles von jeder Plakatwand entgegenschreit.

4. Führe Entspannungsübungen durch wie tiefes Atmen, Yoga und Meditation.

5. Bringe deine nicht-fixierte Zuneigung allen Lebewesen entgegen – Katzen, Pflanzen, Menschen –, die du wirklich magst, und solchen, die du mögen könntest, wenn du nicht alle als mögliche SexualpartnerInnen betrachtest.

6. Erzähle niemandem außer deinen wichtigsten Bezugspersonen, daß du das Zölibat gewählt hast; die meisten Menschen reagieren eher ungeduldig darauf. Laß sie raten, wieso du eine solche Ausstrahlung von Freiheit und ruhiger Energie hast.

7. Einige Menüempfehlungen: Fleisch, Zwiebeln, Knoblauch und scharfgewürztes Essen stimulieren sexuelle Energie; das gleiche gilt für Coffein und Nikotin.

8. Führe alle körperlichen Aktivitäten durch, die du ohnehin gerne machst. Bestimmte Yoga-Positionen und Atemübungen sind dazu geeignet, sexuelle Energie in positive Alternativen zu kanalisieren.

9. Denke daran: Enthaltsamkeit ist wie Jogging; du mußt es nicht *jeden* Tag machen.

Die große Ironie am Zölibat besteht darin, daß Lesben, die sich bewußt für eine enthaltsame Periode entscheiden, für andere noch begehrenswerter werden können. Und das Wilde am Zölibat ist, daß du es mit vielen Menschen gleichzeitig machen kannst. Natürlich können Enthaltsame die Vorstellung von der »verbotenen Frucht« in anderen wecken, doch ihre Attraktivität besteht oft einfach in ihrer Äußerung eines wunderbaren inneren Strahlens: ihres Selbstwertes. Hier ist eine, die nichts braucht und die nur wenige obsessive und possessive Arten hat, sich mit anderen Lebewesen in Beziehung zu setzen. In einer Zeit, in der Sex – nicht Religion – zum Opiat (und Amphetamin) des Volkes geworden ist, können sich diejenigen, die solche Sucht erfolgreich bezwungen haben, frei ihrem Leben widmen. Du wirst feststellen, daß Enthaltsame oft super-leistungsfähig sind: Sie sind Unternehmerinnen, tragen den schwarzen Gürtel, sind politische Abgeordnete oder Künstlerinnen. Sie schaffen etwas Bedeutsames, während diejenigen unter uns, die mit sexuellem Autopiloten fliegen, es kaum schaffen, nach Hause zu gehen, um die Katzen zu füttern. Da die sexuelle Liebe so verbreitet ist, so unmittelbar und liebevoll Erregung zum Ausdruck bringen kann, neigen wir zu der Annahme, daß Sex für das Leben wesentlich sei. »Was wirklich für das Leben wesentlich ist«, sagt Lady C., »ist die Erregung selbst.«

Welcome to the Pleasure Dome

Es war einmal, an einem Elfenfeuer, als der gewürzte Apfelwein kreiste – da erkühnten sich einige Mitglieder aus Lady C.s Kreis, ihre exotischsten Lieblingsphantasien sexueller Vergnügungen mitzuteilen (selbstverständlich sind die meisten lesbischen Vergnügungen »exotisch«, da wir nur selten auf die Missionarsstellung zurückgreifen, die unter uns auch als »der zerquetschte Käfer« bezeichnet wird). Eine Studie der lesbischen Sexualtherapeutin Joann Loulan fand heraus, daß selbst lesbischer oraler Sex – ein weiteres Lieblingsthema männlicher Pornographen – keineswegs universell ist. Lesben verfügen über ein umfangreiches Menü, angefangen vom Reiben des Körpers (was *Tribadismus* oder *Frottage* genannt wird, falls das jemanden interessiert) über orale Vergnügungen bis zu Fingerspielen allüberall. Wir erfreuen uns am ganzen Organ warmer Haut, ein bewegendes Universum zu erkundender Liebeswellen.

Hier eine kleine Auswahl beliebter Entrées der Ladies, bevor diese atemlos die Rezepte im einzelnen verraten. Da treffen wir zunächst Constance und Scarlett; sie sind die zwei führenden Exponentinnen der beiden großen gegensätzlichen Schulen von Lesbiana, über die wir später diskutieren werden: Monogamie und Pluralismus. Die scheinbar würdevolle Constance mag als sexuelle Makrobiotin gelten, wenn es darum geht, daß sie sich selbst für eine Partnerin reserviert, aber im Bett ist sie die Königin der Phantasien für ihre Geliebte, eine Scheherazade Wirklichkeit gewordener Märchen und Rollenspiele mit Accessoires von Seidenkrawatten bis

Satinhöschen. Vielleicht ist letztendlich Vielfalt ihr Lebenselexier. Scarlett, die fröhliche Herumtreiberin, hat ein geheimes Faible für öffentlichen Sex, nicht als eine Art aufdringlichen Exhibitionismus; sondern sie spielt gerne »Fang mich« direkt unter der Nase des Patriarchats. Zenia mit den leuchtenden Augen (und den Fingern) einer *Yogini* liebt den hochkonzentrierten ritualisierten Sex, um bewußt den Ruhepunkt zu erreichen, an dem Fleisch und Geist zusammenströmen und die Hitze des Körpers sich in Licht verwandelt. Concha nutzt das Wasser des Lebens für ihre poetischen Liebesabenteuer, für sinnliche Duschen und duftende Bäder bei Kerzenlicht, für Fußwasch-Massagen, bei denen jeder Zeh ein Organ ist. Und ihr werdet Kemble begegnen, der feurigen Meerjungfrau, der jede Frau als ihre »Erste« begegnen möchte, deren »überaus tiefe« Küsse alle sagen: »Möge dich die Flut überspülen.«

Seid ihr bereit? »Halt!« sagt Lady C., »erst müssen wir über Safer Sex reden.« Hmmm? Oh!

Eine Pause für Safer Sex

Lady C., bekannt für ihre achtzigjährige Standhaftigkeit, beabsichtigt, nicht eine einzige Lesbe an Aids-Ignoranz zu verlieren. Sie hat recht. Sorgloser Blut- oder Samenkontakt mit einem Aids-Träger, und du könntest in die ewigen Jagdgründe eingehen. Glücklicherweise wurde die lesbische Gemeinde bislang von der Ansteckung verschont, da unsere üblichen Sexpraktiken nur wenige Risiken bergen. Lesbische Sexualität enthält nur sehr selten die Möglichkeit, Blut oder kontaminierte Nadeln auszutauschen, und mit Samen hat keine der Beteiligten etwas zu tun. Religiöse FundamentalistInnen, die in ihrer Raserei behaupten, Aids sei die Strafe eines zornigen Gottes für die Sünden der Menschen – sie sollten zu der logischen Schlußfolgerung gelangen, daß ihr Gott also lesbische Sexpraktiken als besonders heilig favorisiert. Unter den Tausenden bekanntgewordenen Aids-Fällen in den Vereinigten Staaten gibt es nur sehr wenige unklare Fälle mit der vagen Möglichkeit, daß eine Aids-Übertragung von einer Frau zur anderen stattgefunden haben könnte. Als weltweite Epidemie ist Aids größtenteils eine heterosexuelle Krankheit. In den USA sind jedoch Drogenabhängige, die sich ihren Stoff intravenös spritzen, sowie schwule Männer am meisten betroffen aufgrund ihres hohen Risikoverhaltens. Nicht was du bist, sondern was du *tust*, entscheidet darüber, ob du aidsgefährdet bist oder nicht. Selbst der gesegnete Zustand des Lesbischseins garantiert dir keine Unsterblichkeit, falls du dich in Situationen mit hohem Risiko begibst.

Sex war für Frauen jedoch selbstverständlich nie »sicher«, überschattet, wie er seit jeher ist von Verletzbarkeit und Tod: Schwangerschaftsgefahren, Abtreibung, Vergewaltigung, Inzest, Geschlechtskrankheiten, nicht zuletzt der ehrfurchtgebietende Tod des Egos, der Selbst-Kontrolle. Aids hat das Licht unwiderruflich verdunkelt. Die schwule Gemeinde ist bis an ihre spirituellen Wurzeln erschüttert worden, die tiefer gehen werden, um aus dem Dunkel zu lernen. Nie zuvor ist unter schwulen Menschen soviel mitempfindendes, heilendes und solidarisches Verhalten eingepflanzt worden. Wenn erst ein geliebter Mensch stirbt, wenn wir wirklich begreifen, daß die Frau / der Mann in unseren Armen stirbt – was können wir anders tun, als unsere Liebe zum Leben noch tiefer zu gründen?

Eine Möglichkeit besteht darin, für dich und die Deine »smart Sex« zu kreieren. (Noch einmal: Wann war lesbischer Sex jemals »sicher«?) Aids, wie jede andere sexuell übertragbare Krankheit, kann leicht im Zaum gehalten werden, wenn ihr euch an ganz bestimmte Richtlinien haltet. Wenn Krebs, ein so schrecklicher Killer, der unter Lesben umgeht, doch nur auf die gleiche perfekte Art in Schach gehalten werden könnte! In den Vereinigten Staaten sterben ungefähr zehnmal soviel Frauen an Brustkrebs wie Männer, Frauen und Kinder an Aids. Wir wissen, daß Aids durch ein vollständig unmoralisches Virus – wie alle Viren unmoralisch sind – ausgelöst wird. Hier heißt das Virus »HIV«, es attackiert und zerstört unser Immunsystem, so daß der Körper vollkommen geschwächt wird und einer Vielzahl lebensbedrohlicher Erkrankungen ausgesetzt sein kann. HIV-Infektion findet hauptsächlich durch infizierten Samen oder infiziertes Blut statt, das in den Blutkreislauf der anderen Person gelangen muß, um seine tödliche Kraft zu entfalten. Es ist die Samen-Verbindung, die Lesben der geringsten Risikogruppe angehören läßt. Eine hohe Konzentration der HIV-Viren ist im Sperma möglich, und die hohe Geschwindigkeit, mit der Sperma in eine Partnerin oder einen Partner gelangen kann, konserviert die Viren, die außerhalb des Körpers nur wenig Überlebensmöglichkeit haben. Lesben, die gelegentlich mit Männern schlafen, müssen infolgedessen Kondom-Königinnen sein. Kein Kondom, kein Koitus, basta. Ungeschützter Penis-Vagina- oder Penis-Anus-Sex kann Aids übertragen. Punkt.

Intelligente und liebevolle Schwule haben smart-Sex-Praktiken in überwältigender Zahl übernommen, zum Beispiel den Gebrauch von Kondomen, so daß von einem einzigartigen selbstbestimmten Gesundheitsprogramm in der homosexuellen Szene gesprochen werden kann, das sicher unvergleichlich ist. »Es ist ein Aufstand und doch eine Art Wiedergeburt. Wir verändern uns von Hyper-Sex in Richtung auf Safer Sex und Fürsorge«, sagte ein Schwuler. Homosexuelle Männer haben ein besonders hohes Ansteckungsrisiko aufgrund der weitverbreiteten analen Sexpraktiken, wobei sowohl Samen- als auch Blutaustausch stattfinden kann, und auch aufgrund der verbreiteten Promiskuität, also der Möglichkeit für viele Schwule, mit mehreren Partnern Sex zu haben, wie sie in der homosexuellen Männerkultur üblich ist. Durch smart-Sex-Praktiken wären die Aids-Infektionen normalerweise in San Francisco schon deutlich zurückgegangen, wäre da nicht die häufig sehr lange Inkubationszeit von mehreren Jahren. Der smart-Sex verhindert inzwischen neue Übertragungsfälle, aber bei vielen Schwulen bricht jetzt erst die Krankheit aus, wobei sie sich schon vor einigen Jahren angesteckt haben, bevor sie oder wir überhaupt wußten, was Aids ist.

Und was ist mit der Möglichkeit einer ausschließlich von einer Frau zur anderen übertragenen Aids-Erkrankung? Die offiziellen Aids-Statistiken konzentrieren sich auf die Vielfalt von schwulen Sexpraktiken; Frauen erscheinen in der Kalkulation offenbar ausschließlich als Heterosexuelle, so daß es keine offiziell veröffentlichten Zahlen über Aids unter Lesben gibt. Da wir für uns das Recht beanspruchen, sexuell repräsentiert zu sein, muß die lesbische Gemeinde sich selbst eingestehen, daß Blut – die andere Hauptinfektionsquelle neben Samen – unser wichtigstes Verbindungsglied zu Aids bleibt. Wenn Lesben daher nicht sicher sind, daß sie oder ihre Partnerin kein Aids haben, so sollten sie auf jeden Fall vermeiden, daß es zu einem Blutaustausch via Nadeln oder durch Wunden oder kleine Verletzungen kommen kann, selbst kleinste Risse im Gewebe, etwa in Mund, Vagina oder Anus; außerdem sollten sie vorsichtig bei dem Kontakt mit Menstruationsblut sein. Es wurde ein Fall von einer Frau-zu-Frau-Aids-Übertragung berichtet: Eine Heroinabhängige und ihre nicht abhängige Geliebte könnten sich durch Blutaustausch via vaginaler Blutung infiziert haben, wobei letztere durch »traumatische« sexuelle Aktivität und/oder Kontakt mit Menstruationsblut zustande gekommen sein kann. (»Traumatisch« in der medizinischen Fachsprache bedeutet Hautabschürfungen, Schnitte, Wunden – alles, was mehr ist als nur ein Kratzer von einem Fingernagel.) Vielleicht handelte es sich hier um Sado-Maso-Sex? Weitere Einzelheiten sind nicht bekannt, auch bisexuelle Aktivitäten könnten in dem ungelösten Geheimnis eine Rolle spielen.

Was ist zu tun? Ganz klar: Wenn du mit irgendeinem oder irgendeiner Drogenabhängigen zu tun hast, der/die Spritzen benutzt, vermeide auf jeden Fall, die Nadel oder sonstige Gegenstände der Drogenbenutzung mit ihm/ihr zu teilen. Sterilisiere alle Gegenstände, die mit den Drogen in Berührung kommen, mit Bleiche. Sterilisiere die Spritze zweimal täglich, indem du Bleiche aufziehst und sie dann im Waschbecken ausdrückst. Dann spüle die Spritze, indem du Wasser zweimal einfüllst und immer wieder ausdrückst. Auch Bluttransfusionen konnten früher »den goldenen Schuß« bedeuten. Seit einigen Jahren wird jedoch alles Blut auf Aids getestet. Auch Samenbanken sind dazu übergegangen, die Spender erst auf HIV-Infektion zu testen. Zukünftige lesbische Mütter sollten auf jeden Fall aus Gründen ihrer eigenen Sicherheit und der ihres Kindes darauf bestehen, daß der Samen auf Aids getestet wird.

Ein erster Schritt ist natürlich, deine eigene Geschichte der letzten fünf oder mehr Jahre noch einmal gedanklich durchzugehen und herauszufinden, ob deine Geliebte ein Risiko mit dir eingeht. Da die Inkubationszeit für Aids ungewöhnlich lange ist, nämlich im Durchschnitt etwa fünf Jahre, wappne dich für eine »bedeutsame Unterhaltung«, in der ihr euch über eure möglichen Bluttransfusionen, künstliche Besamung, männliche Liebhaber und Kontakt mit Nadel-BenutzerInnen Rechenschaft ablegt (gulp). Überlege dabei auch, wie dein allgemeiner Gesundheitszustand in den letzten Jahren war. Wie jede Infektionskrankheit hat Aids besonders leichtes Spiel, wenn das Immunsystem des Körpers bereits durch schlechte Ernährung, Drogen und Alkohol, Schlafmangel, andere Infektionen oder emotionalen Streß geschwächt ist. Studien zeigen, daß manche Menschen, die wiederholt HIV-Viren in Vagina-Penis-Sex ausgesetzt waren, kein Aids bekamen. Wenn ihr beide diese *Tour de force* durch eure Biographie der letzten Jahre hinter euch habt, seid ihr entweder total erschöpft, oder ihr habt vielleicht jede in der anderen die Lebenspartnerin gefunden.

Wenn eine von euch dennoch beunruhigt ist, euer Verlangen nacheinander aber jeden Test wert ist, dann solltet ihr euch auf Aids-Antikörper testen lassen. Dieser Test ist nur in der Lage, herauszufinden, ob dein Körper aus irgendeinem Grund spezielle HIV-Antikörper gebildet hat – und zwar vor mindestens sechs Monaten. Wenn du also auf den Test hin ein negatives Ergebnis bekommst, solltest du sechs Monate lang Safer Sex praktizieren und dann den Test wiederholen, damit du auf dem neuesten Stand bist. Oder praktiziere Safer Sex sechs Monate, *bevor* du den ersten Test machst. Versichere dich, daß der Test absolut vertraulich *und* anonym ist, da immer wieder Mißbrauchsfälle vorgekommen sind. Der ELISA- oder Aids-Antikörpertest ist berüchtigt für »falsche positive« Ergebnisse, besonders bei Frauen, also solltest du im gegebenen Fall weitere, kompliziertere Testverfahren durchführen lassen.

Wenn du daraufhin vermutest, daß du und/oder deine Liebste aus der Vergangenheit mit einem Risiko behaftet seid *und* wenn eine von euch gegenwärtig irgendwo eine sichtbare oder auch nur vermutete Wunde oder Schnittstelle hat oder menstruiert, solltet ihr für euren sexuellen Kontakt besondere Arten von »Gummis« benutzen. Das gilt auch für die Situation, wenn du einer Fremden nur eine Frage über Safer Sex zu stellen wagst, nicht ihre Biographie der letzten zehn Jahre erfragen willst – und denke daran, Menschen lügen. Außerdem kannst du das Ganze als weitere Spielart sexueller Vergnügungen betrachten. Es kann ja nicht schaden zu wissen, wie du »leichte Latex-Liebe« praktizieren kannst. Du wirst überrascht sein, wie die Qualität des Materials den Sex auf neue Weise leicht und empfindsam machen kann. Latex vermindert den elementaren, heißen Sex nicht mehr, als ein Bett es tut, und es kann manche Dinge bequemer und amüsanter machen.

Zu den »Gummi-Arten« gehören Fingerlinge, Latexhandschuhe und Kondome. Letztere eignen sich gut für Sexspielzeuge wie Dildos. Fingerlinge, kleine Kondömchen oder »Handschuhe für einen Finger«, haben ihren Weg aus der Arztpraxis in rosigere Gefilde gefunden. Benutze sie mit Gleitcreme, um jede Penetration zu einem lustvollen Ereignis werden zu lassen. Dünne Latexhandschuhe zu benutzen scheint bei den meisten Gelegenheiten ein wenig übertrieben zu sein, obwohl die Liebe ja eine vielfingrige Angelegenheit ist. Du kannst sie heute sogar in Schwarz bekommen. Es ist erstaunlich, wie leicht du vergessen kannst, daß du diese ultradünnen Handschuhe trägst, und wie mühelos sie ein Gefühl von Wärme und Feuchtigkeit übertragen. Solche Gummiarten sind auch deswegen nützlich, weil sie Lesben vor anderen sexuell übertragbaren Krankheiten (urrgh!) schützen wie Herpes, Tripper oder Scheidenentzündung.

Bei jedem Kontakt mit dem Anus deiner Liebsten solltest du auf jeden Fall einen Schutz benutzen, denn im Darm befinden sich Millionen kleinster Blutzellen sehr nahe an der Oberfläche, viele können also leicht verletzt werden, und es kann zu einem Blutaustausch kommen, wenn an deinem Finger auch nur eine kleinste Wunde ist. Fingerlinge, Handschuhe oder Kondome müssen selbstverständlich nach einmaliger Benutzung weggeworfen werden. Auf diese Weise wirst du auch Hepatitis, Syphilis oder Parasiten nicht weitergeben – Probleme, unter denen die Abenteuerlustigen schon lange vor dem Aids-Zeitalter gelitten haben.

Fingerlinge und Gummihandschuhe sind billig und in Apotheken und Geschäften für medizinischen Bedarf erhältlich. Im Zweifelsfall hilft ein Blick in die Gelben Seiten. Kein Verkäufer hat wohl je gefragt: »Was um Himmels willen tun Sie damit?«

»Sex war schon immer ein Problem, aber das gleiche gilt für das Wetter«, sagt Lady C., um das Thema vorwärtszutreiben. »Wenn das gute alte Latex sich als ruhiger Hafen im Sturm erwiesen hat, dann lege ich mir doch ein bißchen in einer kleinen Dose neben dem Bett zurecht.«

III.

Welcome to the Pleasure Dome – Willkommen im Lustschloß

Wir können jetzt zur behaglichen Szene um das Feuer zurückkehren, offen für alles, selbst für Safer Sex. Und was könnte sicherer sein als ein fröhliches Gespräch über Sex? Fragt mich jedoch nicht, ob eine Dekoration aus aufgeblasenen Kondomen bei bestimmten Enthüllungen im Raum erschien, wer sich selbst während des Gespräches heimlich liebkoste und wer was mit wem danach tat... Im folgenden Text wurden die Namen verändert, um die Schuldlosen zu ehren.

Constance: Vom Zauberstab der Phantasie gekitzelt

Meine Liebste und ich haben einmal lachend festgestellt, daß wir »oralen Sex« leidenschaftlich lieben, da wir bei unserem Liebemachen häufig heiße Theaterspiele aufführen. Wir haben nämlich entdeckt, daß Sex – wie Nahrung oder fast alles andere, das aus sich heraus viel Power hat – von erregender Dramatik sein kann, im Gegensatz zu dem einfachen, stets wiederholten Ritual. Wir haben früher beide jede für sich phantasiert und tun es immer noch, aber meine Geschichten ausleben zu können oder sie sogar mit meiner Geliebten zusammen zu verbalisieren ist sehr erregend und intim, und ich habe die Freiheit, wieder wie ein Kind zu spielen. Wechselseitige Rollenspiele, vielleicht mit ein paar improvisierten Gegenständen oder Kleidungsstücken, bieten auch mehr Vielfalt als Solo-Phantasien. Unser privates Theater erinnert mich daran, daß viele der Rollen, die Menschen sich aussuchen oder einfach in einer Gesellschaft akzeptieren lernen, aus genausoviel »Theaterspiel« bestehen. Zu schade, daß die Rollenspiele da draußen in der Welt so wenig Sinnlichkeit enthalten, um die Aufführungen mit Schönheit und Licht zu erhellen.

»Zufallsbegegnung« ist eines unserer beliebtesten Spiele, da sie »das erste Mal« mit all seinen Geheimnissen und Möglichkeiten wiederbelebt. Eine leidenschaftliche lesbische Liebeserklärung an eine unbekannte Frau ist immer ein aufregendes Risiko und Abenteuer. Manchmal suchen wir uns irgendwelche Orte, an denen wir uns »begegnen«; manchmal phantasieren wir uns alles von unserem Bett aus. Abhängig von unserer jeweiligen Stimmung, reicht unser Begegnungs- und Flirt-Szenario von idyllischen (eine Fahrradtour durch Frühlings-Blumenwiesen, ein zünftiger Landgasthof) über beschützende oder anregende (ein lesbisches Festival, ein Frauen-Nachtclub oder -Sportzentrum) bis zu herausfordernden, gefährlichen oder verbotenen Situationen (Kirchentag, ein zweiwöchiger Aufenthalt im Knast, der Planet »Versuche-alles-einmal«). In der »Gefängnis-Romanze« zum Beispiel lernt eine angeturnte, aber schüchterne Jungfrau, wie sie sich die Zeit mit einer erregenden, draufgängerischen Lesberado vertreiben kann, deren voyeuristische Kumpaninnen dabei Schmiere stehen. Dabei die »lesbische Aufpasserin« zu spielen ist eine Variation davon. Die Idee zum Knast-Szenario stammt aus der Erfahrung einer intensiven und wunderbaren, doch höllisch kurzen Inhaftierung einer von uns beiden, aufgrund von Aktivitäten für die Friedensbewegung. Wir haben uns auch an einigen »Theater der Gewalt«-Szenarien versucht, aber die stellen sich meist als gar nicht so erotisch heraus. Ich schätze, die einzige Sado-Maso-Ausrüstung, die sich bei uns bewährt hat, ist eine wilde Kollektion von Seidenkrawatten, die wir dazu benutzen, uns zu fesseln, und ein paar interessanten Masken, die besonders geeignet sind für Hotelzimmer, in die wir uns manchmal für ein Wochenende zurückziehen.

Wir spielen Hunderte von Variationen meiner Lieblingsphantasie: Ich öffne die Tür zu meinem ach so ordentlichen Büro und sehe mich einer kühnen Frau mit blitzenden Augen gegenüber, die mich frech anlacht. Sie schließt die Tür hinter sich ab, fordert mich auf, der Zentrale Bescheid zu sagen, keine Anrufe mehr durchzustellen, und läßt dann meine Identitäts-Firmenkarte um ihren Finger kreisen, während sie langsam auf mich zukommt und ihren Mund zu einem Kuß formt, der dazu übergeht, meinen ganzen Körper zu liebkosen. Ich spiele immer die Schockierte, eigentlich Unzugängliche. Meine Liebste spielt die Frau entweder als Top-Managerin, als neue, unglaublich glühende Liebhaberin oder als Hure – wir handeln ihre jeweiligen Rollen genauestens aus, ebenso wie mein »aufrechterhaltenes« Managerinnen-Verhalten. In einer anderen Variation kommt sie als eine Hexe in mein Büro, die ich einmal bei einem sinnlichen spirituellen Ritual kennengelernt habe; ein weiteres Mal ist sie eine draufgängerische Gewerkschafterin. Meine Liebste hat auch eine Lieblingsphantasie, die wir für sie spielen und die wir als »Kursus im Wundern« bezeichnen und die nur sie euch erklären könnte.

Spaß macht es auch, uns gegenseitig im Büro anzurufen und dabei absolut kühne sexuelle Vorschläge zu machen. Wir erzählen uns gegenseitig, was wir wollen, wenn wir nach Hause kommen, und was die andere tun soll, um sich schon einmal darauf vorzubereiten. Wenn die Empfängerin des Anrufs gerade jemanden im Büro hat, bleibt ihr nichts anderes übrig, als immer wieder so cool wie möglich »ja« zu sagen und sich dabei zu bemühen, gelangweilt auszusehen. Manche unserer Inspirationen stammen aus erotischen Büchern, Filmen und Videos, viele aber auch von subtilen Alltagsprovokationen und -möglichkeiten. (Die Masseurin, von der du dir wünschst, daß sie dir ins Ohr flüstert: »Wie wäre es mit einer tiefen Vaginalmassage, um dich wirklich zu entspannen?«) Wenn uns etwas besonders gefallen hat, fügen wir es unserem Repertoire für eine Weile hinzu. Der Versuch, lüsterne Vorstellungen auszuleben, hat die Entdeckung mit sich gebracht, daß Sex erstaunlich witzig sein kann. Wenn du einmal akzeptierst, daß Sex genauso eine mentale wie eine genitale Angelegenheit ist, kannst du alle möglichen »Unwirklichkeiten« zu lustvoller Existenz wachküssen. Sei nicht schüchtern. Hey komm, denk mal darüber nach – das ist eine meiner Lieblingsrollen...

Scarlett: Die Welt als Liebeslager

Es hat mir immer Spaß gemacht, romantische und sinnliche Empfindungen meiner Geliebten in aller Öffentlichkeit zu zeigen, mitten auf der Straße Liebe zu machen, während jede Menge Menschen um uns sind. Privatheit und verschlossene Türen haben ihren wesentlichen Platz in der Romantik, ganz klar, aber meine Leidenschaft liebt es manchmal, überzubor-den und mit dem täglichen Strom des Lebens zu fließen. Mir gefällt es auch, anderen Menschen beim Flirten zuzusehen; sie erinnern mich daran, daß wir in einer blühenden Welt leben. Da die Blüte lesbischer Leidenschaft für das Establishment immer noch ein Tabu ist, liebe ich es, eine Frau subtil anzuturnen, während ich es vor den Augen der Zuschauer weitestgehend verberge.

Erinnert ihr euch an den lustigen Song der Beatles: »Why Don't We Do It in the Road«? Bisher halte ich es wahrscheinlich am meisten mit der frühen britischen Künstlerin, der großartigen Schauspielerin und witzigen Lady Mrs. Patrick Campbell: »Tu alles, was dir gefällt, aber mach nicht die Pferde scheu.« Ich weite ihre Überlegungen auf jedes Wesen aus, das durch reinen Zufall anwesend ist, wenn die sexuelle Energie zweier Frauen zu fließen beginnt, zugegebenermaßen ein sehr kitzliges Unterfangen. Sich in orgasmischer Sinnlichkeit gegenseitig aufzupeitschen zwingt andere, ohne ihre Zustimmung zum Publikum zu werden. Das ist aufgezwungener Exhibitionismus. Du müßtest eigentlich schon eine Tänzerin oder eine geniale Schauspielerin sein, um ein Publikum für ein sexuelles Hard-core-Spiel zu fesseln. Aber es macht sehr viel Spaß und erfordert spezielle Künste, direkt unter den Augen einer ahnungslosen Phallokratie deine Geliebte heiß zu machen. Wenn meine Liebste und ich unserem Verlangen gestatten, so unwiderstehlich zu werden, daß es errötend direkte Formen annimmt, finden wir meistens ein privates kleines Versteck, um dem Ganzen die Spitze zu nehmen, oder wir machen uns erwartungsvoll auf die Heimreise, hatten wir doch auf diese Weise ein großartiges Vorspiel.

Ich beginne vorsichtig, besonders wenn die andere Frau ein wenig schüchtern ist, lege etwa in einem verdunkelten Theaterraum meine Hand auf ihren Oberschenkel. Eine Kirche ist auch ein netter Ort dazu. »Aktives« Händchenhalten im Theater ist unauffällig, öffnet aber der Phantasie Tür und Tor, besonders wenn die streichelnde Hand allmählich auf unverschämte Erkundungsreise geht. Es macht Spaß, einer Geliebten bei öffentlichen Ereignissen Komplimente zu machen, besonders wenn sichergestellt ist, daß die Worte von anderen Frauen mitgehört werden können. Wenn sie sich dabei aufwärmt, beginne ich direkte sexuelle Anspielungen zu machen. Je formeller oder seriöser die Situation, desto sexueller klingen die Kommentare im Gegensatz dazu. Weiträumige Restaurants sind mein Lieblingsort für sexuelle Zwischenspiele. Nur die Kellnerin mag wissen, was vor sich geht – und Kellnerinnen lieben häufig Abwechslung. Schließlich haben wir den Tisch gemietet und den Service dazu, um uns total auf uns und unser Vergnügen konzentrieren zu können. Höflich aber sehnsuchtsvoll füttern wir uns gegenseitig mit unseren Lieblingsgerichten. Nach einigem subtilen Berühren der Hände und tiefen Blicken ziehe ich einen Schuh aus und liebkose sie sanft mit meinem Fuß unter dem Tisch. Dies ist eine Gelegenheit, lange weite Röcke zu begrüßen, denn sie fördern den nackten warmen Kontakt. Ich bevorzuge Nischen, um die Aktion geheimzuhalten, aber auch Bänke bieten ausreichenden Sichtschutz. Ich selbst bin mit den Zehen schon einmal beinahe bis zum Orgasmus gestreichelt worden; dann gingen wir zum Badezimmer für das *chef d'œuvre*. Gewöhnlich würde sich niemand auch nur in seinen wildesten Träumen vorstellen können, daß wir, die wir oberhalb der Tischdecke doch solch untadelige Manieren an den Tag legen, so etwas tun können. Alles, was dazugehört, ist ein wenig Intrige. Frauenbars sind natürlich eher geeignet, offene und kühne Bewegungen auf die andere zuzumachen, besonders wenn du möchtest, daß andere Frauen zusehen.

Ich liebe es auch, mein Auto irgendwo abzustellen und es dort zu treiben. Als Teenager war ich bei Jungens sehr sorgfältig darauf bedacht, nur ja nicht schwanger zu werden oder meinen »Ruf« zu verlieren, auf diese Weise lernte ich, wie eine wilde Frau auch bei oralem und digitalem Sex »kommt«. Nach wie vor liebe ich es, im heißen, feuchten Dunst eines Autos herumzufummeln – diesmal mit der exotischen Gefahr, entdeckt zu werden – mit einer Frau (japs!). Was, wenn eine Polizistin uns erwischte? Einer der beglückendsten Orte, an denen ich mich je mit einer Frau geliebt habe, war der verlassene Garten eines verlassenen Klosters in Kalifornien. Wir liebkosten einander bis zu unseren Knien, dann bis zu den Ellenbogen. Und die Madonna lächelte dazu. Ich habe immer eine weiche Decke im Auto, weil ich ja nie wissen kann, wo ich den perfekten Platz finden werde, eine Frau zu lieben. Sobald ich einer Frau begegne, stelle ich mir vor, wie ihr Körper im Sonnenschein duftet.

Eines meiner liebsten öffentlichen Sexabenteuer besteht darin, mit einer Geliebten sinnliche Nahrungsmittel einzukaufen, die wir zusammen im Bett essen werden. Wir suchen das Delikatessengeschäft mit den üppigsten Auslagen auf und wählen die sinnlichsten weichen Pfirsiche, die üppigsten Papayas und saftigsten Beeren. Wir nehmen sorgfältig Maß an den dildoesken, schlanken und glänzenden Auberginen und Zucchini. Alle anderen scheinen, ohne nachzudenken, nach dem Obst und Gemüse zu greifen, während wir unter süßen Qualen unser kommendes Vergnügen in unseren Körben verstauen. Wäschegeschäfte laden natürlich heiße lesbische Liebhaberinnen zum Stöbern ein. Du hast keine Ahnung, welches Vergnügen dir entgeht, bevor du nicht einmal als Sechsundachtzigjährige verkleidet in der Umkleidekabine den Walzer einer fröhlichen Witwe getanzt hast. Wahrscheinlich stürzt du dich als nächstes mit ihr in die Telefonzelle, aber nur in eine, deren untere Hälfte nicht einsehbar ist, bitte. Begleite deine Geliebte zur Maniküre und sieh zu, wie ihre liebevollen Hände salbungsvoll massiert werden, betrachte ihre gespreizten Finger, jeder vor deinen Augen liebkost.

Die Beschränkungen der Ausdrucksform lesbischer Sexualität, die unsere Gesellschaft uns auferlegt, erhöhen meine rebellische Erregung und verführen mich dazu, diese um so mehr zum Ausdruck zu bringen. Was wäre das doch für eine wohlmeinende Welt, in der Frauen Arm in Arm durch die Straßen gehen und einander in einem Café romantisch berühren dürften. Jede von uns hat diese Welt in ihren Fingerspitzen, wenn wir nur wagen, sie zu erschaffen. Auf meine bescheidene Weise, sorgfältig auf jede Drohung physischer männlicher Gewalt achtend, habe ich beschlossen, meinem sexuellen Selbst da draußen im Universum zu huldigen, das schließlich uns *allen* gehört. Als ich damit begann, stellte ich fest, daß ich die Wachsamkeit zwanghaft heterosexueller Zensoren überschätzt hatte, ganz sicherlich aber ihre Mißbrauchs-Macht. Dennoch existieren sie. Ich kann inzwischen einen verbalen Angriff mit einem kleinen Lächeln und dem glühenden, stillen Kompliment für mich selbst parieren: »Ich bin froh, daß *ich* nicht so bin.« Ich stifte uns den Lila-Herz-Preis, jedesmal, wenn ich mit der Dame meines Herzens Händchen halte oder sie in aller Öffentlichkeit küsse und feststelle, wie das Het-Volk die Augen aufreißt. Es ist gut für sie und ihre Kinder zu sehen, daß es Liebende gibt, die dies wagen. Gibt es eine machtvollere Art, den Het-Terror aufzulösen? »O mein Gott, Hannelore, ich habe zwei Frauen gesehen, die sich am hellichten Tage küßten, und der Himmel ist nicht eingestürzt!«

Angesichts tatsächlicher körperlicher Gefahren ist Diskretion für mich jedoch die eindeutig bessere Entscheidung. Meine Liebste und ich verlassen einfach das Feld unkontrollierbarer destruktiver Energie, wenn sich eine unnatürliche Katastrophe zusammenbraut. Ich sage einfach ehrlich »paß auf« zum Aggressor, und dann sieht er uns nur noch von hinten. Genau dasselbe habe ich gemacht, als mir angedroht wurde, daß ich meinen Job verlieren würde, weil ich in meiner Freizeit beim Flirten mit einer Frau gesehen wurde. Mein Herz ist nicht zu verkaufen, und ich mache aus ihm auch keine Mördergrube. Der Wind trägt das Lied der lesbischen Flaneurin immer weiter...

Zenia: Spirituelle Sinnlichkeit

Ich muß euch allen, Ladies, die ihr wißt, welch spirituelle Hexe ich geworden bin, erzählen, daß es Zeiten gab, in denen ich die Inkarnation der gottlosen Agnostikerin war. Als ich Lesbe wurde, war ich so schockiert über die fundamentale jüdisch-christliche Angst vor und Verfolgung von Homosexuellen – und aller Frauen – in der Geschichte, daß ich zur Atheistin wurde. Doch Liebe, »die alle Glieder lockert«, wie Sappho meint, läßt auch allen Zorn schwinden. Jetzt, initiiert im Ertragen des Lichts ebenso wie der vibrierenden Dunkelheit frauenliebender Riten, erfüllt mich meine erotische Freiheit mit Stärke und Fröhlichkeit.

Ich lerne, wie Frauen, indem sie einander rituell ihre Herzen, Sinne und Vulvas öffnen, die Macht haben, sich unendliche Bereiche des Heiligen zu eröffnen – Bereiche, die nicht nur weit über kirchliche Religiosität hinausgehen, sondern unendlich über alle wahrgenommenen Teilungen hinausreichen, wie sie etwa die künstliche Trennung in Geist und Fleisch darstellt. Wenn ich eine Frau liebe, erfahre ich Fleisch *als* Inkarnation des Geistes, unsere beiden einzigartigen, besonderen physischen Körper umarmen einander und zugleich die heilige Energie der universellen Liebe. Meine Ladies nennen diesen Austausch »Zwischen-Sein«, im Unterschied zur Praxis des Dualismus. Daß jedes Wesen einen verkörperten Aspekt des Göttlichen Geistes darstellt und ein freudiger Zusammenfluß von Geist und Körper ist, der gefeiert werden sollte – das ist natürlich eine grundlegende, die ultimative Häresie für alle AnbeterInnen des Dualismus (DuellistInnen?), die von Dualisten am heftigsten gehaßt wird. Lesbische »Zwischen-Seiende« behaupten, selbst DualistInnen seien göttlich; sie erinnerten sich nur nicht daran, daß auch das Fleisch ein Geschenk der Göttin ist und daß eine gebärende Frau einfach nur Geist mit Materie umkleidet.

Für mich eröffnete sich die Welt nicht-dualistischer, spiritueller Sinnlichkeit mit Diana, einer Frau, mit der ich eine leidenschaftliche, turbulente Beziehung lebte. Als preiswerter Ausweg aus unseren Konflikten und Streitereien schien uns die Sauna eines Hindu-Meditationszentrums auf dem Lande attraktiv. Hier gab es einmal im Monat einen »Frauentag«. Als wir ankamen, fanden wir ein scheußliches Motel aus den fünfziger Jahren vor, dessen rosa gestrichene Fassade bereits abblätterte. Zweifelnd erstanden wir für fünf Dollar eine Eintrittskarte und ließen uns das Versprechen abnehmen, keine Drogen oder Glasflaschen mit hineinzunehmen (was wir eigentlich vorgehabt hatten).

Doch welche Szene bot sich unseren staunenden Augen im Inneren des Motels dar: Ein Schatzkästlein sinnenfreudig eingerichteter Meditations- und Massageräume, ein blühender Garten mit Pools und Sauna. Außer kosmischen Malereien, Statuen und Erd-Kunst aus Muscheln, Kristallen und herabhängenden Pflanzen enthielt dieses wunderbare Refugium ein überraschendes Spektrum an ebenso gelassenen wie nackten Frauen. Manche meditierten oder lasen, wurden massiert oder aßen. Manche unterhielten sich leise oder sangen zu indischer Musik, die mal lauter, mal leiser ertönte. Das Sonnenlicht im Garten fing die irisierenden Tropfen des Pools im lockigen Delta der Frauen ein. Ich hob den Blick von einem juwelenfunkelnden Venushügel und sah ein Schild, das so wunderschön gemalt war, daß es laut zu sprechen schien: »Im Garten der Sinne liegt der Pfad zur Spiritualität.«

Die Gelassenheit und Sinnlichkeit der Frauen, die heilige Kunst und Musik waren überwältigend, und Diana und ich gingen in einen Raum und massierten einander. Ich sehnte mich danach, meine heißen Gefühle mit Champagner und Gras zu kühlen, die wir im Auto zurückgelassen hatten. Statt dessen begann ich, mit meinen Sinnen zu spielen, und konzentrierte mich, dann zerstreute ich sie wieder in ruhige, langsame rhythmische Landschaften immer wiederkehrender Muster, entsprechend den Bewegungen, die Dianas Finger auf mir ausführten. Ich entspannte mich ekstatisch und verstand zum ersten Mal, warum das Wort »Ekstase« wörtlich bedeutet: außerhalb des eigenen Selbst zu stehen; ich war tatsächlich »neben mir«, transzendiert. Im Laufe dieses Tages spürte ich die tiefe gemeinsame Erfahrung, ein Wissen darum, daß Diana, die Frauen und ich die vielen Gesichter Unserer Mutter des Heiligen Geistes verkörpern.

An jenem Abend, wieder in unserem eigenen Bett, fühlten wir uns immer noch ausgestreckt im »OM-Schoß«, dessen Ton in uns widerhallte, und berührten gegenseitig unsere Körper wie kostbare Kelche. In anderen Nächten begannen wir zu lernen, wie wir mit der absoluten Aufmerksamkeit eines Gebetes so langsam Liebe machen konnten, daß jedes Eis, das zwischen uns noch vorhanden sein mochte, schmolz, bevor es jemals den Fluß erreichte. Orgasmen erleuchteten die Dunkelheit und wirbelten uns auf etwas zu, das ich nur empfinden konnte als ein Zwischen-Sein unserer beider, ein Zwischen-Sein des Körpers jeder Frau und des Geistes. Die Monate gingen vorüber, und alte Konflikte lösten sich schließlich auf, und seltsam genug – wir stellten mehr und mehr fest, daß wir nicht als Geliebte miteinander leben sollten. Jetzt beziehen wir uns aufeinander als lebenslange intime Freundinnen und nennen einander fröhlich »Dharma-Schätzchen«.

Allmählich begann ich, wenn ich besonders aufmerksam und offen war, bei und mit bestimmten Geliebten Momente intensiver Bewußtheit zu erfahren und etwas, das ich als wunderbare psychedelische Flashbacks in Wellen erlebte, gerichtet auf Diana und eine Gottheit der Frauen. Meine Liebste und ich kleideten einander in Sinnlichkeit, und ich sang dann heimlich für mich ein kleines Dankeslied. Wir experimentierten damit, unsere Leidenschaft in einem wiederkehrenden Kreislauf durch unseren Körper zu leiten, manchmal, indem wir bewußt atmeten, um ruhiger zu werden und unseren geschwätzigen Verstand zum Schweigen zu bringen, manchmal, indem wir die Wunder der physischen Einzelheiten und unsere Ausstrahlung betrachteten. Dann fühlte ich mich häufig in einen goldenen Mantel der Einheit geschmiegt, Emotionen und Sinnesempfindungen waren in Harmonie miteinander. Mit diesem Mantel um mich herum begann ich zu reisen, manchmal mit anderen Wesen; manchmal in eine blauschwarze Zeit ohne Raum, erleuchtet von Sternen-Seelen oder von Farben und Mustern; manchmal in einfaches, wortloses Verstehen. Ich fragte mich, ob das »geheime Wissen« esoterischer Traditionen vielleicht gar kein Geheimnis war, sondern so etwas wie dies, unendlich einfacher und ehrfurchtgebietender, als die Wörtersprache uns jemals mitteilen kann.

Außerhalb des Bettes jedoch blockierte ich die Integration dieser kreativen Erfahrungen in mein tägliches Leben oder meine Beziehungen weitgehend. Ich war nicht sicher, wie ich sie weitergeben könnte, und fürchtete mich davor, in eine Offenheit und Akzeptanz des Seienden hineinzugeraten. Ich fürchtete, daß ich mit solchen Kontroll-Veränderungen nicht fertig werden würde, ganz zu schweigen von diesen Fluchten in »nicht-gewöhnliche« physische und psychische Energien, die mir lebendige Frauen ermöglichten und nicht von Männern gemachte Drogen, die zeitweise meine Wahrnehmung bestimmt hatten.

Ich wundere mich immer noch, aber ich fürchte mich nicht länger. Mehr und mehr Lesben erkunden die Co-Evolution glühender, erdgebundener Frauenliebe mit einer gewissen Form visionärer spiritueller Praxis. Dies ist nur natürlich, da alle spirituellen Wege in Liebe zusammenführen und Lesben gemeinsam den glühenden Altar der Gottheit Liebe mit angebotenem esoterischen Wissen und Hingabe durchdringen. Wir können unser Liebemachen leicht in Rhythmus und Geschwindigkeit selbst bestimmen, um den langsamen Moment zu erfahren, der sich in all seinen exquisiten Empfindungen zeigt und unser Lieben zu einer gemeinsamen Meditation macht. An den dramatischen Grenzen der Vereinigung androgyner lesbischer sexueller Energie – so existentiell weiblich, so grundlegend »männlich« – erfahren wir jedes Element, um einander zu erfüllen und erfüllt zu werden. Als Lesbe empfinde ich, daß der Große Kreis, die einander umarmenden Ying/Yang-Zeichen, jede homosexuelle Person umgibt, wie es in der Tat alle Verschiedenheit in der Einheit umgibt: »weiblich«/»männlich«, rezeptiv/anregend, Selbst/Andere. In der Umarmung meiner androgynen Geliebten wird dieser Große Kreis in der Erfahrung der Kreis des Liebemachens, ein Pulsieren, das uns unweigerlich auf die Große Vereinigung hinbewegt.

Ich habe gehört, daß lesbische Liebes-Adeptinnen die heilige Sinnlichkeit mit vielen Namen belegen: das Erwecken der Göttin, Mutter Kundalini erhebt sich, Shaking with Shakti, das tantrische Gewebe, die elfte Stufe, das blühende Yoniversum. Welcher Tradition wir auch immer angehören, diejenigen von uns, die »S & S« (Spirituell und Sexuell) leben, lieben Rituale, Anbetung, Lust und göttliche Kontemplation und vergnügen sich mit unseren Geliebten und dem Universum. Da das lesbische ein heiliges Sexual-Spiel mit der Göttin ist, gibt es keine allmächtigen Regeln, denen wir folgen müssen, keine elaborierten Techniken oder Formen – es sei denn natürlich, sie erfreuen oder beruhigen uns. Es gibt kein Ziel; wir erkunden nur. Wir tun, was immer sich natürlich und liebevoll anfühlt, vertrauen dem Moment und einander.

Nach einem rituellen Bad errichten wir gewöhnlich gemeinsam eine Art einfachen Altar, um die fruchtbare, erneuernde Sinnlichkeit der Erde zu erwecken, ihre ewigen vier Elemente und ihre wechselnden Jahreszeiten und Seinszustände. Darauf stellen wir eine einzige Blume oder eine Frucht oder ein natürliches Objekt aus Holz oder Stein (um die Erde zu symbolisieren), gemeinsam mit einer Kerze und Weihrauch (Feuer und Luft) und einer flüssigen »Kommunion« (um das Wasser zu symbolisieren). Jedes beliebige Objekt kann uns als Altar dienen, der uns hilft, innezuhalten, um das Leben zu feiern, unsere höheren Kräfte, das Wunder unserer Berührung und Vereinigung in diesem Moment. Zu den Altarbestandteilen können gehören: Statuen der Göttin, göttliche und vaginale Kunst, Weihrauch, heilige Dildos, Glocken, Flöten und Finger-Cymbals, kleine Glöckchen, die vom Wind bewegt werden.

Wir tragen vielleicht Schmuck oder besondere Kleidung, um die Göttin in uns und die Quelle selbst anzurufen. Manchmal malen wir einander die Brustwarzen rot an wie Priesterinnen im Tempel. Wir weihen einige Augenblicke der friedvollen Meditation und segnen einander und unser Vertrauen in die Liebe. Manchmal ist es nur eine kurze Verbeugung an »dich, eine Göttin, deren Glanz wie die Morgensonne scheint«. Oder wir können auch eine ganze Zeremonie ritueller Gebete, Bekräftigungen, Ruf und Antwort, Tanz, Gesang und Summen durchführen, oft angeregt durch süße Berührungen und Umarmungen. Manchmal beginne ich einen erotischen Austausch, indem ich die hundert Namen der Göttin überall auf den Körper meiner Geliebten schreibe. Ich habe den purpurnen Honig ihres Menstruationsblutes als Tinte benutzt. Vielleicht öffne ich ihre Sexlippen mit dem Saft einer Frucht vom Altar. Wir lieben es auch, gegenseitig unseren ganzen Körper zu reiben, um in Trance zu geraten, uns dem Lachen zu öffnen, das so rein ist wie das der Engel.

Eine heilige Handlung, die wir unternehmen, um unsere erotische und spirituelle Energie zu fördern und zu lenken, nennt sich »Rosenkranz der Chakras«. Die Chakras sind, wie ihr sicher wißt, die sieben wichtigsten »elektrischen« energieverwandelnden Gebiete des Körpers, die ganze Whirlpools physischer, emotionaler und mystischer Energie enthalten. Lesben sagen, ihre Zahl kann unendlich sein. »Chakra« ist das Sanskrit-Wort für »Rad«. Nach der holistischen Doktrin der Chakras hängt unser körperliches und spirituelles Wohlergehen davon ab, ob unsere Chakras offene oder blockierte Tore für unsere strömende Lebenskraft darstellen, eine Energie, die wir je nach Tradition *élan vital*, heiliger Geist, *prana*, *shakti*, *chi* oder *da* nennen. Das Chakra-Rad ist die Grundlage für die indische und chinesische Gesundheitslehre und

Spiritualität sowie der Haupt-Fokus in kabbalistischen, tantrischen und taoistischen Philosophien der Gesundheit. Das Öffnen der Energiezentren ist auch die Grundlage der Reichschen Therapie, auf der die meisten der heutigen Körpertherapien beruhen. In verschiedenen Lehren ist jedes pulsierende Chakra mit einer Aura in einer bestimmten Farbe umgeben und entspricht einem bestimmten Zustand psychischer Bewußtheit.

Das erste, das »Wurzel-Chakra«, ist rot in seiner Aura und bezieht sich auf die elementaren Überlebensinstinkte und materiellen Bedürfnisse; es befindet sich an der Basis der Wirbelsäule. Wenn die Chakras einen elektrischen Kreislauf darstellen, ist unser Wurzel-Chakra sozusagen unser »Stromerzeuger«. Die Basis der Wirbelsäule ist auch der Sitz der großen Schlangengöttin Kundalini, die dort schläft, bis ihr ungeheures Licht geweckt wird, sie sich erhebt und alle oberen Chakras vitalisiert. Das zweite Chakra, dem die Farbe Orange entspricht, enthält emotionale und sexuelle Intimitätsbedürfnisse ebenso wie Kreativität und hat seinen Sitz im Becken- und Bauchraum. In diesem Gebiet sitzt auch das, was die Japaner *hara* nennen, unser Schwerpunkt und unser Zentrum der Bewußtheit, das beim Sitzen in der Meditation gestärkt wird. Das dritte Chakra, gelb, sitzt über dem Nabel um den Solar plexus und ist die weltliche personelle Macht, der Wille und das Ego. Gewöhnlich verbringen die meisten ihr ganzes Leben damit, ausschließlich die wirbelnden Kräfte der ersten drei Chakras zu meistern.

AspirantInnen, die es wagen, die vier höheren Chakras zu erkunden, nachdem sie die ersten drei studiert und sie genährt haben, werden von männlichen Yoga- und buddhistischen Lehrern dafür verurteilt: Wir könnten ja zerstört werden, indem wir die furchterregenden Mächte der Primärenergie in Mutter Kundalini zum Leben erwecken. Um körperliche und geistige Gesundheit zu erhalten, warnen uns verschiedene Texte, die elaborierten geheimen Techniken eines Gurus mit jahrzehntelanger Ausbildung einfach zu imitieren. Zwar wurden meine Ladies und ich in der Tat von *shakti* geschüttelt, doch wir sind nie verlorengegangen – jedenfalls nicht lange. Wir wissen, daß die Hingabe an die göttliche Inkarnation der Liebe eine lebenslange Verpflichtung und Aufgabe bedeutet, die unwiderruflich Werte und Lebensstil verändert. Sexuelle Macht mit offenen Augen und klarem Kopf zu erkunden kann hinreißend schön und intensiv sein; es kann auch tiefen Schmerz freisetzen. Sie, die ans Licht kommt, muß das Feuer erdulden. Wir haben herausgefunden, daß eine Möglichkeit, unsere Energie zu erneuern und zu zentrieren, darin besteht, Ehrlichkeit und Liebe zu verdoppeln, ganz besonders aber: unsere Ernsthaftigkeit zu lockern. Es heißt, daß Engel fliegen können, weil sie sich selbst so leicht nehmen. Wir lassen uns selbst den Ursprung der Freude entdecken, indem wir unsere regenbogengeschmückten Chakras öffnen, ihre Energie wieder und wieder singen lassen: »Frohe Begegnung, frohe Trennung und frohe Wiederbegegnung.« Laß dir helfen von deiner Partnerin, von visuellen Symbolen oder Gesängen und Schreien, um eine zu intensive Konzentration zu vermeiden, damit es nicht zu Hypnose wird. Und lächle; es ist nicht zu schön, um wahr zu sein.

So geschützt, bewegen wir uns fröhlich und unerschrocken hinauf zum vierten Chakra, dem großen Herz-Chakra, gebadet in der warmen, grünen Aura der Lebenskraft selbst. (Ein beliebter Gartenratgeber sagt: Ersetze ein Eisenmolekül des Blutes durch ein Magnesiummolekül, und es wird Chlorophyll daraus.) Im grünen Herz-Chakra sind tiefer Frieden, Mitgefühl, Erneuerung und universelle Liebe jenseits aller Trennung lokalisiert. Das Stimm- und Kehlkopf-Chakra ist das fünfte, und es strahlt im hellen Azurblau des Himmels. Es ist die Quelle unserer Fähigkeit zu kommunizieren, zu »vibrieren«, es ist die Vision unseres höheren Selbst. Das sechste Chakra, bekannt als das »dritte Auge« oder das »Auge des Gurus«, ist von dem tiefen Indigo der »blauen Stunde« und ist Fokus, Hellsichtigkeit und mystische Bewußtheit. Das siebte, das »Königs-Chakra« sitzt auf dem Kopf und enthält das leuchtende, schimmernd weiße Spektrum allen Lichts; es öffnet den machtvollen Strom, der uns zur himmlischen

Quelle der Gnade führt. Sein Öffnen wird gelegentlich als tausendblütiger Lotus dargestellt. Im Zentrum seines Strahlenkranzes befindet sich eine kleine blaue Perle, leuchtend und funkelnd. Innerhalb dieser Perle von der Größe eines Sesamsamens sind die Millionen und aber Millionen Universen des gesamten Kosmos enthalten.

Meine Liebste und ich beginnen häufig den Rosenkranz der Chakras, indem wir gegenseitig die Basis der Wirbelsäule umfassen und massieren, erden damit unsere Wurzeln und verbinden sie mit Mutter Erde, um uns bei unserer Reise auf Kurs zu halten. Dann erkunden wir liebevoll den gesamten Baum unseres Körpers, während die Bio-Energie Kundalinis aufwacht, um in einer Lichtsäule von unserer Wirbelsäule in die Milliarden Verzweigungen unserer Nerven und Venen zu fließen. In guten Zeiten konzentrieren wir kontemplative und physische Meditation in unser zweites Chakra. In Küssen, Liebkosungen und Penetrationen, langsam und rasch, tief und verführerisch, erheben wir das zweite Chakra in die pulsierende »*aura clitoridis*«, wie sie in alt überlieferten Frauenriten verzeichnet ist. Durch die Berührung können wir den strömenden Kreislauf sexueller Energie langsam hinauf und um alle Chakras herum dirigieren, die Kreise der Ekstase öffnen und öffnen. Langsame, meditative Berührung hilft dabei, jede blockierte kristallisierte Energie aufzulösen und unsere Kräfte auszubreiten, zu heilen und zu vitalisieren. Die Attribute jedes Chakras transformieren und »erhöhen« unsere sich ständig bewegenden erotischen und spirituellen Energien.

Wir lassen diese manchmal aufbauen, indem wir unseren Atem »beobachten«, ihn synchronisieren oder uns auf Körpergerüche konzentrieren. Wir öffnen unsere Sinne für die Mikro-Empfindungen aller Details der Berührung, des Visuellen und der Aura. Manchmal halten wir inne, um mit dem Kerzenlicht zu pulsieren oder dem Lied des Windes zu lauschen. Häufig hören wir uns eine wunderbare Kassette von Kay Gardner an: »A Rainbow Path«, die komponiert wurde, um durch die Chakras zu fließen und sie zu klären. Manchmal plätschern wir durch Orgasmen, um unsere psychischen Aufschwünge und Abstiege zu »zentrieren«, während wir in einer Spiralform den Chakra-Garten durchfliegen. Je sanfter wir bewußt offen und entspannt sind, je mehr es uns gelingt, unseren Geist vor vergangenen und zukünftigen Phantomen zu beruhigen, desto köstlicher, tiefer und heilender ist unsere Verbindung.

Es gibt viele andere sinnlich-spirituelle Praktiken, die wir geschaffen haben, um den Göttinnen-Garten der Sinne zu erkunden. »Das Herzensband berühren« ist eines, »Der Tanz der zwei Phoenixe« und »Mutter, darf ich...« sind andere. Manche verdanken ihre Existenz bestimmten Gruppenritualen. Manche scheinen mir so intim und tabuisiert, daß ich das Gefühl habe, ich brauche dazu eine vertrauensvolle Beziehung oder eine Eingeweihte. Andere wie »Rosenkranz der Chakras« sind perfekt dazu geeignet, sich das erste Mal zu lieben, wenn die ganze Welt neue Abenteuer gebiert. Jederzeit an jedem Ort brauche ich mich nur daran zu erinnern, daß die Große Königin, die Lachende Androgyne, jede Frau ist, die kommt, um mit mir, ihrer Liebenden Königin, Versteck zu spielen.

Concha: Flüssige Liebe

Obwohl ich ein dreifaches Feuerzeichen bin, erlebte ich, als ich – wie ich es nenne – in den »Fluß« lesbischer Sexualität hineingeschwemmt wurde, eine primäre, elementare Verwandlung. Wenn ich mit einer Frau Liebe mache, werde ich so flüssig wie der Ozean. Die Feuerringe, die um meinen Kern wirbeln, scheinen in warmen, tiefen Wellen zu schmelzen, die jede Zelle durchdringen. Ist das so, weil meine erste Liebhaberin eine Meerjungfrau war?

Ich begegnete Kemble eines Junimorgens auf einer verbotenen Insel vor der Südküste Georgias. Es war eine der »goldenen Inseln«, benannt nach dem Glanz des Morgenlichts und der Dämmerung auf dem wogenden Gras des Marschlandes. Ich hatte beschlossen, mir diesen wilden, einsamen Ort zum Rückzug für mich als Schriftstellerin auszusuchen, weil ich mich von einem Lehrauftrag in Savannah erholen wollte, während mein Mann mit einem dreiköpfigen Wissenschaftlerteam die Erlaubnis bekommen hatte, sich auf der ökologisch geschützten Insel aufzuhalten. Kemble und ich überraschten einander in jener Morgendämmerung, als ich am Strand um eine Ecke bog und eine hübsche silberhaarige Seglerin illegal ihr kleines Boot vertäuen sah. »Erzählen Sie's nicht den Jungens«, zwinkerte sie und deutete auf den Namen ihres Bootes *Keine Spur*, »und ich fahre Sie dafür überall herum um diese Meereswiesen.« Kemble, so stellte sich heraus, war Fremdenführerin, die Touristen und Fischer mit hinaus nahm zu Georgias Inselkette. Manchmal hielten die Touristen die geschmeidige, starke Kemble mit ihrem Haar, das sie unter ihre griechische Segelmütze gestopft hatte, für einen Mann. Sie lächelte ihnen dann immer zu: »Bin ich die erste Piratin in Ihrem Leben?« Kemble lebte fröhlich, wenn auch illegal auf dem einen oder anderen der Fischer- oder Touristenboote, die in den Häfen der bewohnten Inseln vor Anker lagen – wenn sie nicht gerade das Naturschutzreservat hier aufsuchte.

So manchen Morgen besuchten wir gemeinsam »unsere« Insel. Gewöhnlich brachte sie eine Thermoskanne mit, wir teilten uns den feurig-goldenen Tee, den sie im Glas dem Sonnenaufgang im Ozean entgegenhielt. Kemble gefiel mein Name, Concha, und sie sang ihn zusammen mit den Namen all der anderen Muscheln, die sie am Strand fand. Wenn wir einander begrüßten oder verabschiedeten, kam sie häufig mit ihren Lippen ganz nah an mein Ohr und flüsterte: »La Concha, Concha enthält den Binnen-See...« Und dann, mit einem Jauchzen: »Möge die Flut mit dir sein.« Ich fand sie charmant und faszinierend. Sie kannte die Inseln an der Grenze zu Georgia und ihre riesigen Marschgebiete an der Küste wie ihre Westentasche. Sie zeigte mir das Meeres- und Pflanzenleben mit dem Auge einer hochsensiblen Kamera und der Magie einer Märchenerzählerin. Jeder Felsen barg ein Geheimnis wie eine weiße Geisterkrabbe, jeder Meeresarm eine Nymphe. Sie verriet mir, daß die inzwischen überall auf der Erde umkämpften Marschgebiete die großen Mütter des Lebens sind, das faszinierendste Ökosystem, das die organischen Isotopen, Mikroorganismen, Algen und komplizierten Meereswesen enthält, die gebären und ernähren und die gesamte Ernährungskette des Wassers auf dem Planeten aufrechterhalten. Ich erinnere mich noch, wie sie ehrfürchtig die klebrig-feuchte schwarze Marscherde, in der es von mikroskopischem Leben nur so wimmelte, zwischen ihren Fingern zerdrückte und ihren Duft tief einatmete. »Das ist sie, die dunkle Mutter, das ist der Urschleim, der ursprüngliche Kessel des Lebens.«

Ich bat Kemble, mit uns zu einem der großen Inselreservate mitzukommen, wo wir das Wochenende des vierten Juli verbringen wollten. Einer der Wissenschaftler aus Süd Carolina, der Feuerwerks-Fabrik der Nation, hatte uns alle eingeladen, um zu sehen, »wie der Himmel heimisches Feuer regnet«, und zwar zu einem Anwesen direkt am Ozean, das er auf der Nachbarinsel für das lange Wochenende gemietet hatte. »Laß uns genau hier bleiben und hier die Freiheit feiern«, konterte Kemble. »Es ist mein fünfzigster Geburtstag. Die große Welle des Yin kommt und mit ihr eine Milliarde Leuchtkäfer.« Sie lachte und flüsterte: »La Concha.« Diesmal berührte sie meine Ohrmuscheln und schloß sie sanft: »Concha, Concha, lausche auf den Ozean in dir, den Gesang der Leuchtkäfer, ihre kleinen goldenen Glöckchen, den Rhythmus deines Herzens.« So hielt sie mich mehrere Minuten lang; und als ich dann stammelnd nach einer Antwort suchte, legte sie ihren Finger auf meine Lippen, lächelte und ging hinaus zu ihrem Boot.

Natürlich blieb ich. Ich wartete den ganzen vierten Juli auf sie, wanderte über die Insel und fühlte mich mehr und mehr wie ein Dummkopf. Als es dunkel wurde, ging ich zum Pier hinaus. Als ich zum Strand zurückblickte, sah ich sie, ja, da waren Millionen von Leuchtkäfern. Sie erleuchteten die alten, knorrigen Eichen wie die Bäume in einem Märchenwald.

Plötzlich begann es, in Strömen zu regnen, ihre kleinen Laternen erloschen, und ich wurde bis auf die Knochen durchnäßt, während ich durch den warmen Regen lief. Als ich das Haus erreichte, war Kemble schon da, saß gelassen im Schaukelstuhl auf unserer Veranda, ein Glas mit Leuchtkäfern neben sich. »Komm rein«, sagte sie, »und laß mich dir den Regen ablecken«, als sei das der natürlichste Vorschlag der Welt.

Und so geschah es. Langsam zog sie mich aus, kostete und schmeckte dabei meinen ganzen Körper mit ihren Lippen. Ich konnte unser Blut pulsieren hören, Schlag für Schlag. Kemble ließ die Leuchtkäfer frei und legte eine Zimtstange und ein Zedernstückchen auf ein kleines Stück brennende Holzkohle, das in dem warmen Zimmer, dessen Fenster offenstanden, funkenstiebend duftete. Sie massierte mich mit einigen Tropfen Zitrusöl, zunächst meinen Scheitel, dann meine Stirn, meine Hände, das Herz, die Brüste, die Vulva, die Schenkel und Füße. Als ich die wunderschönen, ineinander verschlungenen Wesen berührte, die sie auf der Innenseite ihrer Oberschenkel tätowiert hatte, erzählte sie mir von den Gründen der *nagas*, Schlangenwesen, die Schätze in Unterwasserpalästen bewachen und die Bücher mystischen Wissens beschützen. Der Regen folgte auf den Regen.

Meine Vulva wurde von Säften durchflutet. Mein Körper fühlte sich flüssig an mit der warmen, flüssigen Energie einer reifen, glänzenden Frucht, von taubedeckten Blütenblättern, von Träumen und Gedichten. Wasser begann mir im Mund zusammenzulaufen, als Kemble das zarte Fleisch meiner inneren Lippe küßte und ihre Zunge unter meine Zunge schob, um dort am Brunnen zu trinken. Unsere Brustwarzen und Bäuche und Hügel küßten sich. Kemble flüsterte mir zu, mit ihren »tiefen und aber-tiefen« Küssen würde sie meinen »T-Punkt« finden, den Ort, wo der Nektar hinter der Stirn an die Zungenwurzel abgegeben wird. Dieser innere Nektar wäscht und reinigt die Geschmackszellen, so daß gewöhnliche Nahrung wie Ambrosia schmeckt. Dieser Nektar reist zum Bauch, dann zum Solar plexus weiter, wo er sich durch die Nerven ausbreitet und den ganzen Körper fließen läßt wie warmen Bernstein.

Während wir uns küßten, begannen wir gegenseitig unseren Atem zu trinken. »Halt die Augen offen«, sagte sie, »mach langsam, tief und fließe weit.« Als wir unseren Atem aufeinander einstimmten, fühlte ich, daß wir in fast telepathischer Verbindung standen, daß eine der anderen Emotionswellen und Empfindungen erfuhr. Ich fühlte, wenn ich auch nicht tatsächlich hörte, wie sie sang: »Concha, Concha, hole tief Luft und *tauche*.« Ich tat es. Eintauchen, Eintauchen, Eintauchen... durch Gezeitenmeere über Gezeitenmeere in purpurne, dann dunkler werdende Grotten. Diese teilten sich langsam in helle riesige Wellen und weite Horizonte, die in eins verschmolzen, als wir in eine Kette von Sonnen kamen.

Wir sonnten uns, erkundeten, nippten, kosteten und sogen aneinander weitere zwei Tage lang. Ich war trunken nach Kemble den ganzen Sommer, nach ihren Gezeiten, ihren Geschichten, ihrem Körper. »Wir Wasserzeichen sind großartig, wenn es um Gefühle geht«, sagte sie, »und wenn es eine Stimmung herzustellen oder zu beruhigen gibt, werden wir es versuchen.« Sie liebte mich poetisch, kitzelte mich mit einer Feder bis zum Wahnsinn, züngelte ein goldenbraunes Zuckerkristall vom Auge einer Erdbeere in meinen Mund. Sie konnte auch so praktisch sein wie eine Rechenmaschine: »Laß uns einatmen im Verhältnis 7 : 1 : 7, bis wir ganz ruhig sind«, oder: »Kennst du die neun Arten der Ladyfinger-Penetration und die acht vaginalen Tiefen?« Da Savannah nur einige Stunden Fahrt von meinem Paradies der Goldenen Inseln entfernt lag, schmiedete ich Pläne, wie ich Kemble so oft wie möglich sehen konnte, wenn mein nächster Lehrgang begann.

Dabei hatte ich eine Sache vergessen: Kemble war eine Meerjungfrau. Sie verließ die Goldenen Inseln und segelte zu den Keys, dann zum Golf von Texas, dann nach San Francisco (deshalb kam ich her), dann nach Alaska (sie liebte mich immer noch), jetzt nach Neuseeland... Wir sind Wasser und Feuer: Beide bleiben bestehen oder gerade nicht, abhängig von den jeweiligen Bedingungen. Kemble zitierte gerne aus *Even Cowgirl Get the Blues*: Da Menschen aus sechsundachtzig Prozent Wasser bestehen, erfand uns das Wasser offensichtlich aus dem einzigen Grund, sich selbst von einem Ort zum anderen bewegen zu können.

Sie hinterließ die Gezeit des Yin in mir, einen breiten Fluß, der das große Meer erreicht. »Wende dich niemals vom Ozean ab«, höre ich noch Kembles Stimme triumphierend all die offiziellen Strandschilder lesen. Also öffnete ich mein Herz erneut. Ich nahm meine nächste Geliebte mit in die Flitterwochen und besuchte mit ihr jeden Wasserfall in der Columbia-Schlucht. Wann immer ich mich nach einer Frau sehne, bitte ich sie, sobald ich mich traue, mit mir schwimmen zu gehen oder in die Sauna oder in den Whirl-Pool. Selbst wenn wir nie Geliebte werden oder wenn sie hetero ist, bin ich zufrieden damit, die unglaubliche Membran unseres Fleisches eher als eine biegsame Brücke, denn als eine Grenze zu erfahren und mit der Welt in Verbindung zu treten, wenn ich sie berühre.

Wohin ich auch umziehe, immer richte ich mein Badezimmer als einen »Palast des Yin« ein, mit Kunstwerken, Blumen, Kräutern, Duftsäckchen, Kerzen, Federn, Badekristallen, Fingerfarben, Ölen, Lotionen und Parfums. Je größer die Badewanne, desto besser (je größer das Badezimmer, desto besser). Verstellbare Duschköpfe sind großartig, weil ihr Strahl deine Lust herauskitzelt. Kleine Liebes-Schläge erwecken am besten warmes, feuchtes Fleisch. Ich liebe es, in enger Umarmung mit einer Frau unter der Dusche zu stehen, wenn die Welt feucht ist und schimmert. Unsere Schläfen gereinigt vom Wasser, trocknen wir einander ab, dann stehen wir zusammen und betrachten das Kristallicht, das sich durch unsere verschränkten Hände ergießt. Meine Liebste und ich baden einander auch in Wasser, das wir mit Rosenblättern, Lavendel oder den Geranien- und Verbenen-Blättern, die ich selbst im Garten ziehe, parfümiert haben. Wir lieben es, nachts zu baden, umgeben von Kerzen und Räucherstäbchen, eine Vereinigung von Wasser und Feuer. Da es zehn bis fünfzehn Flaschen braucht, um in Champagner zu baden, habe ich das noch nicht versucht; aber eine Dusche aus einer Flasche ist prima.

Hast du jemals einen »Bubble-Dance« veranstaltet, indem du den nackten Körper deiner Liebsten mit flüssigen Perlen übergossen hast? Du bekommst kleine Gefäße mit Seifenlotion überall, wo man Dekorationen und Partyausrüstungen bekommt. (Tatsächlich sind viele Dekorationen und Spielzeuge aus solchen Geschäften besonders dazu geeignet, ein kleines Badezimmer zu schmücken.) Ein Geheimnis der Seifenblasen besteht darin, sich nie zu beeilen; man muß *sehr* langsam durch den kleinen ungekrümmten Stab blasen. Ich habe eine Frau kennengelernt, die eine Seifenblase um eine Blume herum zaubern konnte. Sie legte eine Magnolie mitten auf eine fliederfarbene Porzellanplatte und bedeckte den Boden der Platte mit Seifenwasser; dann faltete sie aus dem steifen Papier einer Einkaufstüte einen Kegel und stellte ihn in das Seifenwasser über die Magnolie. Dann blies sie ganz vorsichtig in den Kegel hinein, während sie ihn langsam von der Platte erhob. Unter dem Kegel begann sich eine Blase zu formen, während sie blies und den Kegel langsam immer weiter weg zog. Dann nahm sie den Kegel ganz heraus und – voilà, eine Magnolie in einer Regenbogen-Hülle! Sie zeigte mir auch, wie man eine Blase mit einem seifigen Messer in zwei Teile teilen kann. Natürlich heiratete ich diese Frau. Und wir haben die Seifenblasen-Metapher natürlich auch auf unsere Beziehung angewandt und die flüchtige Welt: »Ein Stern im Morgengrauen, eine Seifenblase in einem Strom, das Lachen eines Kindes, das Phantasma eines Traums«, aber unser Sinn für Wunder entwickelt sich immer weiter – trotz einiger Eisblöcke und explodierenden Dampfes.

Eines der wunderbarsten, exotischsten Dinge, die sich mit einer Liebsten tun lassen, ist, langsam und sorgfältig ihre Füße in einer Schüssel mit warmem Seifenwasser oder parfümiertem warmen Glyzerin-Wasser zu waschen. Glyzerinwasser ist schlüpfrig und sexy, und du mußt es nicht abspülen. Die Füße einer Frau zu baden und mit Öl zu salben ist ein zarter, liebevoller Akt, der die Herzen schmelzen läßt. Die Füße enthalten wie die Hände eine Vielzahl hochsensibler Nervenenden – zweiundsiebzigtausend nach der Reflexologie, der Theorie, daß die Stimulation bestimmter Fußreflexzonen eine Auswirkung auf die entsprechenden Organe und Drüsen hat. Doch die Füße, gewöhnlich in Schuhen eingezwängt oder sogar in engen Stöckeln vergewaltigt, bekommen nur selten sensorische Stimulation, ganz zu schweigen von Gratifikation. Dabei sind es doch unsere Füße, die unsere Verbindung zur Erde herstellen, sie sind unsere Erdung. Sicherlich braucht doch jede ein wenig fuß-lockernde Liebe?

In der erstaunlichen Religion des »Boko-maru«, beschrieben in dem Roman »Katzenwiege« von Kurt Vonnegut, ist die Berührung der Füße in einem besonderen Fußritual der bokononistische Akt der Erotik, die Vermischung des Bewußtseins. »Bokononisten halten es für unmöglich, Sohle zu Sohle mit einer anderen Person zu sein, ohne die Person zu lieben, vorausgesetzt, die Füße beider Personen sind sauber, hübsch und gut gepflegt.« Ich habe New Yorker Frauen sagen hören, sie könnten unmöglich in der Stadt leben, wenn sie dort nicht ihre regelmäßige Fußmassage und Pediküre bekämen, und bei diesen Worten begannen ihre Augen zu glänzen. Unterschätze nie die Möglichkeiten einer Frau mit goldenen Sandalen oder manikürten Zehennägeln – oder einer, die dich einlädt: »Zieh doch die Schuhe aus ...«

Ihr während der Massage die Hand aufzulegen, entlastet nicht nur von Spannungen und stimuliert Nervenpunkte, sondern zwischen dir und deiner Liebsten kommt es zu einer Übertragung von Intimität und Energie. Massage ist Liebemachen in Zeitlupe. Selbst Fußmassage, die doch so bescheiden scheint, ist zu kraftvoll für viele Menschen, als daß sie einfach so damit fertig werden würden. Es ist ein dramatischer Akt, Empathie, Fürsorge und großen Respekt für das gesamte physische Wesen der anderen zu zeigen – und umgekehrt: sie zu akzeptieren. Die Massagetechnik, die du benutzt, ist weniger wichtig als die Liebe, die Konzentration und die Phantasie, die du mitbringst, aber hier sind ein paar

Anmerkungen über das, was ich von praktizierenden Reflexzonenmasseurinnen gelernt habe.

Zunächst ist dein Gefühl für die Fußmassage ebenso wichtig wie das Gefühl deiner Liebsten, sie zu bekommen. Rede über den »Akt« und bestätige deine »Boko-maru«-Verbindung. Bereite dich vor, indem du deine Hände aneinander reibst, um die Energie zwischen ihnen zu spüren. ReflexologInnen empfehlen gewöhnlich, daß deine Partnerin sich zurücklehnt, so daß ihre Wirbelsäule gerade liegt, und du ein Kissen unter ihre Knie schiebst, damit ihre Beine nicht blokkiert werden. Versichere dich, daß der Rest ihres Körpers in gutem und warmem Zustand ist. Versuche, nur das Nötigste zu sprechen, um die »Sohlen-Verbindung« und die zelluläre Kommunikation nicht zu unterbrechen.

Halte deine Hände in dauerndem Kontakt mit ihren Füßen, so daß du, selbst wenn du mit einer Hand nach der Ölflasche greifst, die Verbindung aufrechterhältst. Abgesehen von Streicheln und Kneten mit der ganzen Hand, fühlt sich am fleischigen Fußballen ein Daumendruck in kleinen Kreisen gut an. Der Solar-plexus-Reflex ist direkt unterhalb des inneren Fußballens in einer kleinen Höhlung, in die der Daumen perfekt hineinpaßt. Wenn die Reflexologie recht hat, kann die Stimulation hier den ganzen Atemstrom durch das Zwerchfell und durch viele Nervenverbindungen öffnen. Ziehe und drücke leicht an den Zehen, die in der Reflexologie der Kopfzone und den Hauptnerven entsprechen. Atme, entspanne dich und halte inne, wenn du einen empfindsamen Punkt triffst (das wirst du) oder wenn deine Liebste von einem Reiz überwältigt wird (was nicht ungewöhnlich ist); murmele: »Wie wär's, wenn du losläßt?«, während du noch sanfter weitermachst. Schenke ihr etwas Beruhigendes wie etwa ein wenig Balsam oder Thymianöl, das du auf einen Wattebausch träufelst. Wenn deine Hand sich schwer oder müde anfühlt, schüttele sie aus; versuche, die meiste Energie durch dich hindurchfließen zu lassen, statt in dich hinein oder von dir weg.

Küsse ihre Zehen, wenn du zum Ende kommst, sauge an ihnen – wenn sie diese Ekstase ertragen kann. Das Fleisch zwischen den Zehen ist besonders weich und empfindsam. Erkunde die klassische Boko-maru-Position: Sohle an Sohle, das ist sogar in Georgia legal. Jetzt kannst du wieder von vorn anfangen, vielleicht diesmal mit ihren Händen, die du badest, einölst und massierst. Kemble sagte, im Mondzyklus, den eine Frau ihr ganzes Leben lang empfindet, hat jede von uns einen einzigartigen Körperteil, der in jeder Mondphase geehrt und geweckt werden sollte. Bei Vollmond mag ich den »Erleuchtungs-Kuß« über meinen Augenlidern und der Stirn. Vor meiner Mensis liebe ich es besonders, wenn meine Ohrläppchen gerieben und geküßt werden. Das Reiben der Ohrläppchen ist äußerst entspannend und läßt mich selig einschlafen, nachdem hier Zungen- und Fingerspiele stattgefunden haben.

Die Sexualität der Frauen ist so fließend und multi-vibrierend, daß eine der sinnlichsten Erfahrungen darin besteht, sich zu fragen, ob wir tatsächlich Liebe »gemacht« haben? Das ist mir zum ersten Mal passiert, als ich mit Kemble Hand in Hand im Ozean stand und unsere Mösen von nassem Moos in den schaukelnden Wellen gestreichelt wurden. In mir erzitterte ein immer tiefer werdender Strudel... Ich wußte, ich kam nicht allein in die Welt, sondern eher kam ich aus ihr heraus wie eine Welle. Kemble zog mich an sich, als ob ich laut gesprochen hätte. Wir teilten unsere Orgasmen, als die juwelenglitzernde Gischt in kleinen Bläschen sich der Sonne öffnete... oder nicht?

IV.
Brennende Eifersucht

Ironischerweise ist der Preis, den wir für sexuelle Lust bezahlen, die Angst, sie wieder zu verlieren. Eifersucht ist das bitterste aller Gefühle, weil sie mit dem süßesten verbunden ist. Bis wir einmal Buddhaland erreicht haben, scheint es unmöglich, sexuelle Eifersucht durch sexuelle Großzügigkeit zu ersetzen. Eifersucht scheint der menschlichen Spezies angeboren zu sein, der psychologisch unsichersten und daher kontrollierendsten aller Lebewesen. Wenn nicht angeboren, dann wird Eifersucht zumindest durch unser erbarmungsloses ökonomisches System genährt. Bestimmte polynesische und vorpatriarchalische Gesellschaften zum Beispiel scheinen recht frei zu sein von sexueller Eifersucht, während der Kapitalismus die Gier buchstäblich legalisiert. Wir werden ermutigt zum Privatbesitz, nicht nur aller materiellen Objekte, sondern auch menschlicher Wesen, besonders Frauen. Man bringt uns bei, daß wir permanent unter Mangel leiden, daher dauernd miteinander wetteifern müssen, um überhaupt das zu bekommen, was wir brauchen. Diese Auffassung ist so verbreitet, daß leicht erhältliche oder benutzte Waren, einschließlich Frauen, »verbilligt« werden.

Da unser soziales Modell Dominanz und Unterwerfung verherrlicht statt Partnerschaft und durch Kontrolle zusammengehalten wird, ist sein hauptsächliches Merkmal Eifersucht. Arbeiten wie *Co-Abhängigkeit* von Anne Wilson Schaef enthüllen, wie soziale Kräfte uns dazu bringen, von einer Person oder einem Prozeß ebenso abhängig zu werden wie von einer Substanz oder Droge. Aber fasse dir ein Herz. In dem Maße, wie kooperative lesbische Kulturen sich von dem Patriarchat/Kapitalismus/Sucht-Modell entfernen, verstehen viele Lesben, daß Eifersucht nur ein weiteres Restmerkmal dieses alten Lebens darstellt. Das bedeutet nicht, daß wir Eifersucht einfach abstreifen können, aber wir müssen sie nicht unbedingt unsere Beziehungen untergraben lassen.

Ob du es glaubst oder nicht, manche Arten von Eifersucht sind nützlich. Sie können in der Tat eine Beziehung definieren und stärken – wenn wir ihren Panik- und Kontroll-Kontext verändern. Andere Formen der Eifersucht, wie der paranoide, ausschließlich phantasierte Terror, sind eine wilde Mischung aus Liebe, Haß, Panik und Verzweiflung, wo Zweifel grausamer sind als die schlimmste Wahrheit. »Retro-Eifersucht« oder Angst hinsichtlich der früheren Beziehungen der Geliebten ist ein weiteres Beispiel eines aus den Fugen geratenen Egos. Physisch gewaltsame Eifersucht, größtenteils ein männliches Phänomen, überschreitet den Rahmen dieses Haushalts-Ratgebers. (Bei Gewalt gibt es nur eine empfehlenswerte Richtung – weg: Ausziehen!) Laßt uns eine gewöhnliche Eifersucht betrachten als ganz gemeine Erkältung in lesbischen Beziehungen. Als soziale Krankheit mag sie so nützlich sein wie eine Grippe – eine Zeit, innezuhalten und sich des Wertes der Gesundheit wieder bewußt zu werden.

Eifersüchtige Empfindungen können zumindest in drei verschiedenen Situationen auftauchen, die manchmal, in Zeiten besonderer Herausforderungen, auch miteinander kombiniert auftreten. In Szenario Nummer eins erfüllst du einfach ein paar der wesentlichen Bedürfnisse deiner Liebsten nicht. Du hast sie gefragt, oder sie hat es dir erzählt, daß sie glaubt, eine Frau gefunden zu haben, die besser für sie sorgen kann. Um sie zurückzubekommen, wirst du wahrscheinlich das eine oder andere Verhalten verändern müssen. Dies ist keinesfalls einfach, aber der Punkt ist, daß die Situation so unbefriedigend geworden ist zwischen dir und deiner Liebsten, daß eine andere Frau um Hilfe angegangen wurde. »Diese Frau« ist ein personifiziertes Frühwarnsystem. Sie kann wohl kaum eine solide Beziehung zerstören, aber sie wird als Katalysator für eine Veränderung gebraucht. Sie selbst kennt ihre Rolle als »Schachfigur«, da sie ihre eigenen Bedürfnisse und Hoffnungen damit verbindet. Dein erster Schritt sollte darin bestehen, herauszufinden, was genau nicht in Ordnung ist! Beispiel: Du bist zu beschäftigt, um romantisch zu sein; die andere Frau funkelt vor Aufmerksamkeit. Du gestattest es dir, schlecht gelaunt, kritisch und nörgelig zu sein; die andere Frau belohnt und betont all die guten Merkmale deiner Liebsten und ignoriert den Rest, da dieser nicht ihre Zeit und Sorge wert ist. Dies ist der Ort für eine Seelenerforschung deiner Reaktionsfähigkeit, die eine lebendige Beziehung zu erfordern scheint.

Im Szenario Nummer zwei hat die Affäre deiner Liebsten sehr wenig, wenn überhaupt, mit deinen Handlungen zu tun. Sie muß offenbar etwas in sich selbst finden, das ihr fehlt: Selbstwert, Achtung, Erfolg, Applaus, Macht, Selbstbewußtsein. Hier kannst du ihr nur eine große Spielwiese zur Verfügung stellen, und vor allem – kümmere dich um dich selbst. »Wenn du etwas sehr liebst, laß es frei. Wenn es nicht zurückkehrt, sollte es nicht dein sein. Wenn es zurückkehrt, liebe es für immer.« Die meisten Frauen beabsichtigen niemals, eine Versuchsballon-Affäre ihre Hauptbeziehung zerstören zu lassen. Erinnere dich daran, die Sterne stehen gut für dich, wenn du sie richtig zu nehmen verstehst und nicht in Panik gerätst. Vor allem bleibe bei der Priorität: Nähre und liebe dich selbst zuerst auf jede erdenkliche Weise. FreundInnen, Genüsse, Urlaub. Sei yin bei ihr; und ganz yang für dich selbst.

Im Szenario Nummer drei der »nützlichen« Eifersucht werden deine eigenen Sicherheitsbedürfnisse nicht erfüllt, weil die Grundannahmen der Beziehung unklar sind oder sich verändern. Du leidest unter der schrecklichen Ungewißheit, ob deine Liebste kommt oder geht. Vielleicht hast du niemals gewagt, die Aussicht, es könnte »eine andere Frau« geben, überhaupt zu diskutieren, also ist sie noch erschreckender. Vielleicht hat deine Liebste gerade ihr Studium oder ein größeres Projekt beendet und jetzt Zeit für mehr Menschen, oder aufgrund neuer Aktivitäten (zum Beispiel einen neuen Job) trifft sie jetzt viele Frauen in ihrem Leben. Also wird es Zeit für dich, »das Territorium abzustecken«, was eine Art Tribut ist an eine sehr besondere Person und gewöhnlich alle erleichtert, die damit zu tun haben. Wenn deine Liebste von einem Dreiecksverhältnis reden möchte, dann stelle für jede der Beteiligten deine Grenzen auf und protokolliere sie. Frage deine Liebste, ob ihr beide verbal oder schriftlich ein paar »gemeinsame Verpflichtungen« aufstellen könnt. In einer Beziehung, in der »alles geht«, geht nichts richtig gut.

Eine solche Übereinkunft kann einfach nur dazu dienen, soweit wie möglich festzustellen, was jede hofft, wie lange die Beziehung dauern wird oder welcher Art die Beziehung sein soll. In eurer Diskussion oder euren schriftlichen Ausführungen solltet ihr auf jeden Fall anerkennen, was ihr aneinander liebt – außer exklusiven Sex. Erinnert euch, daß erotische Energie alle Erfahrungen vertiefen und durchdringen kann, ob sie nun exklusiv sind oder nicht. Konzentriert euch auf das Geschenk und die Qualität der Zeit, die ihr zusammen habt, und darauf, was ihr damit tun wollt, nicht auf die Zeit oder den Sex, der »weggenommen wird«. Feiert diese positive »geteilte Zeit« und Intimität, sooft es geht. Also was soll's, wenn deine Liebste zwanzig Prozent der Zeit »draußen schläft« (wahrscheinlich ist es weniger als zwei Prozent)? Wie depriviert bist du denn wirklich? Was wird dir denn wirklich entzogen? Sie hat schließlich nicht eine endliche Anzahl an Küssen und Zärtlichkeiten zur Verfügung, die bald zu Ende gehen wird. Akzeptiere, daß es vorüberfliegende Nächte, andere sexuell unterhaltsame Frauen, selbst Mätressen auf lange Distanz und vielleicht für lange Zeit geben kann, aber gestatte nicht, daß der gegenseitige Verlust von so vielem, das ihr lebt, eintritt, nur weil du dich dafür entschieden hast, die Vollzeit-Besitzerin zu spielen. Das macht dich nur mißtrauisch, rüde und unattraktiv – genau die Merkmale, die geeignet sind, die Frau, die du zu verlieren fürchtest, tatsächlich in die Flucht zu schlagen.

Dies führt uns zu einer der größten Debatten innerhalb der Thealogica Lesbiana: ob wir unseren Glauben in friedvoller Nonnenhaftigkeit zu zweit leben oder versuchen wollen, ihn lebendig zu halten in einer turbulenten »Vielweiberei«. Die Monogamie/Nonmonogamie-Debatte rast vermutlich seit dem Goldenen Zeitalter der Großen Göttin und wird vermutlich weitergehen bis zur letzten großen Sintflut, also können wir unmöglich hoffen, sie hier zu lösen. Frauen neigen, anders als Männer, nicht dazu, Sex unpersönlich oder beiläufig zu nehmen, soviel dazu. Laßt uns einfach beide Ansichten darstellen, wie sie in Lady C.s Kreis vertreten sind.

Jede der Frauen, die eine Monogamistin und die andere Pluralistin, ist zu verschiedenen Zeiten in Mode. Vor wenigen Jahren war unsere Beraterin in der Kunst der Treue, Constance, sozusagen »out« und wurde geneckt als die »Großhirn-Größe«, als »sexuelle Fundamentalistin«, oder »sexuelle Makrobiotikerin«. Doch unsere Ehe-Befürworterin hielt sich an ihre Verpflichtung, und es ging ihr gut dabei. Constance und ihre Liebste hielten sich an eine Übereinkunft – eine Art »Frauen-Ehrenkodex« –, nur miteinander sexuell intim zu sein, vielleicht nicht für immer, aber zumindest so lange, bis eine von ihnen direkt den Wunsch äußert, »den Kreis zu öffnen« – nicht, ihn zu brechen. Jede hat der anderen Nachricht zu geben, *bevor* sie diese Handlung unternimmt, und dann wird die Angelegenheit offen diskutiert. (Eine solche Diskussion hat bereits einmal die Beziehung geklärt und gestärkt.) Promiskuität ist letztlich kein Grund, Schluß zu machen; mit der Zeit könnte die Beziehung stabil genug sein, damit umzugehen.

In dieser Partnerschaft herrschen tiefer Frieden und Sicherheit. Die beiden treuen Seelen sind »wahrhaft befreit«, zumindest von Außenstehenden, die sich einmischen könnten, und haben jetzt eine starke Beziehung miteinander. Schließlich gibt es nur eine einzige Zeit, uns zu vergnügen: jetzt. Es ist eine unabhängige Zeit, um sich auf individuelle Freundschaften, Beruf, Hobbys zu konzentrieren, statt auf Geisterbahn-Intrigen. Constance zitiert Miss Benimm: »Monogamie wurde geschaffen, um Menschen eine Zeit der Ruhe zu gönnen. Wir haben täglich eine Spezies von Erwachsenen zu feiern, die so weit entwickelt ist, Vergnügen aus dem Wissen zu ziehen, daß sie sich auf die Liebe der anderen verlassen kann, statt die billige Aufregung der Unsicherheit zu suchen.« Constance und ihre Liebste lächeln einander in die Augen: »Vertrauen ist das mächtigste Aphrodisiakum.«

Aber hören wir auch die libertäre Scarlett, eine Vagabundin, deren einziger sexueller Schwur lautet: »Mein Herz ist den Suchenden reserviert. Ich kann anderen nicht treu sein, nur mir selbst.« Scarlett bekommt in engen Beziehungen eher Erstickungs- als Sicherheitsgefühle. Sie blüht geradezu auf, wenn sie eine breite Palette sexueller Beziehungen lebt, in denen sie sich ausdrücken und etwas über das Leben lernen kann. Scarlett ist, wie die meisten Pluralistinnen, Fatalistin und erkennt an, wie außerordentlich vorübergehend monogame Beziehungen sind, so daß die meisten Lesben in »serieller Monogamie« leben, keineswegs in »Auf immer und ewig«-Beziehungen. Eine Untersuchung über *lesbische Leidenschaft* zeigt, daß unsere durchschnittliche Beziehungsdauer ungefähr drei Jahre beträgt. Wie hat die San Franciscoer Kabarettistin Marga Gomez einmal gewitzelt: »Meine Liebste und ich haben uns einer Selbsterfahrungsgruppe von ›Lesben in monogamen Beziehungen‹ angeschlossen. Es war großartig – bis sie dort eine andere fand.« Scarlett glaubt, daß es keine Rolle spielt, ob du Meisterin in Monogamie oder Pluralismus bist, denn am Ende wirst du doch tun, was du tun willst. Und wenn du es nicht tust, macht es deine Liebste.

Scarlett setzt multilpe sexuelle Abenteuer nicht mit moralischer Verderbtheit gleich, sondern mit sexuellem Positivismus und Entdeckungsfreude. Sie ist ebenso ehrlich und verhält sich ebenso verantwortungsbewußt einer Geliebten/Freundin gegenüber wie jede monogame Frau. Sie vertritt die Auffassung: »Wenn unser Aufenthalt unter den Sternen von so kurzer Dauer ist, warum sich nicht ein wenig umsehen?

Gibt es nur einen Stern, *meinen* Stern, auf dessen Licht ich mich verlassen kann und muß?«

Es geht, so Scarlett, vielmehr um Verantwortungsgefühl, Ehrlichkeit, und vor allem Timing. »Achte auf den raschen Impuls.« Das Problem liegt bei der Promiskuität in der *sorglosen* Liebe, einem Mangel an Offenheit für den eigenen Lebenswandel und an der nötigen Sensibilität für die beiderseitigen Bedürfnisse. Dies verlangt nach ein paar Richtlinien im Hinblick auf Safer Sex, territoriale und zeitliche Arrangements, »bedeutsame Tage« und das Recht auf ein Veto. Wenn du deine Füße in einigen Booten gleichzeitig hast, brauchst du ein beachtliches Gleichgewicht, oder es gibt ein fürchterliches Chaos und du bist unfair und fügst allen nur Schmerzen zu. Das Leben einer Lebefrau bringt eine Unzahl von Verunsicherungen mit sich und läßt Ozeane von Diskussionen entstehen, die zu einem Hexengebräu aus Ehrlichkeit, gemischt mit Diskretion, heruntergeköchelt werden müssen.

Die Pluralistin muß auch eine der eloquentesten Frauen auf Erden sein, um den Schmerz einer Geliebten über ihre Untreue besänftigen zu können. Reagiert sie defensiv und wütend, dann erweist sie sich nicht als große Liebhaberin, sondern schlicht als Mißbraucherin. Wenn du darauf bestehst, die Rolle derjenigen zu spielen, die gerade diejenige liebt, mit der sie zusammen ist, dann konzentriere dich auf sie. Überzeuge die verletzte Frau, die du liebst, davon, wie sehr du sie liebst. Du solltest dich anstrengen, ihr das Gefühl zu geben, nicht nur eine Tändelei, ein billiges Vergnügen für dich zu sein.

Die überzeugte Pluralistin lebt mit ihrer Haupt-Beziehung gewöhnlich nicht zusammen, aufgrund der Eifersucht und des Schmerzes, den auch beiläufige Liebschaften verursachen können. Total offene Ehen scheinen getrennte Lebensräume zu erfordern, Territorien der Privatheit. Dies ist ein Grund, warum die befreiten Frauen in feministischen Utopien wie *Wanderground* von Sally Gearhart und *Die Frau am Abgrund der Zeit* von Marge Piercy sich multipler Beziehungen erfreuen können, weil sie jede für sich leben. Deshalb auch sagt

Lady C.: »Non-Monogamie ist weniger ein moralisches als ein Wohnungsproblem.« Sie fügt hinzu, daß Non-Monogamie gewöhnlich in direkter Beziehung dazu steht, wieviel diskreter Zeit einer Frau zur Verfügung steht. Es macht zum Beispiel Sinn, daß eine Frau, die einen Full-time-Job und drei kleine Kinder hat, sich eher für Monogamie entscheidet. Scarlett wiederum betont, daß die erfolgreichsten Lebefrauen ironischerweise die meisten Nächte im Bett *allein* verbringen, weil sie nicht mit einer Haupt-Geliebten zusammenleben. »So manche Frau verabschiedet sich schnell, wenn du keinen Treueschwur ablegst.« Aber sie bevorzugt es so. »Warum sollte ich die Vielfalt meiner sexuellen Praxis begrenzen oder einschränken, nur weil ich Angst hätte, allein zu sein? Was du nur machst, weil du Angst hast, bringt dir nur neue Angst. Ich werde es nicht zulassen, daß Furcht meine Erfahrung einschränkt und meine natürlichen Liebesmuster puritanisch werden läßt.«

Constance und Scarlett sind – zugegebenermaßen – Idealfälle: Lesben, die aus freiem Willen ihren Neigungen nachgehen. Aber wir alle kennen auch gebundene Monogamistinnen: neutralisiert wie Baumstümpfe, ängstliche, isolierte Paare, die versuchen, die Tür zu verschließen vor so existentiellen Wahrheiten wie Einsamkeit und Veränderung. Wir kennen auch Pluralistinnen, die nichts weiter können, als küssen und davonlaufen, die süchtig sind nach Abwechslung und der ständigen Bestätigung durch »Eroberungen«, die zu schwach und unehrlich sind für jede Art von Verantwortung und Verpflichtung. Jeder Lebensstil, jede Überzeugung hat jedoch ihre Verliererinnen und Mißbraucherinnen und kann nicht nur von diesen aus beurteilt werden. Warum eine Frau Pluralistin oder Monogamistin in bestimmten Phasen ihres Lebens ist, und welche Rolle jeweils »richtig« ist, steht hier nicht zur Debatte. Die wirkliche Frage ist doch die nach der *Auswirkung* solchen Verhaltens auf eine intime Beziehung. Wachsen die Beteiligten gemeinsam, oder begrenzen sie ihr Potential durch ihre Handlungen? Merkwürdigerweise scheinen Pluralistinnen und Monogamistinnen voneinander angezogen zu werden, oder in den sich ändernden Gezeiten eines Paares spielt eine mal diese Rolle, dann die andere, selten aber zur gleichen Zeit (stöhn). Die Bereitschaft, in einer Beziehung beide Philosophien als durchaus wertvoll zu akzeptieren, kann zu einem seltenen, sensiblen Zustand führen, den Lady C. als »Omnigamie« bezeichnet.

Ehrenwerter Pluralismus

Sagen wir einmal, du wünschst dir im großen Theater der Omnigamie aufzutreten als mythologisches erweitertes Paar in offener Ehe, oder es ist einfach so: Du stolperst einmal alle drei Jahre in eine kurze Begegnung mit einer »anderen«. Wie kann Pluralismus mehr Liebe als Dramen in der Welt bringen? Pluralismus schafft oft mehr Trouble, als er wert ist, denn das schwelgende Auge vergißt zwei Wahrheiten des Herzens: Würde und Mitempfinden. So stellt Lady C. die Frage: »Kann Lust nicht freundlich sein?« Freundlichkeit kann leider so lästig sein wie gute Manieren, sie verlangt nach Konzentration und Überlegung, wie wohl die Bedürfnisse der anderen sind, und nach Geduld für die eigenen. Ehrliche und befriedigende Lust macht uns wahrscheinlich freundlich. Aber wenn du eine Affäre als Rache gegen deine Geliebte einsetzt, um sie zu manipulieren, weil dein Leben sich machtlos oder leer anfühlt, weil du bestraft werden möchtest oder aus irgendeinem anderen dieser flüchtigen, traurigen Gründe, aus denen Menschen Sex haben, dann ist sicherlich mehr verloren als gewonnen.

Wenn es bereits solche Probleme gibt, gibt es auch gewöhnlich Lügen, um das Chaos, das du anrichtest, zu überdecken, und die fügen dem Sex noch weitere Komplikationen hinzu. Wir lügen, um vor den Konsequenzen zu fliehen. Diese Konsequenzen können in der Tat bitter sein, wenn du keine Anstrengungen unternimmst oder unternehmen willst und dir nicht die Zeit gönnst, deine »alte« Liebe deiner Zuneigung zu versichern und mit ihrem Schmerz zu sympathisieren. Sex *an sich* ist eine ehrliche, ehrenwerte Form der Kommunikation. Als solcher ist er kostbar und mächtig, aber er ist niemals »frei«. Mit Nachdruck betont Lady C., daß »freie Liebe« – keine Konsequenzen, keine Verantwortung, keine Richtlinien – nur eine weitere Lüge ist nach dem Motto: »Es gibt eine friedliche Nutzung der Atomkraft.« Ein weiterer Grund, warum wir lügen, ist der, daß wir Angst haben, unsere Liebste könnte herausfinden, wer wir tatsächlich sind. Als Lügnerinnen aber schämen wir uns noch mehr und verachten uns selbst. Direkte Lügen, Fälschungen und Verzerrungen führen dazu, daß alle Beteiligten sich lausig fühlen. Alle. Es dauert lange, um Vertrauen aufzubauen, aber zehnmal so lange dauert es, ein einmal betrogenes Vertrauen noch einmal aufzubauen.

Die Ladies in Lady C.s Kreis, samt und sonders ehrbare Frauen, diskutieren häufig über die subtilen Feinheiten und Widersprüchlichkeiten eines praktikablen Ehrenkodex des Pluralismus. Wie können wir uns als »fröhliche Untreue« benehmen und dabei die – wie Buddhisten sie nennen – »richtige Sprache« der Wahrheit beibehalten? Die Ladies sagen: Totale Ehrlichkeit ist ein ebenso exklusives Konzept wie totale Gewaltlosigkeit und kann nicht immer möglich oder auch nur angebracht sein. Schließlich ist die Fähigkeit zum Mitempfinden ein ebenso wichtiger Teil der persönlichen Integrität wie Ehrlichkeit. Mitempfinden verlangt von dir, in Betracht zu ziehen, wer außer dir noch den Preis für deine totale, rauhe Ehrlichkeit zahlen muß. Für die meisten Menschen werden die Grenzen der Ehrlichkeit beim Thema Untreue wahrscheinlich äußerst schnell erreicht – schneller als bei anderen Themen. Studien über heterosexuelle Paare, die sich mit deren Ehrlichkeit in der Beziehung auseinandersetzten, haben herausgefunden, daß nur zehn Prozent in der Lage sind, unbedingte Ehrlichkeit in Fällen von Untreue zu ertragen und damit fertig zu werden. Lesben sind da vielleicht etwas härter im Nehmen, aber wie viele wohl?

Die Ladies sagen: »Zuviel Ehrlichkeit kann manchmal zuviel des Guten sein.« Erfahrene Kommunikation oder »ein sauberer Prozeß« bedeutet nicht immer, allen alles über jede und jedes zu erzählen. Spar dir den Atem. Sieh der Tatsache ins Auge, daß sexuelle Begegnungen oft triviale Frivolität in Reinkultur sind. Nun hat Frivolität ihren eigenen Wert, aber wir sollten sie nicht mit zuviel Bedeutung anreichern. Die vielleicht größte Ehrlichkeit besteht darin, dir selbst einzugestehen, daß sowohl du wie auch deine Liebste gelegentlich Dummheiten macht. Frivolität kann das Salz des Lebens sein. Würze dein Leben damit oder laß es bleiben, aber warum solltest du ihm zuviel Bedeutung beimessen?

Viele Frauen bevorzugen es sogar, die Untreue einer Partnerin zwar wahrzunehmen, aber dann wegzusehen. Sie wissen, daß etwas läuft, haben aber nicht die Absicht, sich darin zu verausgaben, die Staatsanwältin zu spielen – oder die Affäre überhaupt zu sanktionieren. Wie das *I GING* sagt: »Die übergeordnete Frau läßt viele Dinge vorbeiziehen, ohne sich von ihnen überlisten zu lassen.« Dabei handelt es sich gewöhnlich um sehr selbstsichere Frauen, die eine Einstellung haben wie: »Auch dies wird vorübergehen« und sich gegen alle Anwandlungen von Eifersucht erfolgreich wappnen. In der Zwischenzeit jedoch bekommen sie, was sie mindestens brauchen oder sogar noch sehr viel mehr. Manche Frauen wiederum sagen sich ein für allemal, daß die Promiskuität ihrer Partnerin sie verletzt, daß sie das Gute zwischen ihnen zerstören kann und daß sie besondere Aufmerksamkeit brauchen, wenn etwas Derartiges passiert. Die Schwester Leichtfuß, die nicht über die Finesse verfügt, ihre Affäre so unauffällig wie möglich zu handhaben, ist in diesem Fall einfach grausam und mißbrauchend. Du brauchst niemals in flagranti ertappt zu werden oder auch nur leicht zerzaust zu Hause anzukommen, es sei denn, du suchst besondere Aufmerksamkeit oder Kontrolle – oder du benimmst dich einfach nur tölpelhaft. Du solltest jedoch niemals davon ausgehen, daß deine Liebste nicht weiß oder vermutet, daß du eine andere hast. Frauen sind schließlich die Radar-Königinnen. Deine Liebste verlangt sich wahrscheinlich äußerstes Taktgefühl ab. Gönne ihr das gleiche, oder du verfügst nicht über das Format, in diesem nervenaufreibenden Spiel mithalten zu können.

Eine Regel des Ehrenkodex, nach dem du in diesem delikaten Bereich leben mußt, ist, so ehrlich und vorsichtig, wie du kannst, Rede und Antwort zu stehen, wenn du direkt auf deine Untreue angesprochen wirst. Du hast das Recht auf deinen Intimbereich, du hast sogar die Verpflichtung, die Details für dich zu behalten, aber gib die Affäre zu. Deine Liebste hat nach den Tatsachen gefragt. Jede Lüge wird euch beide in den Wahnsinn treiben. Jetzt ist der kritische Zeitpunkt, besonders ehrlich mit deiner Haupt-Beziehung über deine Liebe zu ihr zu sprechen, sie ihr zu zeigen und zu versuchen, etwas Erträgliches für euch beide zu arrangieren. Sie verdient das. Sei bereit, diese neue Geliebte gehen zu lassen. Es gibt immer noch eine andere, du Schlingel.

Wenn du niemals über die Affäre ausgefragt wirst – warum um alles in der Welt solltest du irgendeine zwangsweise irgendwelchen Enthüllungen aussetzen, insbesondere, wenn es um begonnene Flirts oder beendete Affären geht? Auch hier stellt sich die Frage: Wer bezahlt wirklich den Preis für deine »Ehrlichkeit«? Wenn du »richtig sprichst«, sind deine Worte von Mitempfinden motiviert. Andererseits: Wenn du darauf bestehst, den Part einer besitzergreifenden, Intimitätsgrenzen verletzenden und kontrollierenden Liebhaberin zu spielen, würdest du dich selbst den Qualen der Verdammnis aussetzen oder sie zumindest verdienen. So ist es zum Beispiel zwar aus entflammter Eifersucht erklärlich, aber rein selbstquälerisch, das Tagebuch oder die Briefe der anderen zu lesen, in der Absicht, etwas Verdächtiges zu entdecken. Damit gehen aller Seelenfrieden *und* alles Selbstwertgefühl dahin. Dies bringt uns zu Lady C.s:

Fünf Fragen, die du deiner Liebsten niemals stellen solltest

1. Als ich fort war, hast du es dann mit einer anderen getrieben?
2. Hast du dir jemals vorgestellt, mit... zu schlafen?
3. Bist du scharf auf irgendeine außer mir?
4. Mit wie vielen Frauen hast du bisher geschlafen?

5. Hast du mich jemals belogen?

Die »fünf niemals zu stellenden Fragen« ließen sich auch bezeichnen als »Bewahren des noblen Stillschweigens«. Nobles Stillschweigen verschafft Gelassenheit jenseits aller Worte.

Der Eifersuchts-Erste-Hilfe-Kasten

Selbst kluge und taktvolle Omnigamistinnen packen zur Sicherheit einen »Eifersuchts-Erste-Hilfe-Kasten«, wenn die Lustzentren aufhören, Mondinnenstrahlen abzufeuern, und die dunklen Gefühle an die Oberfläche drängen. Beachte: Ein Notfall-Erste-Hilfe-Kasten wird Eifersucht nie »heilen«, aber er kann die Infektion gering halten und sogar dem Tod der Beziehung vorbeugen.

Sei erstens und vor allen Dingen nicht paranoid. Geh immer davon aus, daß deine Liebste treu ist, bis sie dir das Gegenteil beweist. Veranstalte bitte keinen Indizienprozeß. Vertrauen kann Ehrlichkeit erzeugen, da Prophezeiungen sich oft selbst erfüllen. Zeige ihr deine Wertschätzung für ihre Treue, indem du sie oft daran erinnerst, wie geehrt du dich fühlst, die einzige zu sein, die ihre Liebeslaube teilt, wo du doch weißt, daß eine ganze Heerschar von Frauen danach lechzt, auch nur die Tür zu ihr zu öffnen.

Wenn deine Liebste doch offensichtlich eine andere hat, dann geh mit Eifersucht so um, wie du es mit jedem schwierigen Gefühl tun würdest: Gib offen zu, daß es da ist und daß es weh tut. Wenn du das Gefühl einfrierst und Großzügigkeit heuchelst, wirst du später eine emotionale Kernschmelze erleben, die nicht mehr aufzuhalten ist. Beschuldige oder verurteile dich nicht selbst dafür, ängstlich, verletzt oder wütend zu sein. Betrachte Eifersucht als eine Wunde, als sei dir ein Schwert durchs Herz gestoßen worden. Du hättest es nur verhindern können, wenn du gar kein Herz hättest. Du bist getroffen. So ist es einfach. Soziale Wesen bekommen soziale Krankheiten.

Konzentriere dich als nächstes ganz auf die Eifersucht selbst, wiederum, ohne dich zu verurteilen. Dies verlangt starke Energien und fordert deine vitalen Kräfte, also atme tief durch. Beobachte die Eifersucht. Erspüre ihre Qualitäten: Gefriert dir das Blut in den Adern, oder kocht es rot glühend, zerschmettert dich das Gefühl, oder erlebst du alle Empfindungen gleichzeitig? Gib ihm schließlich einen Namen: »Eifersüchtig.« »Eifersüchtig.« Atme deine Kraft ein und Akzeptanz aus. Seltsam genug: Indem du ein Gefühl benennst, spürst du, wie deine Aufmerksamkeit sich für Momente davon abzieht und entfernt. Die Eifersucht durchströmt dich, aber DU bist nicht die Eifersucht. Die Eifersucht hat dich gepackt. Diese Unterscheidung ist sowohl wesentlich als auch befreiend. Dein gelassener »stiller Wesenskern«, wie die lesbische Poetin Elsa Gidlow ihn nennt, betrachtet, daß Gefühle, etwa Eifersucht, vorbeiziehen wie die Untertitel eines Films, ist aber nicht von ihnen gelähmt. Elsa fand ihren stillen Kern allein, was ihr in tiefer Armut und im Verlust der Liebe dabei half, sich zu trösten. Sie sagt: Diese »unsichtbare Achse, Nicht-Bewegung im Zentrum der Bewegung – und des Gefühls« sei die Stelle, an der die unverwundbaren (Selbst-)Heilungskräfte liegen. Wenn du noch tiefer atmest und deinen stillen Kern zum ewigen Kern mitnimmst, dann, meine Liebe, bist du auf dem Gospel-Train und bereit, dich wieder mit dem Leben anzufreunden.

Doch vielleicht meint es das Schicksal besser mit dir. Hier bist du, umwirbst den Kosmos mit deiner besten Liebhaberin – du selbst, das vitale Wesen, das du niemals zu verlieren fürchten mußt. Du stellst fest, daß niemand jemals »deinen Platz einnehmen«, nicht einmal mit deinem einzigartigen, kostbaren Ich in Konkurrenz treten kann. Du bist eben eine ganz bestimmte Person, eine wunderbare Mischung aus Eigenschaften und Begabungen. Deine Bedeutung ist eine absolute, ihre Legitimität ist jenseits aller Rechtfertigungen. Du bist unersetzlich, sonst wärst du nicht in den siebenten Himmel eingeladen worden. Hier befindest du dich offensichtlich. Betrachte sorgfältig deine einzigartigen Begabungen und Lebenserfahrungen, die du mitgebracht hast, um sie zu teilen und weiterzuentwickeln. Vielleicht ist die Eifersucht Ausdruck der Suche nach deiner Selbstbestätigung und Selbst-Wertschätzung. Wir alle haben unbewußte Absichten weit jenseits der momentanen Launen unserer Liebsten. Wir haben alle die Macht, großzügig zu sein und diese Macht mit anderen zu teilen. Der Himmel ist groß. Genieße deinen Paradiesgarten unverminderter besonderer Absichten und Kräfte. Deine Liebste kann sie nicht vergessen, wenn du es nicht tust.

Hier bist du also, erwacht und ausgeruht, genährt und getränkt. Sei geduldig mit dir selbst; du kannst deine Kräfte nur sehr langsam wiedergewinnen, nachdem du sie wegen der Tändeleien einer anderen verbraucht hast. Zu diesem Zeitpunkt mag die Affäre deiner Liebsten bereits längst vorüber sein, eine Tageslaune, während du zu beschäftigt damit warst, über deinen »Kern« nachzudenken, um dich jemals darauf einzulassen. Laß die Toten die Toten begraben. Vergib und vergiß es. Aber nehmen wir einmal an, wir haben hier eine fortgesetzte Seifenoper? *Basta*! Genug! Die Zeit ist gekommen für die atemlose Lösung kurz vor Schluß. Auftritt der (Zymbeln erklingen) kriegerischen Frau. Du bist bereit, dein Herz zu öffnen und jede Figur in diesem kleinen Drama mit deinem »hier stehe ich, ich kann nicht anders« zu konfrontieren.

Mache es *immer* zu deiner Pflicht, die andere Frau sofort darüber zu informieren, wenn du dich wieder gesammelt hast und im Besitz deiner geistigen und seelischen Kräfte befindest. Sie kann schließlich nicht deine Gedanken lesen und hat möglicherweise eine Menge Unsinn über deine offensichtlich seitenspringende Liebste gehört. Du hast nichts zu verlieren, indem du sie kurz konfrontierst, aber alles zu gewinnen. Klarheit wirkt Wunder, wenn es darum geht, Angst zu reduzieren, um geprüfte Zweifel zu zerstreuen und dem Schicksal wieder Richtung zu verleihen. Du setzt alle Beteiligten in Kenntnis, daß du nicht einfach willens bist, dich beiseite schieben zu lassen, daß du eine Kraft bist, mit der gerechnet werden muß, daß deine Rechte und Gefühle zählen.

Ruf die Frau einfach an und frage sie, was um Himmels

willen sie mit deiner »Partnerin« beabsichtigt. Sage ihr, daß du nicht verstehst, was da abläuft, und wiederhole, daß du ihre Absichten kennenlernen willst. An dieser Stelle hältst du inne und hörst ihr sorgfältig zu. Reagiere nicht überhastet, beschuldige sie nicht, sei nicht ungerecht. Dies ist ein rein informativer Anruf. Erinnere dich auch daran, daß deine Liebste verdammt attraktiv ist. Wenn du ihrem Charme erliegen konntest, warum dann nicht auch eine andere? Es ist besser, überhaupt nicht auf die Rechtfertigungen der anderen Frau einzugehen, außer ruhig zu wiederholen: »Ich verstehe« oder Variationen dieser Bemerkung. Vielleicht bekommst du viele Informationen, vielleicht aber auch gar keine. Das spielt keine Rolle. Wenn du dich verleiten läßt, auf die Bemerkungen der anderen Frau einzugehen, läßt du dich auf ihr Spiel ein, und das ist entschieden nicht deines. Dein Ziel ist ja schließlich, sie auf den neuesten Stand und dazu zu bringen, bewußt etwas Verantwortung für ihre Handlungen zu übernehmen. Sie ist *nicht* dafür verantwortlich, daß es diese Turbulenzen in deinem Leben gibt; das ist das Problem deiner Liebsten. Und nur ein Mensch ist verantwortlich für deine Eifersucht und ihre Bewältigung: du.

Und jetzt kommen wir zum wichtigsten Punkt. Sage ihr, daß du ihre Ehrlichkeit zu schätzen weißt und auch mit ihr ehrlich sein willst. Sage ihr die Wahrheit, mit der sie dann leben muß: Du liebst deine Partnerin sehr und bist schrecklich verletzt und verwirrt durch ihre Handlungen. Du weißt noch nicht, was du tun wirst, aber du willst ihr mit Respekt zuhören. Ende der Konversation. Keine Hysterie. Kein Gesichtsverlust. Keine verbale Gewalt oder fliegenden Gegenstände. In einer potentiell schmerzhaften Situation bist du eher eine klärende als eine zerstörerische Kraft. Das verdient Respekt.

Ein solch offenes Gespräch wird die meisten Frauen abschrecken oder zumindest ihr kleines Idyll mit der bitteren Wirklichkeit konfrontieren. Eine große Geste, wenn du das Geld dazu hast, besteht darin, der Eindringenden eine Einfach-Fahrkarte aus der Stadt zu schicken. Du kannst ja auch ein Pseudo-Ticket schicken oder eine entsprechende Karte. Das ist nicht bösartig, nur ein erfrischendes Muskelspiel. Du kannst ja schließlich genausogut ein wenig Spaß an dem ganzen Schlamassel haben und deine Bedürfnisse verteidigen. Du bist dann zumindest nicht immerzu deinen Gefühlen ausgeliefert, während alle anderen die Situation beherrschen.

Natürlich kann es sich bei der anderen Frau auch um eine ebenso eifersüchtige und »ehebrecherische« Frau handeln oder um eine Person, die sich darin suhlt, Konflikte und Aufregung zu verursachen. Eine solche Frau ist den Atem und die Energie nicht wert, sich mehr als einmal auf sie zu beziehen, eine Papiertigerin von einer Rivalin. Ignoriere sie von Stund an, oder du wirst in einer Hölle aus Begegnungen, Beschuldigungen und grausamen Experimenten in emotionalem Kanibalismus gefangen sein.

Und jetzt begib dich zu deiner Liebsten, schließlich ist sie die Frau, auf die du dich beziehst. Informiere sie, daß du mit der anderen Frau gesprochen hast; dabei erwähnst du nur die Tatsache, daß ihr beide zueinander ehrlich wart. Sage auch deiner Liebsten die Wahrheit deines Herzens: Du liebst sie und fürchtest, sie zu verlieren. Du hast die reiche Geschichte einer wirklichen Beziehung auf deiner Seite. Erinnere sie an jedes wunderbare Ereignis, das ihr miteinander erlebt habt. Natürlich hältst du dabei ihre Hand, ohne jegliche Geste von Besitz. Laß ihr keinen Zweifel, daß du sie liebst und sie weiterhin willst. Keine Demonstration von Bedürftigkeit, kein falscher Stolz. Gewinne sie mit deiner Liebe zurück; zerstöre die Dinge nicht mit Wut und Schuldzuweisungen. Manche eigensinnige Frau fängt nur etwas mit einer anderen an, um diesen Moment zu erleben: so liebevoll wertgeschätzt zu werden. Und dir geht es dann besser, und du siehst in dieser ganzen kriegerischen Szenerie einfach wunderbar aus. Du zeigst all die Qualitäten, die wir einer anderen Frau so selten zutrauen. Denke daran, auf Kurs zu bleiben, wenn du beginnst, irrational und gewalttätig mit Worten und Handlungen zu werden. Du bist schließlich nicht die Verrückte, der deine Partnerin nur entkommen möchte. Sei die Frau, zu der eine andere, wenn sie aufwacht, für immer und ewig zurückkommen will, ob als Liebste oder als intime Herzensfreundin. In der großzügigsten aller Handlungen wirst du es sogar schaffen, die Situation mit Humor anzureichern. Sei bereit zu lachen, besonders über deine eigenen Fehler – damit beweist du deinen großen Mut.

Und dann laß den Fall ruhen. Laß deine Liebste allein, verlange Zeit, wenn nötig. Du hast alles getan, was du konntest. Sei geduldig. Das Leben selbst ist dir gewogen. Erinnere dich an *Lady C.s drittes Gesetz der Bewegung: Frauen kommen und gehen; hauptsächlich kommen sie*. Du hast dein Bestes getan, dabei deine Würde bewahrt, eine Entdeckung gemacht, einen Glauben verloren und eine Wahrheit gewonnen. Lady C. verspricht dir, daß du auf diese Weise den glühendsten Wunsch-Orden verliehen bekommst, den wir alle nur kennen: »Rufe sie bei meinem Namen.«

V.

Nach dem ersten Frühstück: Die lesbische Liebesbeziehung

Während der erotische Flirt ein wunderbarer Katalysator für eine Liebesbeziehung sein kann, sollte er doch nicht verwechselt werden mit der Großen Vereinigung. Das eine ist die Blüte, das andere die Frucht; das eine Romanze, das andere Wirklichkeit. Wie in der blühenden Welt, so ist auch hier jedes Stadium für sich besonders schön.

Das Patriarchat gibt nur wenig Geld dafür aus, eine Liebesbeziehung als eine Saga von Arbeit, Machtbalance und Prozeßhaftigkeit darzustellen. Statt dessen schmeißt es kolossale Summen Geldes dafür zum Fenster raus, uns auf die ununterbrochene Suche nach dem »Flirt« zu jagen. Im Gegensatz dazu verbringen Lesben eine große Menge Zeit und Energie damit, »die Beziehung aufzubauen«; sie wollen sich nicht nur verlieben, sondern auch lieben. Dies ist eine erregende, dich zur Raserei bringende Investition, da Attraktivität und Hochstimmung nicht notwendigerweise zu gemeinsamer Kreativität und wechselseitigem Engagement führen. Doch Frauen sind schließlich die unbestrittenen Beziehungs-Herstellerinnen der Menschheit. Vielleicht sind wir biologisch dafür ausgerüstet, stärkere Bindungsbedürfnisse zu haben als Männer, um unsere Kinder ernähren und den Planeten verwalten zu können. Um wieder einmal neurochemische Studien zu zitieren: Wir wissen, daß stabile Beziehungen die Produktion der beruhigenden Glückshormone des Körpers erhöhen, das sind Opiate wie die sogenannten Endorphine. Vielleicht sind solche chemischen Produktionsstätten oder ihre Übertragungs- und Empfangsorte bei Frauen besser entwickelt, das könnte der Grund dafür sein, warum zwei Frauen zusammen phänomenale »Kontakt-Höhen« erreichen können, besonders, wenn sie zusammen wohnen. Frauen fragen: Warum sollten wir zulassen, daß erotische Liebesenergie ihre mächtige Kraft in schierer Lust verschwendet oder in gemeinsamem Egoismus oder Vernachlässigung, wenn wir doch etwas damit *aufbauen* können? Und wir versuchen es; o Göttin, wie wir es versuchen.

Wenn dies so ist, warum sind dann so viele lesbische Beziehungen so kurzlebig? Eine umfangreiche Studie über die Paarbeziehungen weißer Mittelschichtsmenschen, *American Couples*, geschrieben von den Professoren Pepper Schwartz und Philip Blumstein, erbrachte, daß lesbische Paare sich häufiger trennen als verheiratete Heteras, unverheiratet zusammenlebende Heteras oder auch schwule Männer. Natürlich ist der Hauptgrund dafür, daß – anders als bei den Heterosexuellen – viele lesbische Liebespaare als Außenseiter der Gesellschaft leben, und das ist sicherlich keine sonderlich stabilisierende Situation. Unsere Gesellschaft mit ihren sozialen, ökonomischen und politischen Kräften, die so rigoros den offenen und verdeckten heterosexuellen Kontakt fördern, liefert lesbischen Paaren kein Modell oder soziale Sanktionen, geschweige denn irgendeine Unterstützung. Zum Overkill führt oft, daß die Gesellschaft Lesben mit dem Verlust ihres Jobs, ihrer Kinder, ihrer körperlichen Sicherheit, ihres Status und ihrer Bindungen zu ihrer Ursprungsfamilie bedroht. Du könntest meinen, Lesben seien radioaktiv verseucht. Als der Herzog von Windsor seinen Thronanspruch in England »für die Frau, die ich liebe« aufgab, war die Reaktion noch harmlos, verglichen mit der schweren Verurteilung und dem grausamen Druck, den alle Königreiche der Welt immer noch auf uns ausüben, wenn wir das heterosexuelle Privileg »für die Frau, die ich liebe« aufgeben. Muß die Zwangsheterosexualität mit solcher Gewalt reagieren, weil das Patriarchat ohne ihr Regiment zusammenbrechen würde?

Solcher Druck von außen kann sich verheerend auf eine Beziehung auswirken, doch auch Lesben selbst, wie alle unterdrückten Minderheiten, unterdrücken sich gegenseitig besonders hart. Es gehört schon eine ungewöhnliche Portion Unabhängigkeit und Intellekt dazu, nicht zumindest einen Schuß Selbsthaß aus unserer puritanischen Vergangenheit und all den gegenwärtigen sozialen Drogen in den Adern zu haben. Lesben müssen von der Vorstellung entgiftet werden, daß wir keine erfüllenden Beziehungen »verdienen« und menschlicher Abfall seien oder uns damit zufriedengeben müßten. Die Schwulen- und Lesbenbewegung und der Feminismus haben riesige Schritte in die Richtung unternommen, solche falsche Programmierung aufzubrechen. Lesben allerdings schwenken dann leicht in das extreme Gegenteil um: Wir legen uns die Latte unserer Erwartungen herzbrecherisch hoch. Wir erliegen der Fiktion, ein idealer, unwandelbarer Lebenszustand werde automatisch eintreten, weil die natürliche Leidenschaft, Fürsorglichkeit und Einfühlung der Frauen im Lichte gegenseitiger erotischer Präferenzen miteinander verschmelzen werden. Unsere natürlichen Machtkämpfe, Eifersucht, Verschmelzungs/Autonomie-Themen, alle Unterschiede in Lebenserfahrung und Geschmack sowie sozialen oder persönlichen Eigenschaften werden beiseite geschoben, auf die Auseinandersetzung mit solchen Themen sind wir wenig vorbereitet. Weiterhin gilt: Frauen haben zwar einen Sinn dafür entwickelt, sich erotisch aufeinander zu beziehen, doch daraus folgt nicht notwendigerweise, daß wir sofort jedes der weniger intelligenten Spiele sein lassen, die wir im Hetero-Land gelernt haben und die das Leben scheinbar leichter, tatsächlich aber nur verrückter machen, wie zum Beispiel Süchte aller Art, die Mentalität, sich als Mangelwesen zu definieren, oder Intoleranz. Und schließlich legen feministische Politik und Philosophie inzwischen Wert auf eine Qualität, die unter Lesben bereits starke Verbreitung gefunden hat – eine Liebe zur Selbständigkeit. Viele lesbische Feministinnen schätzen ihre Unabhängigkeit höher ein als eine Beziehung, wenn sie wählen müssen.

Ein weiterer Grund für das Zerbrechen lesbischer Beziehungen ist »die andere Frau«. Lesben nehmen außereheliche Beziehungen keineswegs leicht, nicht mit dem Pragmatismus heterosexueller Frauen oder der Unverwüstlichkeit schwuler Männer. Für die meisten Lesben ist Sex nicht etwas Leichtzunehmendes, sondern eine emotional aufgeladene Erfahrung. Aus diesem Grund erlauben wir es häufig solchen Affären, einem grundsätzlichen Wandel in der Beziehung vorauszugehen oder ihn einzuleiten. Lesben reagieren höchst emotional auf jede Art von Liebschaften, während Männer sich am nächsten Morgen häufig nicht einmal mehr an den Namen oder auch nur das Gesicht der- oder desjenigen erinnern können, mit der oder dem sie die letzte Nacht verbracht haben.

Manche radikalen lesbischen Therapeutinnen vertreten die Theorie, daß »serielle Monogamie« tatsächlich gesund ist und nicht verurteilt werden sollte. Die wichtigste Frage lautet vielleicht nicht: »Warum zerbrechen lesbische Beziehungen?«, sondern: »Warum schaffen es so viele Lesben, so leidenschaftlich zusammenzubleiben – und das so häufig?« Wenn viele von uns ihr Leben und ihre Leidenschaft jedes Jahrzehnt mit einer anderen Frau teilen, wer ist dann wohl ärmer dran? Jede große Liebe ist ein neues Geschenk und eine neue Lehrerin. Und wenn wir viele unserer Ex-Geliebten als Herzensfreundinnen behalten – was gibt das für einen Clan! Und es stimmt ja: »Eine Armee von Ex-Geliebten kann nicht besiegt werden.«

Lesben sind trotz der Belästigungen durch das herrschende System Pionierinnen darin, verstandes-empfindsame, herzens-vernünftige Beziehungen aufzubauen. Ähnlich wie utopische Gemeinschaften, die damit experimentierten, sexuelle Moralvorstellungen zu überdenken. Wie all die feministischen sexuellen Pionierinnen vor uns (Sappho, Victoria Woodhull, Emma Goldman, Margaret Sanger etc.) unternehmen Lesben Liebesreisen frei von allen traditionellen Grenzziehungen und erkunden neue Wege, sich in größerem Glück und größerer Ehrlichkeit aufeinander zu beziehen. Wir haben schon eine Menge erreicht, besonders, da wir die meisten Landkarten selbst erstellen müssen, während wir vorwärtsgehen, und geschichtlich nur eine so kurze Zeit zur Verfügung hatten, unsere Vorstellungen miteinander zu teilen und zu verfeinern. Beziehung, weder das einfache Lustmodell noch das »Macht-über«-Modell, nicht einmal das höfisch-höfliche »So sollte es sein«, sondern die tiefgründende, vielfarbige, radikal schöne Liebe in gegenseitiger Akzeptanz und wechselseitiger Kreativität wird in Lady C.s Kreis viel diskutiert, wenn auch nie klar definiert. Wer kann denn auch die Freude definieren, die vorüberzieht? Hier sind ein paar Ideale und Definitionen von Liebesbeziehungen, die unter den Ladies kursieren. Alle stimmen in nur einem Aspekt überein: Eine Liebesbeziehung wird *geschaffen*, nicht begründet. Eine der nachstehend zitierten Äußerungen aus den die Ladies betreffenden Beziehungen stammt von einer Grußkarte aus einem Kaufhaus – dies nur, um anzudeuten, daß die folgenden Anmerkungen in keiner Weise autoritär gemeint sind.

Eine Beziehung ist...

Eine Beziehung ist überhaupt nicht, sondern sie stellt eine Form von Energie dar – sie bewegt sich, wandelt sich in Zyklen der Erneuerung und des Rückzugs.

Eine Liebesbeziehung ist nicht dasselbe wie etwas zu »haben«. Liebe ist kein drängendes »Gib mir«, aber auch kein »fairer« Deal. Sie besitzt nicht, sie befreit. Liebe bedeutet, loszulassen.

Eine Liebende in einer Beziehung ist selbst-genügsam – »für mich selbst, aber nicht allein«. Sie antwortet eher, als daß sie auf ihre Geliebte reagiert.

Eine Beziehung ist interdependent, wechselseitig kreativ und *inter*penetrierend, es gibt Freiheit und Gerechtigkeit für alle – nicht nur für mich.

Eine Beziehung ist sicher und rezeptiv, respektvoll und werbend. Sie braucht keine Verteidigung, keine erfundenen Geschichten, nur ein einfaches Sich-füreinander-Öffnen. Sie ist eine große Erleichterung.

Eine Liebesbeziehung muß das Lachen jeden Tag neu erfinden, weil sie nicht Glück für immer und alle Zeiten verspricht.

Eine Beziehung sagt: »Liebe alle, weil du mich liebst.«

Eine Beziehung ist die zärtliche Hoffnung, zwei oszillierende Kräfte aufrechtzuerhalten – zu verschmelzen und frei zu sein –, ohne jemals zu versuchen, sie aufzulösen.

Eine Beziehung ist soziales Yoga, ein gegenseitiger Pfad des Erwachens – für dich selbst.

Eine Liebesbeziehung ist körperliche Erregung, körperliche Beruhigung, körperliche Gemeinschaft und körperliche Arbeit. Sie kann bedeuten, sich um die Geliebte zu kümmern, ihr – wenn nötig – als ihre Augen, Beine und Arme zu dienen.

Eine Liebesbeziehung ist nicht Verständnis und Akzeptieren, sondern einfach die Fähigkeit zu beobachten. Es ist die Fähigkeit zu beobachten, die Verständnis und Akzeptieren mit sich bringt.

Das lesbische Beziehungsspektrum

Expertinnen, die über lesbische Beziehungen geschrieben haben, können diese auf einer Skala der Intimität von eins bis unendlich kategorisieren, beginnend mit der noch recht erreichbaren Pettingpartnerin (kein geringer Segen) über die Lieblings-Geliebte bis zur voll ausgereiften Geliebten/Schwester/Mutter/Tochter/spirituellen Partnerin. Jede Einteilung muß notwendigerweise zusammenbrechen, weil viele Paare mindestens zehn dieser Beziehungskategorien schon vor dem Frühstück erfüllt haben. Lady C.s letzter Versuch, den lesbischen Beziehungs-Zyklus zu charakterisieren, führt sechs Haupt-Beziehungen auf, die häufig miteinander verbunden sind. »Es ist nicht gerade einfach, in jeder von ihnen gewandt zu werden«, bemerkt sie mit einem leichten Schulterzucken. »Also solltet ihr früh im Leben damit anfangen.«

Werbung

Beziehung als romantisches, sinnliches Vergnügen – *le grand peut-être*, das große *Vielleicht* gemeinsamer Visionen. In einer Chemie, die jeder Wissenschaft spottet, werden die Gefühle jeder Frau größtenteils von innen her gespeist und haben wenig zu tun mit den wahren Eigenschaften der »Geliebten«. Werbung ist gewöhnlich der erste Akt der Beziehungs-Saga; Hoffnung ist die Königin und das Drama ihr Hof.

Liaison

Sie kommt vor in hemi-, demi-, semi- oder ganzer (monogamer) Form. Auf die sexuelle Liebe gibt es immer noch eine Neunzig-Tage-Garantie der Idealisierung, wobei ihre Leidenschaft hoffentlich durch ein gewisses Maß an Mitempfinden reicher wird. Die beiden Beteiligten entwickeln vielleicht ein gemeinsames inneres Leben, aber die Liaison hat immer noch die Unbesonnenheit und Unsicherheit des Frühlings. Die Zeit wird hauptsächlich auf den blühenden Wiesen der Romantik verbracht, statt auf dem steinigen Feld der Wirklichkeit. Ein »Universum für zwei«, aus dem Freundinnen schändlich ausgeschlossen werden. Wenn die Liaison zu diesem Zeitpunkt aufgelöst wird, bleiben wenige Wurzeln, aber vielleicht eine Narbe oder zwei zurück.

Das getrennt lebende Paar

Obwohl »Paar« interessanterweise ein Begriff ist, der im Singular verwendet wird, ist das getrennt lebende Paar durchaus etwas pluralistischer als die Partnerschaft, in der beide zusammenleben. Sie hat viele Qualitäten einer »Partnerschaft«, wie sie unten erklärt wird, aber Entscheidungen sind nicht so wechselseitig voneinander abhängig oder schicksalsorientiert wie bei gemeinsam Lebenden. Abgesehen von »der Beziehung« wird eine Menge Energie auch noch in die Erfüllung weltlicher Angelegenheiten gesteckt, etwa Arbeit oder Selbstverwirklichung. In diesem Stadium gibt es vielleicht ein paar mißliche Situationen in der Beziehung, aber zumindest keine heimlichen Drehbücher. Jede Frau braucht gewöhnlich viel Zeit für sich, während sie gleichzeitig eine tiefe Bindung innerhalb des Paares spürt. Die Frauen gedeihen sehr gut, während sie getrennt leben, sie schätzen ihre Verschiedenheiten und Überraschungen und brauchen ihr Territorium für sich. Bei zwei Liebesnestern müssen sie nicht so viele triviale persönliche Eigenheiten oder Vorlieben aufeinander abstimmen. Sie haben Distanz zu den Freunden und Eltern der jeweils anderen – und den ehemaligen Liebsten. Vielleicht haben sie sogar kurze diskrete Flirts mit anderen Frauen, kehren jedoch fröhlich in das Paarleben zurück, wo sie den wichtigsten Teil ihrer selbst ausleben können.

Zusammenlebende Liebespartnerinnen

Sie haben einander Treue geschworen, verbringen die Haupt-Liebesenergie, Zeit und Interdependenz miteinander, vielleicht sogar in rituellen Zeremonien. Wenn Frauen zusammenleben, verhalten sie sich gewöhnlich monogam, um den Frieden zu erhalten. Sie scheinen sich sicher zu sein, das Schicksal habe sie zusammengeführt, schmieden gemeinsam wichtige Zukunftspläne und streben gemeinsame Ziele an. Die Frauen leugnen zumindest nicht – wenn auch Lösungen noch fern sind –, daß sie unterschiedliche Lebens- und Machtkonfliktserfahrungen haben. In höheren Regionen ist es eine großartige vielgestaltige Kraft, die auf Vertrauen und Verläßlichkeit beruht. In tieferen Regionen tendieren die Partnerinnen dazu, das »Ich« im »Wir« zu verlieren. Die Partnerinnen entwickeln oft genügend Gemeinsamkeiten, die auch jenseits der durchschnittlichen lesbischen Beziehungsdauer von drei Jahren halten, auch wenn eine Partnerschaft natürlich nicht durch die Zeit, nur durch die Qualität der gemeinsam verbrachten Zeit definiert werden kann. Häufig benehmen sich die Partnerinnen wie gewöhnliche, verantwortliche Erwachsene, räumen sich gegenseitig Vollmachten ein und setzen sich wechselseitig als Haupterbinnen in ihrem Testament ein. Sie benehmen sich vielleicht wie außergewöhnliche, aufeinander bezogene Erwachsene und gehen gemeinsam einen spirituellen Weg.

Die »Après-Deux«-Familie

Hier handelt es sich um eine Partnerschaft einander liebender Frauen, die nicht länger – oder nur sehr selten – miteinander schlafen und aus einem Paar zu einer »Familie« gewachsen sind (ein bei Heterosexuellen sehr seltenes Phänomen, selbst wenn Kinder beteiligt sind). Solche Lesben sind nicht nur »frühere« Geliebte, weil tiefe Liebe zwischen diesen Herzensfreundinnen herrscht. Sie sind vielleicht immer noch romantisch, flirten miteinander, erleben auch Sinnlichkeit zusammen, aber die Betonung liegt hier auf »schwesterlich«. Ein großes Maß an gegenseitigem Akzeptieren und sanftem Voneinander-Loslösen führt zu einem gemeinsamen Sinn für Humor; gemeinsame Erinnerungen und eine gemeinsame Geschichte führen zu großer Zärtlichkeit. Eine häufig anfangs schwierige Beziehung, da alte Wunden erst heilen müssen, doch *après-deux* ist eines der von Lesbiana höchst entwickelten und höchst geschätzten Stadien einer Beziehung. Könnte es sein, daß Paare tatsächlich dies zum Ziel haben: den Après-Deux-Kult der »*grandes amitiés*« (großen Freundschaften)? Wiederum soll Natalie Barney den Standard definieren: »Ich bin sehr faul, wenn es um Freundschaft geht. Wenn ich sie verschenke, nehme ich sie nie wieder zurück.« Natalie ließ sogar einen großen Freundschaftsaltar konstruieren, ihren berühmten *Temple à l'Amitié*. Dieser kleine, in griechischem Stil erbaute Tempel in ihrem Garten war der sichtbare Ausdruck dessen, was sie auch in ihren wöchentlichen »Salons« pflegte: Freundschaft und Kreativität.

Eine entfernte Cousine des *après-deux* ist *alumnae*, die bittersüße Verbindung zweier Frauen, die beide einmal mit derselben Frau zusammen waren. Deine Beziehung zu der Frau, die zur Zeit mit deiner früheren Geliebten zusammenlebt? Male sie in mitempfindendem Rosa.

Compañeras leben zusammen oder getrennt und sind von ganzem Herzen einander zugetane Langzeit-Freundinnen. Intime, emotionale, gemeinsame Tätigkeiten kennzeichnen ihre Aktionen, ob es sich um großartige Konversation bei gemeinsamen Abendessen handelt (»kann besser sein, als miteinander zu schlafen«), oder darum, ein Geschäft aufzubauen, Kinder großzuziehen, einen politischen Kampf zu führen oder ein gemütliches Zuhause aufzubauen. Sie leben in einer Gemeinschaft und teilen optimalen Spaß, Befriedigung und gemeinsames Wohlergehen. Die Leidenschaft ist eher emotional als sexuell, kann aber immer noch rosenromantisch sein oder auf gemeinsamem spirituellen Eifer beruhen wie in einem Frauen*sanga*, *-satsang* oder -kloster. Du kannst glücklich ohne Geliebte leben, aber nicht wirklich überleben ohne eine *Compañera*, deren Liebe du teilst. Lady C. betont: »Nicht die Nichtverheirateten sind allein, sondern die Nichtliebenden.«

Laßt uns hier eine Pause einlegen, um die Single-Lesbe zu ehren – die Hälfte von uns ist es schließlich, und viele fühlen sich dazu außerordentlich wohl, vollständig und erfüllt, vielen Dank. (Vielleicht lesen gerade sie dieses Buch nicht?) Warum also immerzu das große Bemühen, ja geradezu die verzweifelte Besessenheit, sich zu Paaren zusammenzuschließen? Wie ganz anders könnten wir doch alle unsere kreative Energie einsetzen, die wir auf »der Jagd« verbrauchen – oder in Paarberatungen?! Mach dir nichts vor: Du tauschst nur die Probleme des Alleinseins gegen eine völlig neue Problem-Familie ein, wenn du in einer Partnerschaft lebst. Vielleicht ist *à deux* nur eine Phase, eine hetero-orientierte Liebesform in der relativ jungen Geschichte von Lesbiana? Wann werden wir das Arche-Noah-Syndrom aus unserem System herauskriegen?

Lies *Frauenfreundschaft* von Janice Raymond. Frauenfreundschaft enthält das Beste aus beiden Welten – ohne die Einsamkeit eines Singles oder die Verrücktheit eines Paares. Warum bewerten viele Lesben dann Freundschaften weiterhin als sekundär im Vergleich zu Liebesbeziehungen? Lady C. hat einmal bemerkt: »Freundschaft regeneriert, Sex dagegen kann die ermüdendste Sache der Welt sein.« Zumindest in Freundschaften sind wir befreit von dem Irrglauben, Sex müsse das Liebes-Werk verrichten und Liebe das Sex-Werk.

Trotz des grundlegenden menschlichen Bedürfnisses, das eigene Liebesleben als »erfüllt« zu betrachten, handeln nur die wirklich erfolgreichen Praktikerinnen aller der oben genannten Beziehungsformen so, als ob ihr gegenwärtiger Beziehungstyp von Dauer sei, aber tief in ihrem Herzen wissen sie, daß es niemals so sein wird. Sie wissen, jede Beziehung ist etwas für die »Jetzt-Zeit«. Es gibt keine Garantie. Das ist kein Zynismus, sondern die Bewußtheit darüber, daß alles Lebendige wächst und sich verändert. Grenzen bilden sich neu, Brücken tauchen auf, und unvermeidlich kommt alles ans Licht. Deine größte Liebste und Herzensfreundin trägt bereits den Tod in sich, also lasse nichts Liebevolles ungetan oder ungesagt. Ein solches Bewußtsein ist überhaupt nicht traurig. Es bereichert unsere Fähigkeit, die Jetzt-Zeit zu teilen und uns gegenseitig jetzt zu schätzen in all unserer vibrierenden Vielfalt, jeden kleinen Augenblick der Liebe als ein Wunder inmitten von Selbstsucht und Verzweiflung zu erkennen.

Stadien des Beziehungs-Zyklus

»Es ist nur ein Stadium – ob im Leben oder in Beziehungen«, sagen lesbische Beziehungs-Expertinnen. Im bunten Theater der Beziehungen kann das schon Gleichmut und Gelassenheit fördern. Dennoch kann es die Hilflosigkeit nicht vollständig beseitigen, wenn eine Beziehung in ein Tohuwabohu gerät, daß wir die verschiedenen Prozesse einer Beziehung in zumindest etwas vorhersagbare Evolutionsstadien oder »Passagen« einteilen. Solche Passagen anzuerkennen kann dir jedoch dabei helfen, den Weitblick zu behalten und dich von der Annahme zu befreien, daß das, was du jetzt siehst – Rosen oder Dornen – alles ist, was da ist, sein kann oder sein wird. Dies einfach zuzulassen, zu beobachten, wie sich die Dinge entwickeln, nimmt eine Menge Druck aus »der Beziehung«.

Eine gute Beziehung ist schließlich ein lebendiger, sich stets wandelnder Zusammenfluß zweier Leben, die ein gemeinsames Schicksal neu erschaffen. Es ist wie die Mündung zweier Flüsse, beide formen einander und den gemeinsamen Beziehungs-Grund, den sie berühren. Nicht enden wollende Gezeiten sind möglich, doch hier sind die fünf allgemeinen Beziehungs-Stadien, auf die sich die Damen in Lady C.s Kreis ungefähr einigen können und die sie selbst durchlebt haben. Merke: Die Stadien folgen nicht in voneinander getrennten Schritten nacheinander. Du magst vielleicht den Samen legen für das nächste Stadium, aber es niemals erreichen. Du wirst – da das Bewußtsein so elastisch ist – fast simultan verschiedene Stadien durchleben. Du wirst vielleicht in einen früher erfahrenen Zustand zurückfallen, wenn deine Sterne es dir so diktieren, deine Knöpfe gedrückt sind oder der Mond gerade aufgeht. Ein Stadium mag sich immer wieder selbst wiederholen, in kritischen oder erleuchteten Zeiten. Fasse dir ein Herz: Veteraninnen, die zwei oder drei Langzeit-Beziehungen hinter sich haben, sagen, daß jede folgende Beziehung leichter zu harmonisieren ist. Und damit kommen wir zu *Lady C.s erstem Gesetz der Beziehung: Wir lernen zu lieben, indem wir feststellen, wie lieblos wir sind.* Daraus folgt: Halte Ausschau nach der Lesbe mit den graumelierten Schläfen, die schon die eine oder andere lange Beziehung hinter sich hat. Manche von uns können sogar ein paar Referenzen ausstellen …

Stadium 1: Erstes Erröten

Dies ist der leidenschaftliche Zustand des »Könnte sein«. Du hast eine Frau gefunden, der du vielleicht dein Herz öffnen könntest. Die Ungeheuerlichkeit dieser Entdeckung schafft derartig heftige Stimmungsschwankungen zwischen himmelhochjauchzend und zu Tode betrübt, daß das Erste Erröten das bekannteste und mythologischste aller Beziehungsstadien ist. In Lady C.s Kreis wird endlos darüber diskutiert, aber da wir bereits das ganze erste Kapitel dem Land der Phantasie gewidmet haben, soll hier die Wiederholung genügen, daß die Dinge im Stadium des Ersten Errötens definitiv auf Aufschwung deuten. Außerdem gibt es eine Unzahl von Mehrdeutigkeiten und Konfusionen, aber das wollen wir einmal beiseite lassen. Auch Konflikte lassen wir hier außer acht. Ähnlichkeiten zwischen den Geliebten werden so akzentuiert, daß die Übereinstimmung auf Kosten realer Unterschiede benannt wird. Wie perfekt wir doch zusammenpassen. Diese Rosa-Brillen-Existenz kann von zwei Wochen bis zwei Jahre dauern. Pflücke die Rose, solange es geht. Tauche tiefer und tiefer in den Garten ein, denn eines Tages – o Dunkle Göttin – wirst du feststellen, daß du dich durch ein dornenreiches Dickicht schlagen mußt. Willkommen im:

Stadium 2: Machtkampf

Wenn das Erste Erröten das »Könnte sein« darstellt, dann ist der Machtkampf das »Sollte sein«. Stadium 2 kann einige Wochen dauern oder auch zwei Leben voller Zank bedeuten. Auf dem Weg durch den Paradiesgarten ist etwas mit dem perfekten Paar geschehen. Unvermeidlich verlassen wir das Land der Romantik und überqueren die Grenze in die Realität. In diesem rauhen Grenzgebiet bricht schließlich bei jeder der Geliebten der Individualismus aus, mit seiner ganzen brutalen Nacktheit. Jede Frau stellt auf einmal fest, daß ihre strahlend schöne Geliebte mit Unvollkommenheiten geschlagen ist (japs!) und auch noch einen (o Schreck) freien Willen hat. Was für ein Betrug an all den schönen Projektionen und Eigeninteressen! Die Fehler reichen von ärgerlichen persönlichen Schrullen bis hin zu voll entwickelten tragischen Grundfehlern heroischen Ausmaßes. Du kannst dich mit ihr nicht einmal mehr darüber einigen, um welche Zeit ihr ins Bett geht. Wie Lady C. sagt: »Das Gegenteil der Liebe ist nicht Haß, sondern Ichbezogenheit.« Jetzt, wo ihr euch beide gegenseitig eure kostbare »Liebe« vermacht habt, entscheidet ihr in einem der großen ungewollten Machtspiele der menschlichen Natur, daß jede von euch das göttliche Recht besitzt, der anderen meist informierte Kritikerin und Veränderungs-Agentin zu werden. Während dir nichts zuviel wird, sie umzumodeln, ist sie viel zu beschäftigt damit, dich neu zu gestalten, um sich der Persönlichkeitsumwandlung zu unterziehen, die du bei ihr beabsichtigst. Jede Verteidigerin bildet innerlich ihre eigenen Bodyguards aus, um sich selbst zu schützen und die Kontrolle über die Beziehung zu verstärken. Die »Liebenden« behandeln einander jetzt schlechter, als sie eine fremde Frau behandeln würden. Während früher deine Mission war, zu bestätigen, heißt sie jetzt: be- und verurteilen.

Neben den Versuchen, die Persönlichkeit der jeweils anderen umzumodeln, ist dieses große Machtspiel eine Phase, in der Konflikte über »bestimmte Themen« ausbrechen. Schließlich prallen die unterschiedlichen Meinungen aufeinander, wir haben immer weniger das Gefühl, die Kontrolle über die Situation zu haben, und fühlen uns aus verschiedenen Gründen weniger wertgeschätzt. Jetzt will vielleicht die eine Frau mehr Distanz; die andere dagegen sucht mehr Nähe. Es gibt Konflikte über Themen wie Geld, Arbeit und Freizeit, Kinder oder Ausgehen. Verschiedene Ansichten hinsichtlich der Häufigkeit oder Qualität von Sex oder Treue, über Schichtzugehörigkeit, Rasse oder Politik tauchen auf. Die Hölle bricht los. Freundinnen ringen verzweifelt die Hände. Die Katzen kommen nicht mehr nach Hause. Paarberaterinnen verdienen sich eine goldene Nase. Die lockende Oase der »anderen Frau« schimmert am Horizont. Du kannst jetzt deiner linken Hirnhälfte gehorchen, die für Diskriminierungen und Unterscheidungen zuständig ist – und die Beziehung abbrechen. Damit bist du endlich frei, ungehindert deiner ewigen Suche nach Perfektion nachzugehen. Auf diese Weise springen wir von Beziehung zu Beziehung wie von Stimmung zu Stimmung; und der Machtkampf ist das Stadium, in dem die meisten Beziehungen enden.

Oder du entscheidest dich dieses Mal dafür, der Stimme deines Herzens zu folgen. Du erinnerst dich, daß Liebe ein Prozeß ist; ein Prozeß, deine Wahrheiten und Wirklichkeiten zu verfeinern, ein Prozeß, der nicht abhängig ist davon, daß allen deinen Forderungen Genüge getan wird. Die Erkenntnis, daß Liebe kein Honigschlecken ist, mag dich schier zerreißen, aber letztlich schüttelst du den Schmerz mit großzügigem Lächeln ab. Du entscheidest dich dafür, nicht das Feld zu räumen und statt dessen eine Kandidatin zu werden für das Abenteuer:

Stadium 3: Akzeptieren

Warum ist es so schwer, uns selbst vom »Könnte sein« und »Sollte sein« zu befreien und zum gegenseitigen Akzeptieren dessen zu kommen, was *ist*? Die Ladies nennen diese Akzeptanz manchmal die »Al-Anon-Phase«. Al-Anon ist ein Suchtentwöhnungsprogramm in zwölf Schritten, und es macht wenig Unterschiede für deinen Fortschritt, ob es sich um ein Alkoholproblem handelt, auch wenn das Programm ursprünglich für Freunde und Familien von Alkoholikern aufgestellt wurde. In Al-Anon wird versucht, deine ungeheure Selbst-Sucht zu besänftigen, so daß sie aufhört, die Zähne zu fletschen und zu versuchen, andere Menschen und Ereignisse zu kontrollieren. Du beginnst, die existentielle Tatsache zu akzeptieren, daß die Welt da draußen außerhalb deiner selbst nicht deiner Kontrolle unterworfen ist. (Hey, welche Erleichterung!) Du realisierst langsam, wie nutzlos es ist zu versuchen, eine andere Person zu verändern. NUTZLOS. Die gute Nachricht ist, daß du den herausfordernden, sinnvollen Job behalten kannst, dein eigenes Verhalten und deine eigenen Einstellungen zu verändern, und daß du außerdem während dieses ganzen Prozesses sogar noch viel Spaß haben kannst. Ein durchaus fruchtbarer Job. Fruchtbar? Es heißt, Gärtnern bedeute nicht, die Erde zu verändern und sie perfekt, sondern sie gastfreundlicher und schöner zu machen. Das gleiche gilt für den Garten der Liebe.

Da du das Wetter nicht ändern kannst, da du häufig nicht einmal Segel setzen kannst, warum nicht entspannen und dich ein wenig treiben lassen, den vorbeiziehenden Attraktionen – wie zum Beispiel schönen Frauen – zuwinken? Erleichtere dich um eine Last und vergiß, daß du für das Verhalten deiner Liebsten »verantwortlich« bist. Du hast bessere Dinge zu tun – wie zum Beispiel all ihre guten Teile zu liebkosen. Kam sie nicht in dein Leben, um Zeichen und Wunder zu setzen?

Wenn du erst einmal die Fehler deiner Liebsten akzeptierst, von ganzem Herzen akzeptierst, wirst du überrascht feststellen, wie nett sie sein kann. Vielleicht ist sie all das, worin du dich verliebt hast: großzügig, künstlerisch, lustig, sensibel, elegant. Sicher, vielleicht ist sie auch eine unverbesserliche Hypochonderin, aber das geht *dich* eigentlich überhaupt nichts an. Nimm dir, was du brauchst, und laß den Rest liegen. Ignoriere, was ohnehin keiner besonderen Beachtung wert ist. Sie ist ein »einmaliges Sonderangebot«, vom Umtausch ausgeschlossen. Akzeptiere die Realität, zum Beispiel, daß deine Liebste ausgesprochen lustig ist, aber zuviel trinkt; künstlerisch begabt ist, aber auch arbeitsbesessen; hochintelligent, aber ein Snob. Nicht einmal dein großartiger Wille kann sie »kurieren«, niemals. Du kannst dich statt dessen auf die Dinge konzentrieren, die du verändern kannst. Sagen wir einmal, deine eigene Arbeitsbesessenheit, deine Anfälle von Jähzorn oder deine Tendenz, unangenehme Dinge zu verdrängen. Dann vergib dir und vergib ihr und stelle fest, daß ihr so gut, wie ihr es nur in dieser Welt vermögt, versucht, mit allem fertig zu werden. Laß dein Beurteilen und Verurteilen und vergiß. Rolle die Perle des Akzeptierens in dein Herz aller Herzen. Stell dir vor, wie es sein würde, wenn du nicht darauf aus wärst, deine Existenz zu trivialisieren und zu verbittern, indem du auf den Unzulänglichkeiten einer anderen herumhackst. Die Perle deines Herzens würde leuchten wie ein Sonnenaufgang.

Wenn du erst einmal ehrlich die Entscheidung getroffen hast, das Bittere deiner Liebsten genauso zu akzeptieren wie das Süße, ihre Enttäuschungen wie ihre Freuden, ihre Verwicklungen wie ihre Stärken, beginnt eine Lebenszeit der Praxis und des Verstehens, ein Pfad der Aktion. Akzeptanz hat nichts mit »Resignation« zu tun, in der eine Frau sich passiv in ein Märtyrerdasein zurückzieht oder eine Opferhaltung einnimmt und mit der chronischen Infektion von Groll und Langeweile leben muß. Akzeptanz ist in Wirklichkeit aufregend, ist eher wie ein Erwachen und dann ein aktives Umarmen dessen, was tatsächlich wirklich ist, und alle Ideen fallenzulassen, wie zum Beispiel »was sein sollte«. Lady C. hat das Gefühl, das Ziel einer Beziehung sei nicht unbedingt Liebe, sondern Erwachen. Doch wie viele von uns denken darüber nach, eine Frau zu wollen, die die Wahrheit ebenso liebt wie uns selbst? Wie viele von uns akzeptieren, daß Liebe soviel Unliebenswertes mit einschließt?

Stadium 4: Gegenseitiges Engagement

Gegenseitiges Engagement (engl.: commitment) ist eher ein Prozeß als ein Stadium, beginnt aber gewöhnlich, nachdem die Frauen eine Zwei- oder Dreijahres-Ausbildungszeit auf dem Gebiet der Kunst der Paarbindung absolviert haben. Dieser Prozeß beginnt, wenn beide Frauen dazu übergehen, *mit* ihren Unterschieden zu arbeiten, statt gegen sie. Die Ladies nennen es: »Das Verfeinern des Feuers.«

Wenn unsere großen individualistischen Egos sich ergeben und bei den gegenseitigen Unterschieden bleiben, wird ein synergistisches »Wir«-System geschaffen, das Gegensätze, Widersprüche und Konflikte tolerieren kann. Dazu gehört nicht nur das Akzeptieren, sondern gewöhnlich auch ein tiefes Vergeben, und beides braucht Zeit. Das Vergeben kann bedeuten, daß wir den Zorn – auf unsere Liebste, auf uns selbst, auf unsere Familie... – tiefer und tiefer in uns aufnehmen, bis er sich auflösen kann. Das bringt uns zu *Lady C.s zweitem Gesetz der Beziehungen: Die schwerste Arbeit, die wir in Beziehungen tun müssen, ist, das Leiden loszulassen.* In gegenseitigem Engagement wendet sich das Herz immer noch manchmal ab, hat aber die Fähigkeit, sich wieder und wieder zu öffnen – sogar irgendwie stets einen Spalt offen zu bleiben. Du entdeckst, daß es Teile deines Herzens gibt, die leicht, und solche, die nur sehr schmerzhaft zu öffnen sind. Jede Frau übernimmt die volle Verantwortung dafür, ihre eigenen inneren Konflikte zu lösen, sie erwartet nicht, daß »ihr kleines Mädchen mit dem gebrochenen Herzen« besonders versorgt wird, sondern kann sich darauf verlassen, daß sie von ihrer Liebsten ermutigt wird. Erwarte keine sofortigen dramatischen Veränderungen, sondern allmählichen Fortschritt. Es ist ein langsamer, sanfter und Geduld erfordernder Prozeß.

Das Stadium der gegenseitigen Verpflichtung wird wundersamerweise charakterisiert durch die wachsende Fähigkeit zu kommunizieren. Wunschdenken, Gedankenlesen und absurde, einseitige Annahmen und Vermutungen werden allmählich ersetzt durch einen wirklichen Austausch von Hoffnungen, Einstellungen und tiefsten Gefühlen. Wir übernehmen das Risiko zu sagen, wer wir wirklich sind, und um das zu bitten, was wir wirklich wollen. So entsteht eine neue Fähigkeit, über Konflikte zu diskutieren und sie ohne Furcht davor, daß uns der Himmel auf den Kopf fällt, zu lösen. Verhandlungen werden zu einer Art kultiviertem Umgang miteinander, indem wir lernen, zu geben und zu nehmen: Kompromisse statt Gewinn- und Verlust-Rechnungen, und einfach zu schweigen und zuzuhören. Zwei glücklich »gegenseitig verpflichtete« Leben verhalten sich nach der Fünfundsiebzig-Prozent-Regel: »Wir versuchen nicht, die Dinge gleichmäßig fünfzig zu fünfzig aufzuteilen. Jede von uns versucht statt dessen, mindestens fünfundsiebzig Prozent der Zeit einzubringen, fünfundsiebzig Prozent der Arbeit zu tun und fünfundsiebzig Prozent der Energie und der Kosten aufzubringen. Auf diese Weise haben wir gewöhnlich ungefähr fünfzig Prozent übrig, und das macht uns glücklich.«

Ehrliche Kommunikation ist möglich, wenn es der Beziehung gelingt, ein tief gegründetes System gegenseitigen Vertrauens und wechselseitiger Stabilität zu schaffen. Vertrauen heißt nicht nur: »Ich vertraue dir, daß du mir nicht mißfällst«, oder »Ich vertraue dir, daß du alles für mich in Ordnung bringst«, sondern: »Ich vertraue dir, daß du aus deinem eigenen Gewissen heraus handelst«, und »Ich vertraue dir, daß du das Beste tust, was du kannst, um mit mir daran zu arbeiten.« Mit diesem Vertrauen geht oft einher, Eigentum und Geld miteinander zu teilen. Das Paar entscheidet sich dann vielleicht, ein Haus zu kaufen oder Kinder zu haben. Idealerweise vermindern sich dabei Eifersucht und Besitzdenken, aber versichere dich, daß ihr darüber miteinander in Kontakt bleibt. Eine kristallklare Übereinstimmung über das Thema Monogamie – Pluralismus sollte zu diesem Zeitpunkt ausgearbeitet sein. Gegenseitiges Engagement ist ironischerweise das erste Stadium, in dem eine »offene Beziehung« auch nur entfernt möglich ist, da diese auf ganzen Vertrauens-Gebirgen gründen muß. Vielleicht ist das Paar jetzt mutiger, sich in der Öffentlichkeit über die Beziehung zu äußern, und hat ihr Coming-out der Familie oder Bekannten, Kollegen und FreundInnen gegenüber. Vielleicht feiern beide sogar ihre gegenseitige Verpflichtung in einem Vereinigungsritual.

Das Wundervolle, Befreiende am gegenseitigen Engagement ist, daß es viele Energieknoten löst und »uns« befreit, so daß wir fröhlich du und ich sein und die Begabungen jeder Frau innerhalb einer stabilen Struktur zum Blühen bringen können. Es macht uns auch frei, etwas über uns zu lernen, statt uns ständig zu schützen. Wir sind in der Lage, sicher zu sein, daß die Beziehung – wie schwierig es zwischen uns auch immer sein mag – niemals »zu Ende« ist. Wir fühlen uns eher befähigt, uns aus dem Clinch zu lösen und unsere wirklichen Motive und Absichten zu untersuchen. Wir betrachten die verschiedenen Waffengattungen, die wir benutzen, um uns zu verteidigen oder anzugreifen: Kontrolle (ich kriege sie, bevor sie mich kriegt); Anpassung (ausgelöst durch vergangene Ängste und Schuldgefühle, nicht als wirkliche Übereinstimmung); Gleichgültigkeit und Widerstand (eingefrorene Gefühle, sexuelle Passivität, Süchte). Wir lassen los, halten inne und fragen uns: »*Warum* kann ein Thema solche inneren Konflikte aktualisieren? Wie können wir ›zur anderen Seite durchbrechen‹?«

»Angesichts der Tatsache, wie gefährlich alles ist, ist nichts wirklich erschreckend.« (Gertrude Stein). Die Gefahr nach ein paar Jahren gegenseitiger Verpflichtung besteht darin, die Partnerin und die Beziehung als selbstverständlich zu betrachten. Wir vergessen, unsere harte Arbeit und unser gesegnetes glückliches Schicksal zu preisen und zu feiern. Um die Todesstarre deiner Beziehung zu vermeiden, kannst du noch einen Schritt weiter gehen und deine Liebe umwandeln in:

Stadium 5: Co-Kreativität

Co-Kreativität ist der Ausdruck für einen hochentwickelten Beziehungszustand, ein Begriff, der von der Therapeutin Susan Campbell stammt und den sie in ihrem ausgezeichneten Buch *The Couple's Journey: Intimacy as a Path of Wholeness* prägte. Viele Lesben wurden von diesem Buch beeinflußt, auch wenn es einen heterosexuellen Einschlag hat. Glücklicherweise sind die meisten Beziehungsfähigkeiten übertragbar. So schließt Campbell zwar Lesbenpaare aus ihrer Überlegung aus, ermutigt aber doch das kreative spirituelle Wachstum, eine Dynamik, die allen voll entwickelten lesbischen Beziehungen eigen ist. Co-Kreativität ist die »überschießende« Liebe. Eine Welt für zwei genügt nicht länger, die Liebesenergie zu erhalten oder aufzufüllen, und die Liebe des Paares fließt als ein Geschenk in die ganze Welt hinaus. Im Co-Kreativitäts-Stadium gibt es so viel Vertrauen und Harmonie in einer Beziehung, daß die Frauen frei genug sind, etwas gemeinsam zu schaffen jenseits der Beziehung, während sie durch diese genährt und gestützt werden. So wählen viele Frauen politische Arbeit, unterstützen etwa ein Frauenhaus, oder sie teilen verschiedene Fähigkeiten mit anderen, indem sie Workshops durchführen. Vielleicht entscheiden sie sich dafür, Kinder großzuziehen, Bücher zu schreiben oder zusammen eine Performance aufzuführen.

Es sind Nähe und Zufriedenheit, die ein Co-Kreativitäts-Abenteuer oder -Unternehmen in eine Beziehung bringen kann. Es bringt auch Wiederauferstehung mit sich: Ein gemeinsames Projekt löst gewöhnlich einen weiteren Zyklus aus erstem Erröten, Machtkampf, Akzeptanz und gegenseitigem Engagement aus. Mit der neuen Spirale kommt neue Vitalität und Wachstum in die Beziehung. Wenn ihr euch gemeinsam auf einen neuen Weg begebt, stellst du fest, daß du nicht eine Frau geheiratet hast, sondern eine Vielfalt verschiedener Persönlichkeiten – und sie wird dasselbe merken. »Indem wir uns selbst wechselseitig miteinander verbinden, verbinden wir uns mit dem Unbekannten.« Von daher kommt auch *Lady C.s drittes Gesetz der Beziehungen: Jeden Tag wirst du herausgefordert, eine neue Person lieben zu lernen.*

Susan Campbell und weitere Beziehungs-ForscherInnen haben herausgefunden, daß erfolgreiche, glückliche Langzeitbeziehungen – gleichgültig, welche Farbe auf dem sexuellen Kaleidoskop gewählt wird – eine Qualität gemeinsam haben: das Konzept der spirituellen Suche. Beide PartnerInnen glauben ab irgendeinem Niveau, daß ihre Beziehung ein gemeinsamer Pfad des Erwachens ist, eine spirituelle Reise des Wachstums, der Selbsterkenntnis und Kreativität. Jede Frau versteht, daß ihre Partnerin ein besonderer Guru ist, eine Lehrerin, die ihre Muster und Konflikte zurückspiegeln kann genauso wie ihre göttlichen Strahlen. Sie erkennt an, daß die Machtkämpfe der Beziehung erstaunliche Reflexionen ihrer eigenen begrenzten Identität und ihrer selbstbegrenzenden Einstellungen sind – wenn sie es nur wagt, tiefer einzusteigen und es sich genauer anzusehen. Lady C. sagt, wann immer wir über »die Beziehung« reden, reden wir über uns selbst in einer anderen Form.

Sie bittet uns, die Fähigkeiten aufzulisten, die wir lernen müssen, um eine erfüllende Beziehung zu schaffen und festzustellen, daß es solche Fähigkeiten sind, die spirituelles Wachstum fördern: tägliche Übungen; ein Gefühl für unser Schicksal oder ein Glaube an die »Reise«; Mitempfinden; Geduld; die Fähigkeit, Schwierigkeiten zu transzendieren; Humor; die Fähigkeit zu vergeben; Wahrheitssuche. Lesbische Partnerinnen, die eine gemeinsame spirituelle Praxis teilen, ob es sich um katholische Befreiungstheologie oder Sufismus oder die Anbetung der Göttin handelt, benutzen ihre spirituellen Techniken, um offen füreinander zu bleiben sowie Raum und Distanz zu schaffen, wenn die Dinge schwierig werden und scharfe Ecken und Kanten bekommen. Co-Kreativität ist eine unterstützende, hilfreiche Dynamik. Ihr Ziel ist, jeder Partnerin zu helfen, das beste menschliche Wesen zu werden, das sie nur sein kann.

Vielleicht muß sich die Liebe nicht auf eine besondere Person beziehen; vielleicht ist es einfach ein Charaktermerkmal, eine Herzensbildung. Eine Beziehung ist einfach nur ein Pfad zur Erleuchtung – ein Pfad, der nicht für alle da ist –, aber einer, der wie die Elternschaft das Spirituelle zu einer erdgebundenen Hier-und-jetzt-Praxis macht. Das co-kreative Stadium universeller Liebe ist eine unendliche Reise, während der das Leben sich vom Gewöhnlichen abhebt.

Margaret Anderson, die lesbische Philosophin, war eine großartige »Co-« im Sinne co-kreativer Kunst, in jeder ihrer drei Langzeitbeziehungen. Hier spricht sie von ihrer zweiten großen Liebe, der berühmten Sängerin Georgette Leblanch. Ihre gemeinsame spirituelle Praxis bestand aus den »Der vierte Weg«-Lehren von Gurdijeff:

»Ich spürte sofort – als würde mir eine Prophezeiung offenbart –: ›Da ist etwas Perfektes in ihrer Seele.‹ Fünfundzwanzig Jahre lang sah ich nichts, was Georgette Leblanch tat, nichts, was sie sagte, das nicht dieser Perfektion entsprang. Es ist eine Qualität, so glaube ich, die im kreativen Geist entsteht. Indem ich mein Vertrauen in diese Qualität setzte, spürte ich: Was immer auch sein würde, das Beste an mir (oder selbst das Schlimmste) konnte nie von Georgette mißverstanden werden. Und so war es auch. *Sie gab mir immer das Gefühl, es sei etwas Perfektes in mir.* Ich konnte für diese Unterscheidung nie dankbar genug sein. Da sie daran glaubte, mußte es so sein. Solange sie lebte, hatte ich das Gefühl, stets zu lächeln.«

Wenn solch aufsehenerregende Großstadt-Lesben im Europa vor dem Zweiten Weltkrieg wie etwa Margaret Anderson, Lady Troubridge oder Janet Flanner uns Kopien ihrer »Vereinbarungen« überlassen hätten, wären wir aufsehenerregenden weltläufigen Lesben der Jahrtausendwende wohl heute nicht so zurückhaltend, wenn es darum geht, persönliche Vereinbarungen schriftlich festzuhalten. Solche schriftlichen Aufzeichnungen der persönlichen wechselseitigen Verpflichtungen können den guten Willen und die Freundschaft, ja selbst die Gesundheit in einer Beziehung erhalten, und das sind schließlich keine zu unterschätzenden Merkmale einer Beziehung. Ohne irgendeine Art von »Liebes- und Partnerschaftsübereinkunft« plätschert eine Beziehung oft einfach dahin, wird von jedem Schicksalsschlag in diese oder jene Richtung aufgewühlt und versandet schließlich. Dies kann dazu führen, daß eher Krisenmanagement betrieben als Schritte unternommen werden, die den wirklichen Bedürfnissen des Paares entsprechen. Wenn ihr nicht versteht, was ihr wechselseitig jeweils braucht, dann werdet ihr Zufallsentscheidungen treffen und riskieren, euch gegenseitig zu verletzen. Ohne offengelegte Vereinbarungen kann es auch eine ganze Menge »geheimer Vereinbarungen« geben. (»Ich erwarte von dir, daß du deine Wochenendpläne mit mir abstimmst, und ich werde dasselbe tun.«) Solche Geheimabsprachen werden zu Problemen, wenn sie gebrochen werden, weil keine so recht versteht, warum sie sich so schlecht fühlt.

Mit schriftlichen Vereinbarungen meinen wir nicht die legalen Dokumente, die von klugen lesbischen Rechtsanwältinnen erfunden und verfaßt werden, um eure Beziehungen, eure Gesundheit und euer Eigentum dem marodierenden Patriarchat zu entziehen – davon handelt der nächste Abschnitt dieses Kapitels. Hier soll ein Tusch erklingen für die hausgemachten schriftlichen Vereinbarungen, die dazu da sind, eure einzigartige Partnerschaft zu klären und sie davor zu schützen, daß jede der beiden Partnerinnen gelegentlich unter Gedächtnisverlust oder unbegründeten Annahmen leidet. Es handelt sich hier um Gentlewomen's Agreements, die nicht vor Gericht einklagbar sind, nur vor der Liebe. Vereinbarungen basieren im wesentlichen auf Ehrlichkeit und gutem Willen; ohne diese sind sie – gleichgültig, wie vollständig oder wohlbedacht sie verfaßt werden – nichts weiter als Makulatur und werden nie funktionieren. Unrealistische Ziele aufzustellen oder komplizierte Unterwerfungsrituale zu verlangen bringt die Beziehung später in große Probleme, was letztlich jede nur ärgerlich machen wird. Verfaßt die beste, ehrlichste Vereinbarung, die ihr nur aufstellen könnt, aber drängt nicht nach einem »Alles oder nichts«-Dokument. Solche Vereinbarungen sind dazu da, immer weiter verfeinert zu werden und mit euch zu wachsen.

Anders als rechtswirksame Dokumente sind solche Liebes- und Partnerschaftsvereinbarungen oft nur einfache, romantische, geistreiche, poetische Schriftstücke, die vielleicht sogar in Regenbogenfarben mit Glitzerrand veröffentlicht werden. Nur wenige Dinge sind dazu unbedingt erforderlich: Sie müssen klar sein wie eine Glocke, spezifisch wie ein *haiku* und dem Wachstum beider dienen. Solche Vereinbarungen sind wahrscheinlich am wichtigsten, wenn beide zusammen wohnen, können aber bereits Kummer vermeiden, wenn sie in einem frühen Stadium der Beziehung entwickelt werden. Sie können die Liebe nicht mindern; sie sind in Wirklichkeit sogar ein greifbarer Ausdruck davon. Wie Schwüre können sie euch helfen, euer Durchhaltevermögen in schweren Zeiten zu erneuern. Doch der beste Grund dafür, Liebes- und Partnerschaftsvereinbarungen aufzustellen, ist der besondere Akt selbst, sich gemeinsam hinzusetzen und sich auf die genauen Mittel zu konzentrieren, wie eine glückliche Beziehung verwirklicht werden kann, die gegenseitigen Respekt und wechselseitiges Verständnis fördert.

Hier sind die wichtigsten Punkte, die in solchen Vereinbarungen enthalten sein sollten.

1. Die Aufteilung von Einkommen und Besitz.

2. Die Eigentumsverhältnisse bei den wichtigsten gemeinsamen Anschaffungen.
3. Die Aufteilung der Hausarbeit, Kosten für Unterhalt und Sonderausgaben.
4. Sexuelle Treue.
5. Andere Überlegungen zur Lebensqualität wie Zeit und Raum; Urlaub; FreundInnen und Familie; co-kreative Projekte; Karrierepläne.
6. Kinder.
7. Regelungen bei Streitigkeiten.
8. Mögliche Trennung. Wenn ihr das Thema bereits als »Jungvermählte« behandelt, wird es später nicht so eine erschütternde Katastrophe werden. Eine solche Überlegung mag vielleicht euer erstes Chakra in Anspruch nehmen, doch die Diskussion kreist hauptsächlich um materielle Themen, die ihr jetzt noch recht ruhig entscheiden könnt, da ihr weit entfernt seid vom Auge des Sturmes.

Jede Frau sollte sich Zeit genug nehmen, sorgfältig ihre Beziehungsziele, ihre möglichen Kompromisse und ihre absolut notwendigen Bedürfnisse zu klären. Die beste Idee ist, einfache Liebesvereinbarungen zu treffen; laßt sie nicht wie ein Strafregister klingen. Sie sind Ausdruck eures Glückes und enthalten einige nützliche Richtlinien. Würdet ihr Tennis spielen ohne Netz? Revidiert eure Vereinbarung entsprechend den Situationen, denen ihr begegnet und die nach Klärung verlangen; versucht nicht, alles sofort in festgefügte Formen zu gießen. Und vergeßt auf alle Fälle nicht, die Unterzeichnung eurer Übereinkunft jeden Gedenktag neu zu feiern. Sie sind die große Bestätigung, daß ihr genug Fürsorge füreinander empfindet, um wirklich euer Bestes zu versuchen.

Die Liebes- und Partnerschaftsvereinbarung von Tennessee und Wellesley

Da wir so wenig Zeit haben, bevor wir in die Ewigkeit hinausfliegen, und weil wir möglicherweise hier wieder einmal vorbeikommen und alles neu erleben müssen, was wir diesmal nicht gelernt haben, verpflichten wir uns hiermit zu wechselseitiger Evolution im Hier und Jetzt unserer Liebe. Wir unterstützen einander darin, die besten menschlichen Wesen zu werden, die wir nur sein können. Da wir ausdrücklich wünschen, in außerordentlicher, lachender und liebender Weise zusammenzusein, stimmen wir in folgendem überein:

1. Freundlich und zuvorkommend zu sein, oder wenn wir das nicht können, ruhig zu sein und allein in unserem Zimmer Trübsal zu blasen, bis wir freundlich und zuvorkommend sein können.
2. Unser Leben getrennt voneinander so ehrbar und friedlich zu führen, daß wir all unsere Fähigkeiten stärken, voll füreinander da zu sein, wenn wir zusammen sind.
3. Arbeitssüchtige sollen vor der Tür bleiben, das gleiche gilt für Dope-AnhängerInnen und Halbwelt-Damen.
4. Sich in keine neue Liebschaft einzulassen, für die die andere nicht bereit ist, außerdem weder zu oft noch auf Kosten der gemeinsamen Zeit. Uns als Haupt-Liebespaar gehört die wichtigste Zeit: Wochenenden, Urlaub, Geburtstage.
5. Tennessee will alle Affären erfahren, die Wellesley nebenher hat. Wellesley dagegen erwartet von Tennessee, ihre Affären ausgesprochen diskret zu behandeln und sie ihr nur zu erzählen, wenn sie danach fragt.
6. Wir wenden unseren »Code für faires Streiten« an, wenn Konflikte entstehen, oder wir gehen so lange um den Block, bis wir ihn anwenden können. Wir entzünden eine Kerze auf dem Altar der gegenseitigen Verpflichtung, um die harten Zeiten so kreativ und gewaltlos, wie wir nur können, durchzustehen. Wenn eine Trennung droht, stimmen wir darin überein, eine Paarberaterin aufzusuchen, bevor wir wesentliche Entscheidungen treffen.

7. Wir fahren mindestens einmal im Monat zu einem romantischen Wochenende aufs Land.
8. Mindestens einmal die Woche haben wir ein abendliches »Rendezvous« miteinander.
9. Wir schützen gegenseitig unsere Arbeitszeit und die Zeit für uns selbst.

Des weiteren stimmen wir darin überein, folgendes *nicht* zu tun:

1. Irgend etwas für selbstverständlich zu halten, statt dessen wollen wir lernen, uns klar miteinander zu verständigen über unsere Wünsche, Bedürfnisse und Sehnsüchte.
2. Schmutziges Geschirr herumstehen zu lassen.
3. Eine Spur aus persönlichen Gegenständen in gemeinsamen Räumen zu hinterlassen.
4. Uns in irgendeine Angelegenheit der anderen einzumischen, die uns selbst nicht direkt betrifft.
5. Frauen, mit denen die eine oder andere von uns eine Affäre hat, mit nach Hause zu bringen oder von diesem Telefon aus mit ihnen zu telefonieren.
6. Nörgeln, da wir uns nicht zusammengeschlossen haben, um aneinander herumzuzerren, sondern miteinander zu tanzen.

Weiterhin vereinbaren wir:

1. Jede zahlt fünfhundert Dollar am ersten Tag eines jeden Monats in die gemeinsame Haushaltskasse ein. Ohne Ausnahme. Ausnahmen sind begrenzt auf zehn Dollar pro Tag, ohne Ausnahme.
2. Keine von uns lebt auf Kosten der anderen.
3. Tennessee kauft meistens ein, macht sauber und pflegt den Garten, weil sie so hohe Ansprüche und einen grünen Daumen hat. Wellesley kocht meistens, weil sie das als Feinschmeckerin so gut kann. Wellesley bezahlt die gemeinsamen Rechnungen und führt die Haushaltskasse, weil sie Zahlen liebt und diese sie.
4. Wir erkennen an, daß jede Partnerin bestimmte Besitztümer vor der Beziehung besessen hat und jede ihr Eigentum behält.

5. Wir schreiben alle Anschaffungen und Geschenke über fünfzig Dollar auf.
6. Falls wir uns trennen sollten, behält Tennessee unsere Wohnung und die Katzen. Wellesley hat das Vetorecht, wenn gemeinsam angeschaffte Güter verkauft werden sollen, und behält den Erlös – außer den angeschafften Kunstwerken. Diese vermachen wir dem feministischen Altersheim in Milledgeville, Georgia, in Erinnerung an unsere einst so großartige Partnerschaft.
7. Die Erkenntnis, daß wir zwar nicht die ganze Zeit Spaß haben müssen, aber doch jede versuchen wird, so viel Leiden wie möglich loszulassen.

Feierlich, hoffnungsvoll und sinnlich unterzeichnet am 15. Oktober 1989 von

Jordan Wellesley und Tennessee Strond
in Liebe in Liebe

Wo ein Wille ist…

Wo kein letzter Wille ist und du stirbst, kann deine biologische Familie in dein Haus eindringen und es ausräumen. Zum Teufel mit deiner Liebsten, mit der du seit fünfzig Jahren zusammengelebt hast. Solange du aber nicht stirbst – da du ja die unsterbliche Lesbe bist –, hast du in der Hinsicht keine Probleme, stimmt's? Falsch. Wenn du unheilbar krank wirst, kann deine Familie dich zwangsweise an Maschinen anschließen lassen, die dich zwangsweise ernähren und völlig isolieren, irgendwo in einem Pflegeheim, Tausende von Kilometern von deiner Liebsten und deinen Freundinnen entfernt. Wenn du dann so glücklich sein solltest zu sterben, kann es dir passieren, daß du auf einem christlichen Friedhof landest, statt daß deine Asche in einer feierlichen Zeremonie von deinen Zen-buddhistischen Freundinnen beerdigt wird. Denke daran, wer immer das Buch der Liebe schrieb, schrieb auch das Buch des Todes. Wenn du deine Beziehung liebst, laß deine Liebste nicht in Unklarheit und tiefem Kummer zurück. Jede unverheiratete Lesbe mit Kindern, die noch kein Testament geschrieben hat, wird hiermit aufgefordert, das Buch sofort zuzuschlagen, einen Babysitter für die Kinder zu suchen und eine Rechtsanwältin damit zu beauftragen, die Papiere fertig zu machen. Im anderen Fall, im Falle von Tod oder unheilbarer Behinderung, kann der Staat die Kinder zwangsweise in einer Pflegestelle unterbringen, wo sie vielleicht todunglücklich werden.

In den Vereinigten Staaten wird ohne ein Testament oder eine rechtswirksame Verfügung dein nächster Angehöriger oder der Staat entscheiden, was mit deinem Körper im Falle totaler Behinderung oder Tod passiert und was mit deiner Wohnung, deinen Kindern und deiner Hinterlassenschaft geschehen soll. Siebzig Prozent aller Menschen in den Vereinigten Staaten sterben, ohne einen letzten Willen aufgeschrieben zu haben. Viele davon sind verheiratet und können sich auf die entsprechenden gesetzlichen Regelungen berufen, die für ihren Partner gelten, oder sie wollen ausdrücklich, daß ihre biologische Familie die Lebens- und Todes-Entscheidungen trifft, oder sie kümmern sich schlicht nicht darum. Lesben können bekanntlich nicht legal heiraten und den damit verbundenen Status bekommen. Viele von uns haben sich ihrer biologischen Familie entfremdet. Viele sind fröhliche Anarchistinnen und hassen die Vorstellung, daß sich der Staat in unsere intimen Angelegenheiten einmischt. Warum sollten wir dem Staat im Tode eine Macht geben, die wir ihm zu Lebzeiten nie zugestanden hätten?

Allein in Lady C.s Kreis sind zwei schreckliche Ereignisse vorgefallen, weil die beteiligten Lesben Anne Sextons Rat nicht gefolgt sind: »ihren Tod wie Zimmererfrauen aufzubauen«. Als eine Lesbe an Krebs erkrankte und im Sterben lag, tauchte ihre Familie auf, mit der sie keinen Kontakt mehr hatte, und verbannte ihre Liebste aus dem Krankenhaus. Sie stellten eine Verfügung auf, die der Vater unterzeichnete, und sprengten damit die Gütergemeinschaft der beiden Liebenden, in der diese seit elf Jahren lebten. Statt dessen wurde die Familie auf diese Weise zu Alleinerben. Als die krebskranke Frau starb, reklamierten die Eltern die Hälfte des Hauses, zu dem sie keinen Pfennig beigetragen hatten und in das sie nicht einmal zum Abendessen eingeladen worden waren. Sie verlangten, daß die Partnerin ihrer Tochter das Haus verkaufte und ihnen die Hälfte des Erlöses auszahlte. Sie hätten das niemals versuchen können, wenn die sterbende Frau noch ein Testament aufgestellt oder wenigstens eine Frau bevollmächtigt hätte, bevor sie das Bewußtsein verlor.

In dem anderen der beiden Fälle starb unsere Freundin und hinterließ, wie wir alle wußten, ihren beträchtlichen Nachlaß einer Künstlerinnenvereinigung. Obwohl sie sogar ein Buch veröffentlicht hatte, in dem sie ihre Vorstellungen beschrieb, hatte sie kein rechtswirksames Testament verfaßt. Unglücklicherweise tauchten nach ihrem Tod zwei findige Rechtsanwälte in ihrem Anwesen auf, forderten beträchtliche »Abgaben« und versuchten, das verbliebene Geld in Ländereien anzulegen, die sie für sich selbst kauften. (Selbstverständlich wollten sie einige Künstlerinnen auf eine Party dorthin einladen.) Die Freundinnen dieser lesbischen Frau investierten sehr viel Geld und Zeit darin, ihrerseits RechtsanwältInnen zu beauftragen, um sicherzustellen, daß der Nachlaß nicht weiter geplündert wurde; doch jetzt, drei Jahre später, wird die Sache immer noch vor Gericht ausgefochten. Es ist unklar, ob vom Nachlaß unserer Freundin irgend etwas übrigbleiben wird, nachdem die Schlacht geschlagen ist. Mittlerweile streiten sich die Rechtsanwälte und der Staat, während die Künstlerinnen am Hungertuch nagen.

Viele Lesben wissen, daß selbst die bekannte lesbische Lebensgemeinschaft von Gertrude Stein und Alice B. Toklas der Homophobie und Gier der Steinschen Verwandten nicht entging. Da diese sonst so intelligenten Frauen ihre Hinterlassenschaft nicht geregelt hatten, wurde ihr künstlerischer Nachlaß, ja sogar ihre Wohnung Alice weggenommen, als Gertrude starb, was Alice nicht nur in Trauer, sondern auch in einer vollständig desolaten finanziellen Lage zurückließ.

Der infamste amerikanische Fall unserer Zeit, in dem es um die Grausamkeit von Verwandten gegenüber lesbischen Partnerinnen geht, ist natürlich der Fall Sharon Kowalski/Karen Thompson. Bei ihnen muß es sich auch um die größte Liebesgeschichte des Jahrhunderts handeln. Die entsetzliche Tragödie und der Heldenmut dieser beiden Liebenden sollten jede Lesbe dazu veranlassen, sofort ein gültiges Testament zu verfassen und Verfügungen im Krankheitsfall zu erlassen. Sharon wurde 1983 von einem betrunkenen Autofahrer überfahren, woraufhin sie gelähmt und mit einem Hirnschaden in ein Pflegeheim kam. Seither kämpft ihre Partnerin Karen vor Gericht mit Sharons Eltern um das Besuchsrecht und um das Recht, sich um Sharon zu kümmern. Sharons Eltern schrieben ihre Tochter einfach als »hirntod« ab und verzichteten darauf, die Versicherung in Anspruch zu nehmen, die ihr Rehabilitationsmaßnahmen ermöglicht hätte. Karen hat Tausende von Dollar an Spenden gesammelt, um vor Gericht weiterzukämpfen, und ist kreuz und quer durch die USA gereist, um uns davor zu warnen, was passieren kann, wenn wir die Möglichkeit der Behinderung nicht in unsere Pläne einbeziehen. Ihre bewundernswert mutige Lebensgeschichte hat sie aufgezeichnet (*Why can't Sharon Kowalski Come Home?* von Karen Thompson). Es empfiehlt sich, diese Geschichte zu lesen und dann sofort eine Rechtsanwältin aufzusuchen, um ein rechtswirksames Testament beziehungsweise eine PatientInnen-Verfügung aufzustellen.

Ich selbst nahm mir schließlich einen Feier-Tag, um mir die folgende Frage zu beantworten: Bin ich bereit zu sterben? Sich einmal darauf zu konzentrieren, sich ein Szenario auszumalen, wie es sein würde, »wenn ich nicht mehr unter euch bin«, ist eine bemerkenswerte und lohnende Erfahrung. Du wirst sehen, niemals ist dir das Leben süßer erschienen. Ich überblickte alles, was ich zu hinterlassen hatte, und begab mich an die Aufzeichnung eines Testaments, setzte ein Gremium ein, das meinen Nachlaß verwalten würde, und stellte mein Patientinnen-Testament auf. Nachdem ich die Dinge genauso aufgezeichnet hatte, wie ich sie wollte, beauftragte ich eine kluge lesbische Rechtsanwältin, alles noch einmal durchzusehen, die Feinabstimmung vorzunehmen und mir zu erklären, was ich noch nicht verstehen konnte. Welche Kosten auf diese Weise auch immer entstehen mögen, am besten betrachtest du ein Testament und eine Verfügung im Krankheitsfalle als Versicherungspolicen, die sich jetzt auszahlen in Form von Seelenfrieden und später in Liebes-Dividenden. Überlege doch auch einmal, ob du nicht eine Lebensversicherung abschließt und deine Liebste darin als Begünstigte einsetzt. Damit erkaufst du ihr die Zeit, ihre wirtschaftlichen Verhältnisse in Ruhe zu ordnen, nachdem ihr vorher gemeinsam gewirtschaftet hattet.

Wenn ich davon sprach, daß ich einen letzten Willen »aufgezeichnet« habe, dann ist das durchaus wörtlich gemeint. Mein letzter Wille ist mit Bildern versehen und in vielen Farben gemalt. Er enthält sogar ein paar große Linien, wenn ich das selbst sagen darf. Es ist ausgesprochen befriedigend, den eigenen Nachruf zu verfassen und das eigene Begräbnis zu planen. Ich überlegte sogar, ob ich nicht einen einfachen, aber eleganten Kiefernsarg kaufen sollte, um mich bereits zu Lebzeiten daran zu erfreuen (vielleicht alte Liebesbriefe darin unterzubringen?) und ihn als *memento mori* zu benutzen (keine Zeit zu verlieren!). Eine Freundin kaufte einen solchen Sarg nur seines Designs wegen; er paßt einfach großartig zu ihren Möbeln. Statt dessen aber entschloß ich mich dazu, mich verbrennen zu lassen, nachdem ich vorher meine Organe gespendet haben würde. Auch dabei gilt es, größte Sorgfalt walten zu lassen. Eine Beerdigung kann die dritt-teuerste Lebensangelegenheit sein nach dem Kauf eines Hauses und eines Autos. Denke daran, eine Kopie deines Testaments an deine nächsten Verwandten zu schicken, selbst wenn du sie nicht besonders magst. RechtsanwältInnen versichern immer wieder, die meisten Anfechtungen von Testamenten seien darauf zurückzuführen, daß der Inhalt des jeweiligen Testaments die Familienangehörigen völlig überrascht habe.

Eine weitere hübsche Idee ist, ein Fest zu organisieren, zu dem du alle diejenigen einlädst, die du in deinem Testament begünstigt hast, sowie deine Nachlaßverwalterinnen und diejenigen, die auf die Einhaltung deines Patientinnen-Testaments achten sollen, und eine Art Gala vor dem jüngsten Tag zu veranstalten. Frage diese Freundinnen und Familienangehörigen, was sie gerne von dir als Erbstück erhalten würden; du wirst überrascht sein. Vielleicht stellst du fest, daß du jetzt bereits einige deiner Besitztümer weggibst, an die deine Freundinnen sehr viel mehr ihr Herz gehängt haben als du selbst. Menschen werden dir liebevolle Dinge sagen, von denen du nie geträumt hättest, sie werden dir versichern, wie sehr sie dich vermissen werden, und dich bitten, immer ganz sorgfältig auf dich achtzugeben. Du wirst dich in Licht gebadet fühlen und bereit sein, zu deinen Müttern zurückzukehren.

Was erinnert wird, lebt

Vor allem, vergiß nicht, deine persönlichen Unterlagen, Briefe und alles Erinnernswerte zu sammeln. Solche Unterlagen gehören in ein Archiv als Meilensteine lesbischer Zivilisation. Erinnere dich an die Wertschätzung und den Stolz, die du empfunden hast, als du die lesbische Leidenschaft in Emily Dickinsons Briefen und ihrer Poesie entdeckt hast; das lesbische Sehnen der Anne Frank (das in ihrem veröffentlichten *Tagebuch* zensiert wurde); die erleuchtende, liebevolle Korrespondenz zwischen Eleanor Roosevelt und ihrer leidenschaftlichen Geliebten Lorena Hickok (3360 Briefe!). Oder mach's multimedia-like wie Madonna, die hoffentlich das Band ihrer Sendung aufgehoben hat, in der sie während einer Fernseh-Show ihr Coming-out verkündete.

Aber um Himmels willen, natürlich brauchst du keine Berühmtheit zu sein! »Lesbische Alltags«-Papiere, Aufzeichnungen, Audio- und Videokassetten sind genauso wertvoll für unsere Kultur. Wir sind das Salz der Erde. Es gibt so viel, das wir von unseren tapferen Vorfahrinnen gelernt haben könnten. Jetzt sollen unsere Aufzeichnungen eine Mutter sein, die unsere Töchter anleiten kann. Laßt uns niemals mehr zulassen, daß unsere Geschichte verdunkelt und von Homophobikern umgeschrieben wird. Nie mehr Sappho in Fragmenten. Noch tragischer als die Zensur ist, daß ein Großteil der lesbischen Geschichte verlorengegangen ist, weil keine daran gedacht hat, daß sie vielleicht wichtig genug sein könnte, aufgeschrieben und erinnert zu werden – das gilt im Grunde für die ganze weibliche Geschichte. Die unglaublich vielfältigen Aktivitäten lesbischer Frauen im Deutschland der Weimarer Zeit zum Beispiel sind fast vollständig vergessen. Der Grund, warum wir soviel über die exquisiten lesbischen Salons des Vorkriegs-Paris wissen, besteht darin, daß Fotos, Korrespondenz und Zeitungen/Zeitschriften erhalten geblieben sind – und eindeutig identifiziert werden konnten! Was wäre, wenn sie auch Kinofilme gedreht hätten?

Sammle deine wichtigen Unterlagen in Kisten und schütze sie vor den Feinden der Geschichte: Feuchtigkeit und Sonnenlicht. Zeitungsartikel solltest du fotokopieren, da sie sich aufgrund der Papierbeschaffenheit sonst nach und nach auflösen. Du solltest ALLES mit einem Datum versehen und bezeichnen, besonders Fotos, wobei du notierst, welche welche ist und welche mit welcher zusammen ist, um den Klatsch und Tratsch anzuregen. Was ist Geschichte auch anderes als Klatsch mit einer langen Halbwertzeit? Benutze einen Fettstift oder Buntstift, um deine Aufzeichnungen auf der Rückseite der Fotografien zu machen. Stelle sicher, daß deine Nachlaßverwalterin weiß, daß du Wert darauf legst, deine Unterlagen und Papiere der Nachwelt zu erhalten, genauso wie du es in deinem letzten Willen festgelegt hast. Sprich mit einer lesbischen Archivarin oder Bibliothekarin, unseren großartigen weisen Hexen. Sie können dir vielleicht dabei behilflich sein, deine Papiere in einem freundlichen Archiv unterzubringen. Übrigens, wenn du ein paar Mark übrig hast, ist eine der großartigsten Sachen, die du damit tun kannst: dein Geld (jetzt *und* später) für die Einrichtung und Erhaltung eines lesbischen Archivs in deiner Gegend oder für ein nationales oder internationales Archiv zu spenden. Auf dem Weg zum Archiv ist mir etwas Lustiges passiert: Ich sah noch einmal meine Tagebücher durch, schrieb einige schlecht verfaßte Passagen neu und begab mich anschließend an die Verwirklichung einiger Pläne, die ich schon sehr lange gehegt hatte…

Laßt uns lächeln mit der Dichterin Stevie Smith: »Das Leben mag trügerisch sein, aber auf den Tod kannst du dich immer verlassen.« Sicher, du kannst den Tod nicht überlisten, aber wenn du vorausplanst und ihm seinen Anteil gibst, kannst du Spaß mit ihm haben. Ist Tod nicht einfach nur ein anderer Lebensstil?

VI.

Fairer Kampf: Wie sich friedlich streiten läßt

Wut: Ob es sich um das »hoch-dezibele«, nervenzerrüttende Drama handelt oder die stumme Raserei mit zusammengepreßten Lippen – aufgestauter Groll fordert seinen Preis. Dieser aufgestaute Groll ist ein weiteres machtvolles Merkmal, das wir vom Patriarchat übernommen haben. Als Lesben versuchen wir, ein weniger umweltverschmutzendes Verfahren zu entwickeln, mit unserem Zorn umzugehen. Die Ladies sagen: Es ist sinnvoll, um einen fairen Kampf zu kämpfen, schließlich ist Liebe nicht ein »Krieg mit anderen Mitteln«, sondern Liebe ist das andere Mittel, durch das sich Frieden ausdrückt.

Erfolgreiche Lesben hören tatsächlich niemals auf zu kämpfen. Warum sollten sie auch? Sie sind zwei Menschen, nicht zwei geklonte Wesen, sie haben also sicherlich widersprüchliche Bedürfnisse, Ansichten und Erwartungen, die sie miteinander aushandeln müssen. In erfolgreichen Beziehungen sind die Partnerinnen jedoch elegante, keineswegs hilflose Kämpferinnen. Elegante Kämpfe entstehen an einem Ort der Autonomie, Flexibilität und des gegenseitigen Mitempfindens, statt an einem Ort der zerrütteten Egos, der Verzweiflung und Unsicherheit. Faires Kämpfen will geübt sein, wirklich geübt, denn das »Kämpfen ohne Schwert« ist nur lernbar durch äußerst fleißige Fechtübungen. Die Frage ist, *wie* mit dem Konflikt umgegangen werden kann, den wir immer in uns tragen. Wirst du deine Partnerin bei einem Boxkampf in die Seile treiben, wo sie, ihrer Würde beraubt, als »technisch k. o.« erklärt wird und du »gewinnst« (für eine gewisse Zeit)? Oder betrachtest du Konflikte als einen Hexenkessel schweigend eingekochten Grolls, in dem der Zorn zu einem giftigen Gebräu wird?

Wie wär's mit einem klügeren Weg? Konflikte können eine Entdeckung sein, wenn es gelingt, einen lebbaren, vergnüglichen Pfad gemeinsam zu beschreiten; sie können auch die Gelegenheit bieten, sich unwirklicher und einschränkender Voreingenommenheiten zu entledigen, und zu einem Gefäß werden, in dem sich Wahrheit sammelt. Lesben haben eine Tradition gewaltloser Konfliktlösungen als aktive Friedenskämpferinnen. Wir wissen intuitiv, daß der männliche Weg, Gewalt mit Gewalt zu beantworten, nur zu Hoffnungslosigkeit und letztlich zum Tode führt. Viele amerikanische Anti-Kriegs-Organisationen wurden von lesbischen Frauen gegründet. Wenn wir ein mörderisches System gewaltlos und würdevoll bekämpfen können, dann können wir sicherlich auch mit unseren Liebsten einen sauberen Kampf ausfechten. Wut mag angeboren sein; sie auszudrücken, wird jedoch gelernt.

Vielleicht ist es klug, den Zorn als solchen einmal zu betrachten. Zorn kann – anders als schwierige Gefühle wie Verzweiflung und Trauer – unmittelbar Energie spenden. Manchmal kann nichts anderes als Wut positive Veränderungen in Gang setzen, um Lügen und Mißbrauch mit Mut und Überzeugung zu begegnen. Zorn ist eine ebenso neutrale Kraft wie das Feuer, das dein Haus wärmen oder es abbrennen kann. Wir alle brauchen das Feuer des Zorns, um uns deutlich zu machen, daß etwas – vielleicht wir selbst – wieder ins Lot gebracht werden muß. Die Herausforderung besteht darin zu lernen, mit der Wut zu tanzen, nicht von ihr verschlungen zu werden. In ihrem Buch *Wohin mit meiner Wut* beschreibt Harriet Goldhor Lerner ausgezeichnet, wie du dich von deiner Wut erholen kannst. Wir sind alle in der Lage zu verändern, wie sich der Zorn in uns auswirkt, und zu lernen, ihn effektiv auszudrücken.

Mehrere der Langzeit-Paare in Lady C.s Kreis sind elegante Fechterinnen. Mir fiel auf, daß sie selten in Gegenwart anderer streiten. (»Das ist dann kein Streit, sondern eine Performance.«) Wenn sie es doch tun, geschieht es sauber und ist so schnell vorüber wie ein Sommergewitter, gefolgt von klarem blauen Himmel. Ich fragte mich, ob sie so etwas wie einen Nichtangriffspakt hätten. »O nein«, sagte Harmony, eine der taktvollsten Streiterinnen, die ich je kennengelernt habe. »Wir kriegen uns regelmäßig in die Haare. Wir sind so verschieden.« Dann erklärte mir Harmony ihren *modus operandi*.

»Wie du weißt, ist meine Partnerin ein E.K.F., das erwachsene Kind einer Feministin. Sie ist impulsiv, redegewandt und blüht bei Kontroversen und Streitereien geradezu auf. Sie ist ein Lästermaul, Expertin in Ironie und Schachspielerin in Logik. Als Rechtsanwältin übt sie jeden Tag, sich auseinanderzusetzen. Dabei stellt sie die Fakten ohne Umschweife in den Raum. Ich dagegen bin eine Mimose. Ich kann das alles überhaupt nicht. Ich hasse es, mich zu streiten. Mein Kopf wird ganz leer, meine Handflächen werden feucht, und ich sehne mich dann tausend Meilen weg auf einen ruhigen See. Wie viele Frauen habe ich gelernt, subtil und vage zu sein, meine Rolle darin zu sehen, für andere zu sorgen und selbst keine Bedürfnisse zu haben. Als wir unseren ersten Konflikt hatten, gab ich gleich auf, lenkte ein, schluchzte, schmollte, fraß meinen Kummer in mich hinein. Ich tat alles, um sämtliche Konflikte für immer zu beenden. Bei dem Versuch, meine Wut zu unterdrücken, wurde mein Selbstwertgefühl immer kleiner. Das meiner Liebsten dagegen war kaum angekratzt.

Schließlich stellte ich fest, daß dieser Weg ins Nichts führte. Ich konnte den Konflikt nicht zurückhalten, der sich ganz natürlich immer wieder ergab. Und es dämmerte mir, daß ich im Kampf gegen meine schöne Samurai nicht gewinnen konnte – aber daß ich auch nicht *verlieren* mußte. Alles, was ich tun mußte, war, präsent zu bleiben, zu lernen und so sauber zu kämpfen, wie ich nur konnte. Die Idee ist, nicht zu gewinnen, sondern sorgfältig zu zielen. Ich stellte fest, daß sie gar nicht so ein mächtiges Schwert besaß; ich gab ihr nur eines in die Hand durch meine irrationale Furcht vor Wut und Macht. Als ich erst einmal die Idee überwinden konnte, daß ich ›gewinnen‹ mußte, begann ich, lockerer zu werden. Ich griff einige Techniken auf, wie die, zu vermeiden, ein Opfer zu sein und meine Ruhe, meinen Respekt vor mir selbst zu behalten, und gewöhnlich bekomme ich, was ich brauche. Hier ist eine Auswahl der Dinge, die für mich funktionieren.

Vor allen Dingen ist mir aufgefallen, daß es einige Sachen gibt, die zu wichtig sind, als daß sich über sie streiten ließe. Nummer eins ist Religion. Gleichgültig, ob du glühend an etwas glaubst oder glühende Atheistin bist – am besten ist es, du zügelst dich. Jede hat ihr Recht auf ihr eigenes spirituelles Leben, um der Göttin willen! Nummer zwei ist das Kinderkriegen. Hier gibt es keinen Kompromiß – ein halbes Kind? Und schließlich die stumpfe alte Streitaxt Monogamie/Pluralismus; hier haben wir einen dieser Energie-Fresser von den Ausmaßen eines schwarzen Lochs. Besser ist das Motto: Lieben und lieben lassen.

Über alle anderen Themen läßt sich streiten, besonders die ›kleinen Dinge des Alltags‹, wenn sie sich zu großen Problemen aufblasen und wie eitrige Wunden schwären können. Macht das Streiten lustvoll. Duelliert euch in der Sonne. Friß deinen Ärger nie in dich hinein. Das macht dich nur verrückt, und du vergißt all die wunderbaren Eigenschaften deiner Partnerin, zum Beispiel, wie süß sie war, als dein Hund ihr gesamtes Plädoyer auffraß. Keine meiner Beziehungen ist unter schweren Schlägen zusammengebrochen; sie wurden nach und nach beschnitten durch einen Kummer nach dem anderen. Es heißt, tausend Mückenstiche sind tödlich, oder mit den Worten von Edna St. Vincent Millay: ›*Nicht daß die Liebe schwand, nahm mir das Glück – doch daß sie fortging Stück für Stück.*‹ Wenn du deinen Ärger nicht herausläßt und dich seiner entledigst, wirst du passiv aggressiv, ›vergißt‹ Dinge, kommst zu spät... Oder du strahlst aus, wie sehr du unter Spannung stehst; oder du empfindest gähnende Langeweile (eine Art Feindseligkeit ohne Energie); oder du ziehst dich sexuell zurück. Unsere innere Intelligenz will Wut immer zum Ausdruck bringen. Aber eine tiefere Intelligenz braucht Angaben darüber, *wie* wir genau diesen Ärger ausdrücken können, um das zu bekommen, was wir brauchen. Wenn Zorn in Gossensprache und lausiger Grammatik ausgedrückt wird, verändert sich nichts, außer daß die Feindseligkeiten eskalieren.

Als eine geschickte Technik hat es sich für mich erwiesen, niemals auf rhetorische Äußerungen zu reagieren, auf die sich die großen Streithennen der Geschichte, zu denen meine Liebste gehört, so gut verstehen. Solche rhetorischen Äußerungen sind dramatische, wenn auch inhaltsleere Ausrufe wie: ›Du weißt genau, wie man ein Ei zerschlägt, nicht wahr?!‹, als ich einmal ein rohes Ei auf ihren Schuh fallen ließ. Jeder Sarkasmus, jede Übertreibung und die meisten Analogien sind einfach rhetorisch gemeint. ›Du klingst genauso wie Alice Schwarzer.‹ – ›Deine Idee wäre etwa so intelligent wie die, Pfennige in einer Steckdose zu sparen.‹ Wenn du deine Zeit damit vergeudest, auf Rhetorik zu antworten, wirst du nie zum eigentlichen Thema vordringen. Rhetorik ist dazu da, dich wie ein Nadelstich zu treffen; laß es nicht zu. Lächle einfach dein entwaffnendstes Lächeln, schließlich kennst du das wahre Geheimnis der Rhetorik. Sie wird dann glauben, daß du ihren Versuch, witzig zu sein, zu schätzen weißt, kommt auf das eigentliche Thema zu sprechen oder entscheidet sich, daß es zu trivial ist, um ernsthaft diskutiert zu werden.

Abgesehen von dem Durchschauen, was Rhetorik wirklich ist, solltest du versuchen, den Unterschied im Kopf zu behalten zwischen Meinung, Tatsache und Wahrheit, wenn du dich streitest oder zuhörst. Wir neigen zu dem Glauben, alles das, was wir selbst denken, entspräche der reinen Wahrheit; dabei ist es bestenfalls eine Facette der Wahrheit. Die meisten sogenannten Wahrheiten sind in Wirklichkeit emotional gefärbte Meinungen und etwa so verläßlich wie eine Lüge.«

Ich bat die Ladies noch um ein paar kluge Anmerkungen zu diesem Thema, und sie kamen mir mit einigen Anmerkungen für die Unklugen: »Sätze, die dir niemals entschlüpfen sollten«, wie sie unten aufgelistet werden. Am besten erstellst du deine eigene Liste und hältst dich gewissenhaft daran. Wir alle kennen unwiderrufliche Sätze, die wir niemals unserer Liebsten gegenüber äußern dürfen, weil sie tief verletzen. »Du hast bisher noch kein einziges Stück deiner Scheiß-Skulpturen verkauft, und das wird dir auch niemals gelingen.« Diese Art von Äußerung ist wie eine Atomwaffe – undenkbar, sie zu benutzen. Viele Sätze, die mit »Kein Wunder« beginnen, sind solche unwiderruflichen, entsetzlichen Waffen. »Kein Wunder, daß alle dich verlassen haben.« – »Kein Wunder, daß deine ganze Familie über dich lacht.« Hier ist eine beispielhafte Liste von Megatonnen-Bomben, die in die verbale Abrüstung gehören.

Zehn Sätze, die dir nie entschlüpfen sollten

1. Du benimmst dich genauso wie ein Mann.
2. Kannst du niemals etwas richtig machen?
3. Du bist mir zuwider, seit du (hier kommt dann irgendein schreckliches Ereignis), und so wird es auch immer bleiben.
4. Ich will, daß du nicht hier bist, wenn ich nach Hause komme. Knall! (Du solltest niemals das gemeinsame Terrain verlassen, ohne deine Rückkehr zeitlich ungefähr anzukündigen, oder du bist eine armselige Verliererin, die ihren Tennisschläger auf den Boden knallt und vom Platz stakst.)
5. Ich habe dich niemals wirklich geliebt.
6. Wenn du mich wirklich lieben würdest… (schnüffel).
7. Nach allem, was ich für dich getan habe… (weiteres Schnüffeln).
8. Sätze, die beginnen mit: »Nie hast du…«
9. Sätze, die beginnen mit: »Immer hast du…« (»Nie« und »immer« sind gewöhnlich Lügen; schlimmer noch: Sie zwingen die andere so in die Defensive, daß sie sich innerlich gegen dich verschließen wird.)
10. Warum trennen wir uns nicht einfach?

Mit einem Schlag bist du draußen (körperliche Gewalt)

Körperliche Gewalt ist die Einbahnstraße aus einer lesbischen Beziehung heraus. Punkt. Gewalt ist kein akzeptabler Weg, mit Ärger fertig zu werden. Untersuchungen zeigen: Gelegentlich kommt es vor, daß auch Lesben einander mißhandeln. Der einzige Unterschied zwischen diesen und heterosexuellen Mißhandlungen besteht darin, daß es statistisch betrachtet weniger oft vorkommt und es weniger Einrichtungen für geschlagene und schlagende Lesben gibt. Außerdem gelingt es den meisten Lesben, viel schneller aus solchen gewalttätigen Beziehungen herauszukommen, als heterosexuellen Frauen, sich von gewalttätigen Männern zu trennen. Dennoch wird es Gewalt unter Lesben geben, solange es Lesben gibt, die nur über eine schwach ausgeprägte Ärger/Impuls-Kontrolle verfügen, die Muster familiärer Gewalttätigkeit gelernt und eine Partnerin mit geringem Selbstwertgefühl haben. Wenn es dir passiert, daß deine Partnerin dich schlägt, beende die Beziehung sofort. Das ist die einzige Handlung, die ein/e MißhandlerIn versteht. Sonst kommt es zu einer Spirale der Gewalt, die immer weiter eskaliert, trotz großartiger Entschuldigungen und Versprechungen.

Berühmte Mißverständnisse

Wenn unser Ego sein mächtiges Haupt erhebt, dann entsteht sehr leicht ein »berühmtes Mißverständnis«. Unser Ego geht zum Angriff über und sucht sich immerzu ein Thema, über das es sich Sorgen machen und ärgern kann. Wir könnten in der Badewanne singen, zeichnen lernen oder uns in einem sozialen Projekt engagieren, aber nein. Wir haben einen Angriffspakt mit unserer Partnerin geschlossen und stemmen in unserer Kampfesarena ständig übungsweise schwere Gewichte. Wir überprüfen, welche Fähigkeiten unsere Partnerin mitbringt, und stellen ein Übungsprogramm für ihre persönliche Verbesserung auf. Dies läßt uns passenderweise keine Zeit, daran zu arbeiten, uns selbst zu verändern. Aber weißt du was? Die einzige Person, die du ändern kannst, bist du selbst. Deine Partnerin wird eigene Schritte zu ihrer Veränderung unternehmen oder genauso bleiben, wie sie immer war. Du mußt mit ihrem Prozeß und ihren Grenzen leben. Erst wenn du mit ganzem Herzen loslassen kannst und sie so akzeptierst, wie sie ist, dann – und nur dann, vielleicht – wird durch psychische Osmose eine wechselseitige Veränderung in Gang kommen. Aber verlaß dich nicht darauf.

Persönlichkeitsunterschiede im gemeinsamen Haushalt

Wie leicht ist es zum Beispiel, sich über ihre ausgesprochen unangenehmen Eigenschaften aufzuregen, die dir im gemeinsamen Haushalt zuwider sind. Sie schaffen berühmte Mißverständnisse von schockierender Großartigkeit. Deine Liebste übersieht die Zahnpastaspritzer auf dem Badezimmerspiegel genauso wie die Gemüseabfälle, die sich im Waschbecken in der Küche sammeln. Ihre Haarbürste quillt über vor Haaren. Sie weigert sich, das von dir eingeführte »Zweischwamm-System« in der Küche zu praktizieren (ein Schwamm für den Fußboden, einer für oben) und auch verschiedene andere intelligente und nützliche Prozeduren, die du mit den Jahren für dich als sinnvoll und absolut notwendig zu betrachten gelernt hast. Warum solltest du auch nur ein Jota Zeit und Energie daran verschwenden, zwei Leben mit Haushalts-Streitigkeiten ins Unglück zu stürzen? Laß das Nörgeln und hör auf mit deinem Ärger und dem wohlwollenden Zynismus. Warum solltest du eine grantelnde Puristin sein, wenn du eine fröhliche sein könntest? Verbringe einen Bruchteil der Zeit, die du für den Streit mit deiner Liebsten gebraucht hättest, damit, deine hohen Sauberkeitsstandards für euch beide aufrechtzuerhalten. Das ist dann dein Beitrag zur Umweltästhetik.

Das Leben ist zu kurz und zu kostbar, um es damit zu verschwenden, Polizeimethoden in deiner persönlichen Sphäre einzuführen. »Aber«, wendest du ein, »ist es denn *fair*, daß ich immer diejenige bin, die den Mülleimer leert?« Tja, haßt du dann die Katzen genauso wie deine Liebste, wenn sie nicht ihren Anteil an der gemeinsamen Hausarbeit übernehmen? Nein. Du findest sie trotzdem wunderbar, auch wenn sie sich nicht an deine Standards für korrektes Leben halten (können). In diesem Fall wirst du erst Frieden bekommen, wenn du eine Antwort gefunden hast auf Lady C.s Frage: »Willst du glücklich sein oder fair?« Glücklich natürlich. Das Leben ist nicht fair. Also wirst du in knapp sechzig Sekunden den Mülleimer leeren und dich daran freuen, daß der Schließmuskel deiner Katze besser funktioniert als die Nase deiner Partnerin. Und dann lebe fröhlich weiter. In Haushaltsangelegenheiten ist es wie in spirituellen Dingen: Eine Partnerschaft lebt gewöhnlich vom Kapital der höher Entwickelten. Das ist doch fair, nicht?

Geld

Und was ist mit den berühmten Mißverständnissen in Geldangelegenheiten? Eines solltest du vor allen Dingen niemals tun: deiner Liebsten einen Geldbetrag leihen, den du ihr nicht schenken würdest. Niemals. *Voilà*, damit sind die meisten eurer Mißverständnisse zum Thema Geld gelöst. Als nächstes, sei bereit, in der Beziehung über Geld zu diskutieren, einfach deshalb, weil Geld eine riesige, geheimnisvolle Kraft ist, die deine ganze Existenz betrifft, ob du das nun willst oder nicht. Geld ist eine tiefe symbolische Projektion in jeder westlichen Psyche, ob sie nun als mächtige Form der Energie betrachtet wird oder als Abfallprodukt einer verrotteten Ökonomie. Wenn du und deine Liebste in verschiedenen sozialen Klassen aufgewachsen seid, solltest du einiges an Turbulenzen erwarten, wenn ihr beide euch ein Klassen-Abteil teilt. Frauen, die in einer privilegierten Schicht aufgewachsen sind und niemals wirkliche Armut gekannt haben, verstehen nur selten die extreme »Mentalität des Mangels«, die vielen Frauen beigebracht wird. Die meisten Frauen haben eine Ökonomie relativer Armut allerdings verinnerlicht. Schließlich gehört Frauen weniger als ein Prozent des Besitzes auf der Erde und nur zehn Prozent des erwirtschafteten Einkommens, so die Statistik der Vereinten Nationen. Wenn die Chancen so verteilt sind, ist es kein Wunder, daß Frauen sich Sorgen machen über Geld, und zwei von uns können gemeinsam geradezu panisch auf dieses Thema reagieren.

Lesben setzen jedoch Geld nicht mit Selbstwert und Macht gleich, jedenfalls nicht in dem Ausmaß, wie dies in Hetero- und Schwulenbeziehungen der Fall zu sein scheint. Gertrude Steins Ausspruch: »Ich wollte immer reich sein, aber ich wollte nie das tun, was man tun muß, um reich zu werden«, bleibt auch heute für viele Lesben wahr. Selbstverständlich legen Lesben großen Wert darauf, finanziell unabhängig zu sein, aber die reichere Partnerin wird nur selten als »dominant« betrachtet, wie es unter Heterosexuellen und Schwulen der Fall ist. Doch häufig gibt es auch bei Lesben Krach ums Geld, besonders wenn beide arm sind und wenig Möglichkeiten haben, sich in Notsituationen über Wasser zu halten. Im Gegensatz zu Berichten der Regenbogenpresse lassen sich reiche Leute seltener scheiden als arme, vielleicht weil sie weniger Streß mit dem Geld und mehr Steuervergünstigungen haben.

Der beste Weg, berühmte Mißverständnisse über Geld zu vermeiden, ist, dein persönliches Geld-Glaubens-System offenzulegen, das auf Emotionen und den Wertvorstellungen deiner Herkunftsfamilie beruht. »Es ist geradezu dumm, nicht auf Kredit zu leben.« – »Ich gebe nur dann gern Geld aus, wenn ich ein Schnäppchen machen kann.« – »Mir ist noch nie das Geld ausgegangen.« – »Ich bekomme schlaflose Nächte, wenn ich nicht genug Geld auf dem Sparbuch habe.« Wenn dein Geld-Glaubens-System und das deiner Partnerin überhaupt nicht übereinstimmen (das Glas ist halbvoll versus das Glas ist halbleer), solltet ihr getrennte Konten führen, jede sollte sich um ihre eigenen Angelegenheiten kümmern und tolerant bleiben.

Ein Paar stellte fest, daß die eine Frau sehr viel besser mit Geld umgehen, die andere es dagegen prima ausgeben konnte. Jede streckte sich ein wenig, und jetzt haben sie mehr Spaß an ihrem Geld. Viele lesbische Paare haben ein »Drei-Topf«-System: Jede Frau hat ihr eigenes getrenntes Konto und trägt zu einem dritten Topf bei, aus dem gemeinsame Anschaffungen bezahlt werden. Während das für Heterosexuelle gemachte Ehegesetz es verheirateten Paaren ermöglicht, alle Finanzen sofort in einen Topf zu werfen und das Ganze als »Gütergemeinschaft« zu betrachten, braucht es gewöhnlich Jahre, bis Lesben so viel Vertrauen zueinander gefaßt haben, daß sie sich auch finanziell derart aufeinander einlassen.

Der Raum-Krieg: Nähe und Distanz

Weiter geht's mit den berühmten Mißverständnissen. Diesmal handelt es sich um den Raum-Krieg. Hier will Aurelia Hunderte von Hektar Raum und Zeit für sich, und zwar gerade dann, wenn Amalia immer mehr Nähe möchte. Eine verbreitete Theorie hält Amalia für die Symptomträgerin, indem sie für beide Partnerinnen klammert und die gemeinsamen Bedürfnisse äußert. Aurelia dagegen vermeidet auf diese Weise erfolgreich, sich mit ihren eigenen Bedürfnissen und Unsicherheiten zu konfrontieren, da Amalia ja so laut ist. Der Krieg um den Raum ist selbstverständlich mit sexueller Bedeutung aufgeladen, um die Erregung zu steigern. Amalia birst schier vor Lust. Aurelia ist zu beschäftigt, zu müde, zu ängstlich, zu gelangweilt oder zu irgend etwas, um sich darauf einzulassen. Dann wird Amalia zu bedrängend, und Aurelia drängt es um so mehr nach ihrem eigenen Raum, nicht nach Sex. Wir alle wissen jedoch, daß zwei Frauen dazu gehören, nicht miteinander zu schlafen, also stellt es sich gewöhnlich heraus, daß sowohl Amalia wie Aurelia ihr Vergnügen daraus ziehen, nicht miteinander zu schlafen. Lesbische Therapeutinnen nennen dieses seltsame Phänomen »lesbischer Betten-Tod« oder LBT. LBT kommt gewöhnlich nach dem Stadium des ersten Errötens und während des Machtkampfes vor. LBT ist im allgemeinen ein Teil Langeweile und ein Teil ungelöster Konflikt mit einer guten Prise verinnerlichter Homophobie.

Das Problem der Langeweile ist am leichtesten zu lösen, denn alles, was dazu gehört, ist eine einfache Verhaltensänderung und die Bereitschaft, sich sexy zu präsentieren, selbst wenn du nicht heiß bist. Solche Sex-Spiele sind schließlich für einen guten Zweck – und verbringen wir nicht ohnehin mühelos einen großen Teil des Tages damit, uns in eine Richtung zu verhalten, wenn wir doch ganz anders empfinden?

Also wende dich wieder einmal deinen alten Sex-Spielzeugen zu, heißen Videos und erotischer Literatur, deinen Phantasien, neuen Settings für euer Liebesspiel. Setz dich leicht geschürzt auf deine Küchenanrichte und lade deine Liebste zum *hors d'œuvre* ein. Melde dich wieder einmal regelmäßig zu einem »Rendezvous« mit deiner Liebsten, wie in alten Tagen. Nimm dir dafür Zeit und sorge dafür, daß ihr ungestört bleibt. Und verfall bloß nicht auf die Idee, wenn es nicht spontan sei, könne es nicht sexy sein. Sehr häufig ist »spontaner« Sex sterbenslangweilig, wie wir alle wissen. Und was ist mehr choreographiert als ein erstes Rendezvous? Du kennst inzwischen jede Bewegung auswendig und liebst sie: Wann genau sie ankommen wird, wohin ihr zum Abendessen gehen werdet, daß du ihre Hand im Kino nehmen wirst, sie dich im Auto küßt, daß du sie hereinbittest... wir verabreden uns für alle möglichen wichtigen Ereignisse; warum nicht zum Sex?

Liebt euch an halbriskanten Orten. Versucht es mit schnellem Sex, wie fünf- oder zehnminütigen Sprints. Versucht ausdrücklich, eine Woche oder einen Monat lang *nicht* »alles« zu machen. Ihr werdet beide Geschmack daran finden, wieder einmal enthaltsam zu leben, jedenfalls kurzfristig. Ermutige sie, wann immer sie mit dir schlafen möchte. Sag ihr alles, was dir gefällt an dem, was sie macht. Frage sie: »Wie kann ich es noch schöner für dich machen?«, und sie wird dich wahrscheinlich dasselbe fragen. Flirtet am Telefon miteinander. Wirb um deine Herzensdame, als sei sie deine Königin, aber verlange oder erwarte nicht genitalen Sex, wenn gerade erst ein berühmtes Mißverständnis ausheilen muß. Statt dessen ist alles erlaubt, von intimer Unterhaltung über heftiges Flirten bis zu intensivem Schmusen. Sich auf den »Geschlechtsverkehr« zu konzentrieren, also immer auf die genitale Penetration hinzu»arbeiten«, bedeutet ohnehin häufig eine Einengung des Gesichtsfeldes. Bei allem gilt *Lady C.s viertes Gesetz der Bewegung: Wenn du dich nicht anstrengst, wird es von selbst anstrengend.*

Verschmelzung/Trennung

Das letzte berühmte Mißverständnis, das für das Scheitern so mancher lesbischer Beziehung verantwortlich gemacht wird, handelt von dem, was Paarberaterinnen als lesbisches »Verschmelzungssyndrom« bezeichnen. (Haben Lesben ohne ihre Therapeutinnen wohl auch solche Probleme?) Die Verschmelzung scheint eine jener Situationen zu sein, in der alles, was zu weit getrieben wird, ins Gegenteil umschlägt, wie bei Yin und Yang. Lesben haben die Fähigkeit, sich emotional und körperlich so nahe zu kommen, daß wir zu beinahe primärer Intimität verschmelzen können. Erinnerst du dich noch an diese primäre Intimität – dieses warme, köstliche Gefühl der Mutter-Kind-Liebe und Empathie, aus der Sicherheit, Fürsorge und Glück entspringen? Wenn dann noch die lesbische Erotik hinzukommt, entsteht eine Mischung, die ungeheuer verführerisch ist. Aber was soll's? Was ist falsch an dem Bedürfnis zu verschmelzen, wenn es sich doch so gut anfühlt?

Die Probleme fangen erst dann an, wenn du versuchst, die ganze Zeit in der Verschmelzung zu bleiben. Dann bist du bereit, alles mitzumachen, nur um nicht isoliert und einsam zu sein, und dabei vergißt du, daß diese Einsamkeit auch eine Quelle von Kraft und Glück sein kann. Du vertuschst eure Unterschiede. Du beginnst, dich in der Beziehung zu »verlieren«. Gefühle von Panik und Groll setzen ein, und schließlich kommt es zur Trennung. Schade, wieder ein Paar, das es nicht geschafft hat, miteinander zu leben. Alle Menschen haben ein primäres Bedürfnis nach Nähe, aber ein genauso grundlegendes Bedürfnis nach Individuation und Grenzen. Eine gesunde Psyche muß manchmal vor einem leeren Himmel stehen, um ihre Einzigartigkeit zu spüren und schätzen zu können.

Der Trick ist, aus den einander entgegengesetzten Stadien Verschmelzung und Trennung herauszugleiten und in sie hineinzugleiten und sich an keines dieser beiden Stadien zu klammern. Akzeptiere *Lady C.s fünftes Gesetz der Bewegung: Verschmelzung führt zu Trennung und umgekehrt.* Bei einem Paar, bei dem jede der beiden Personen die machtvolle, angeborene weibliche Fähigkeit ausleben kann, sich mit der anderen zu verbinden, sich in sie einzufühlen und fürsorglich zu sein, kann die daraus entstehende glühende Intimität ein Eigenleben entwickeln und auf dem Höhepunkt ihrer Existenz jede Individualität auslöschen. »Wer werden wir heute sein, du oder ich?« Es heißt, Heterosexuelle operierten in einem Energiefeld zentrifugaler Kraft und Homosexuelle in einem Energiefeld zentripetaler Kraft. Es ist unser Schicksal zu lernen, dynamische, verschmelzende Energie auszubalancieren. Unsere Verschmelzung, die doch in vieler Hinsicht so wünschenswert ist, so großartig in ihrer Tiefe, kann aus dem Gleichgewicht geraten. Verschmelzung kann faschistisch werden, wenn sie jede Trennung oder jeden Unterschied als Gefahr bekämpft. Faschistische Verschmelzung betrachtet den sich natürlich verändernden Zyklus von Nähe und Distanz als potentiellen Verlust, nicht als Erneuerung.

Symptome der Verschmelzungs-Tyrannei treten bei lesbischen Paaren dann auf, wenn keine der beiden Partnerinnen ihren eigenen Freundeskreis haben kann. Das kann dazu führen, daß das Paar überhaupt keine FreundInnen hat und sich isoliert nach dem Motto: »Wir gegen den Rest der Welt.« Lesben, die keine Freizeit getrennt voneinander verbringen können, denen es nicht gelingt, unabhängig voneinander ihre Interessen zu verfolgen, sind vermutlich in einem Zustand dauernder Verschmelzung. Ein weiteres Symptom ist wahrscheinlich dazu geeignet, Co-Abhängigkeit auszulösen. »Ich brauche dich, damit du mir sagst, wer ich bin.« Eine Frau verinnerlicht die Probleme und den Schmerz der anderen.

Weitere Suchtverhaltensweisen kommen häufig vor: Kontrollzwang, Verleugnung, Suchtmittelmißbrauch. Es können Mutter-Kind-Abhängigkeiten in der Rollenaufteilung vorkommen, die Inzesttabus berühren. Auf jeden Fall führt die Erstickung durch dauernde Verschmelzung zu verminderter sexueller Lust und ist ein Hauptfaktor für LBT. Wo ist das romantische Geheimnis, wenn wir ein und dieselbe werden, wenn es keine Überraschungen durch »die andere« gibt, an denen wir uns erfreuen können?

Die Verschmelzung bricht letztlich aus ihrer eigenen langweiligen Intensität heraus zusammen. Auftritt: die Trennung. Die Trennung kann die Gestalt einer anderen Frau annehmen, die herbeigezaubert wird, um die Unabhängigkeit der einen Partnerin zu »beweisen«. Sie kann herbeikommen in Form dauernder Nörgeleien und beweist damit zumindest oberflächliche Differenzen und Kontrollbedürfnisse. Eine Frau kann so viel Schmerz über ihr »verlorenes« Selbst empfinden, daß sie beinahe jede Gelegenheit ergreift, um sich aus der Beziehung zurückzuziehen. Wenn wir erst einmal die erstaunliche Dynamik der faschistisch gewordenen Verschmelzung begreifen, können wir Trennungsmöglichkeiten entwickeln, die für die Beziehung nicht tödlich sind und die Verschmelzungsmacht ausgleichen. Auf diese Weise können wir Momente der Verschmelzung genießen, einen Zustand, von dem alle träumen, während wir uns doch daran erinnern, daß Verschmelzung den Gezeiten unterworfen ist. Sie kommt und sie geht und läßt einen leeren Strand voller Möglichkeiten zurück. Kein Grund, in Panik zu geraten. In einer berührungsfreundlichen Welt kehrt die Berührung immer wieder zurück. Die Vereinzelung braucht nicht Verlassenheit zu bedeuten, und Verschmelzen bedeutet nicht Verschlingen.

Sorge dafür, daß du dich selbst immer wieder spürst – und schaffe auf diese Weise ein wirkliches Individuum, das berührt werden kann. Viele Lesben haben das Gefühl, daß Meditation oder eine andere tägliche spirituelle Übung ihnen hilft, ihr Herz offenzuhalten und klare, ehrliche Grenzen ihres Selbst festzustellen. Behalte deinen eigenen Freundeskreis. Verfolge deine eigenen Interessen. Das macht dich interessanter für die andere (und für dich selbst). Behalte deinen eigenen privaten Raum, richte dir sogar einen »privaten Abend« ein, indem du etwa einmal in der Woche alleine ausgehst und überhaupt nicht darüber reden mußt, was du getan hast. Statt dich über sichere oder triviale Pseudo-Unterschiede aufzuregen, setze dich mit wirklichen Unterschieden, wie sie zum Beispiel zu den Themen Schichtzugehörigkeit, rassischer Hintergrund, Geld, Politik oder Ästhetik auftauchen werden, auseinander und behandele sie. Fürchte dich nicht vor sauberer Wut und herausfordernden Konflikten, solange du eines bewahrst, deinen:

Ehrenkodex lesbischer Auseinandersetzung

Die hochentwickelte Lesbe verhält sich nach einem moralischen Kodex, der in unserer Mißbrauchs- und Gewalt-Gesellschaft des Patriarchats beinahe unbekannt ist. Lesben sind eine der wenigen Gruppierungen auf Erden, die immer noch an *noblesse oblige* glauben, an die Schönheit guter Manieren und sorgfältiger Überlegung. Ein solches gutes Benehmen ist nicht zu verwechseln mit Etikette – Etikette ist eher verwirrend und enthält dumme Regeln, die nur dazu gemacht wurden, das Kastensystem am Leben zu erhalten. Die Regeln der Etikette machen das Leben eher schwieriger, nicht angenehmer, da sie ein System der Heuchelei weitertreiben, das als Waffe zur Aufrechterhaltung der jeweils herrschenden Klasse und der Demütigung der Unterlegenen dient. Die Regeln der Etikette sind begründet in den herzlosen Formalitäten der oberen Klasse, ebenso wie – ironischerweise – im konformen Verhalten des Sado-Maso-Rituals oder im Bandenverhalten Jugendlicher. Die meisten Lesben ignorieren munter sämtliche dummen Benimmregeln – zum Beispiel, daß die Austerngabel rechts außen liegen muß. Wir benutzen einfach unsere Finger oder unseren Mund, um das entsprechende Stück unserer Liebsten zwischen die Lippen zu bugsieren. Solch freundliche, lebensbejahende Absicht ist der Stoff, aus dem die lesbischen Verhaltensregeln sind. Sie verweisen auf unsere Hoffnungen, Standards und Bestrebungen. Sie schließen ein, nicht aus. Wenn Etikette vergleichbar ist mit Theologie, dann ist gutes Benehmen eher die Moral. Es enthält Bewußtsein und Seele. Es verbessert unsere Lebensqualität.

Kein Wunder, daß die meisten Lesben sich sehr gut benehmen können und ungewöhnlich viel Anstand besitzen. Frauen waren schon immer die Fackelträgerinnen des guten Benehmens, sie führten die einzelnen »Schulen« der verschiedenen Zeitalter an. Große Benimm-Damen ihrer Zeit waren zum Beispiel die berühmten lesbischen *salonnières* wie Madame de Staël (»Liebe ist die ganze Geschichte eines Frauenlebens; aber nur eine Episode in einem Männerleben«) und natürlich Natalie Barney. Dann sind da noch in Amerika Fanny Fern, Dorothea Dix, Emily Post, Eleanor Roosevelt (ja, sie schrieb Hunderte von Kolumnen über gutes Benehmen), Amy Vanderbilt und die unnachahmliche Miss Manners. Welche von ihnen wohl lesbisch waren?

Gutes Benehmen ist mehr als ein diplomatisch versprühtes Duftwässerchen. Es verlangt Nerven aus Stahl und Herzen aus Gold. Das Leben ist voller Irritationen und sozialer Veränderungen. Es ist nicht einfach, gewaltlos mit aufdringlichen, mißbrauchenden und ausgesprochen widerlichen Menschen umzugehen. Da Lesben keine Brutalo-Rollenmodelle oder mißbrauchfördernden Sozialstrukturen haben, grenzen wir uns natürlicherweise vom Sozialverhalten der Kampfhunde-Gesellschaft ab, in der wir uns befinden. Wenn sich die Ladies also in gutem Benehmen üben, scheinen sie zumindest äußerlich das zu sein, was sie innerlich sein wollen und sollen. Es ist ja bekannt, daß du höflicher wirst, je höflicher du dich benimmst. Du stellst fest, daß gutes Benehmen immer erfolgreicher ist als schlechtes. In soziale Situationen bringst du entweder Dunkelheit oder Licht. Wie kannst du dem Licht folgen, nicht nur dann, wenn du von irgendeinem Idioten provoziert, sondern auch, wenn du von deiner großen Liebe angegriffen wirst? Indem du auf Verunglimpfungen nicht in gleicher Weise antwortest und dich dadurch weigerst, mehr soziale Umweltverschmutzung zu schaffen und deine Verleumderin das Niveau bestimmen zu lassen. Wie sagte Lillian Hellman einmal so schön: »Wenn du deine Haltung verlierst, bist du wirklich arm.«

Abhängig von der Art der Bemerkung, die auf dich gezielt ist, kannst du versuchen, sie zu neutralisieren mit einem: »Da könntest du recht haben« oder »Das ist aber *wirklich* reizend von dir, es zu erwähnen« oder mit einem völlig anderen: »Haben wir heute nicht ein wunderschönes Wetter?!« Zugegeben, es ist schwer, auf die blöde Bemerkung eines Typen: »Was bist du, lesbisch?« zu antworten mit: »Wenn du die Alternative bist« oder auf: »Trägst du denn nie ein Kleid, du kesser Vater?« mit: »Nicht in deiner Größe.« Oder auf das alte: »Wer von euch ist denn der Mann?« mit: »Ich bin auf jeden Fall zu sehr Frau für dich und mehr Mann, als du jemals sein wirst.«

Wenn du ungewollt Zuhörerin eines homophobischen, sexistischen, rassistischen oder auf andere Weise diskriminierenden Witzes bist, kannst du mehrmals laut und schockiert fragen: »Hältst du *das* für witzig?« Wiederhole es wirklich mehrmals. Es sollte dir nicht peinlich sein, wie eine gesprungene Schallplatte zu klingen, wenn jemand mit dir Streit sucht. Wenn du zehnmal wiederholst: »Ich würde es vorziehen, das Thema zu wechseln«, gewinnst du. Auf jede Art von Angriff in der Art: »Das ist die blödeste Ausrede, die ich je gehört habe«, bleibe einfach ruhig und bei deiner Entscheidung. Tappe nicht in die Falle, irgendwelche sinnvollen Begründungen abzugeben. Solche Begründungen geben einem streitbaren Gegenüber nur etwas in die Hand, über das er oder sie sich weiter mit dir streiten kann. Vergleiche einmal das sehr verschiedene Maß an Aufruhr in den beiden folgenden Gesprächen:

»Warum machst du das nicht?«

»Weil ich keine Zeit habe.«

»Und wenn du noch ein bißchen bleiben würdest?«

»Nein, ich muß noch das Abendessen kochen.«

»Warum läßt du X nicht kochen?«

»Weil sie es von mir erwartet.«

»Tja, warum kümmerst du dich immer viel mehr darum, was sie will, als darum, was ich möchte?«

(Und wenn sie nicht gestorben sind, dann streiten sie noch heute.)

»Warum machst du das nicht?«

»Weil ich vielleicht nicht kann?«

»Warum nicht?«

»Weil ich wirklich nicht kann.«

»Warum nicht?«

»Weil ich nicht kann, auch wenn ich dich noch so sehr liebe.«

(Ende des Streits.)

Wollen wir wirklich ohne das Drama ständiger Streitereien leben und uns wirklich für ein ruhiges und friedvolles Miteinander-Umgehen entscheiden? Lady C. glaubt nicht, daß Beziehungen ruiniert werden durch so komplexe Dinge wie Verschmelzung oder Finanzen oder Intimitätsgrenzen. Sie behauptet, das Problem liege darin, daß liebende Menschen, die einmal galant und aufmerksam waren, es sich jetzt mit der Zeit gestatten, nörgelnde Emotionalalkoholiker zu werden. »Warum können wir nicht ›Fehler‹ einfach als ›exzentrische Eigenarten‹ betrachten? Warum sollten wir unsere Launen aneinander auslassen, statt zu versuchen, sie selbst still für uns in den Griff zu bekommen? Warum ist es zum Beispiel akzeptabel, daß eine Alarmglocke wegen jeder Neurose und jeder emotionalen Narbe im Bett losgeht? Früher ließen die Liebenden ihre schmutzigen Schuhe genauso wie ihre schlechte Laune vor der Schlafzimmertür.«

Gegenüber jedem Ausbruch von Fremden ist die richtige Antwort gewöhnlich, keine Antwort zu geben, mit Ausnahme vielleicht von Harmonys oben erwähntem schiefen Lächeln oder einer Judo-Bemerkung wie: »Da könntest du recht haben.« Schluß, fertig, aus. Wenn jedoch die wichtigste Frau in deinem Leben wütend auf dich ist, so haben Untersuchungen gezeigt, daß die schwierigste Reaktion auch die klügste ist: Hör ihr zu. Hör einfach zu. Warum lassen wir alles fallen, wenn wir angegriffen werden, und brauen unsere eigene reaktive Mischung aus Verletzung, Wut und Angst zusammen? Hör einfach zu. Dies ist eine Herausforderung kolossalen Ausmaßes, denn unser Instinkt fordert uns auf, uns zu verschließen, zurückzuschießen oder zu versuchen, alles durch frühzeitige Kapitulation wieder unter den Teppich zu kehren. Was eine wütende Person gewöhnlich möchte, ist – erstaunlich genug –, einfach nur ihre Gefühle zum Ausdruck bringen zu können, ohne unterbrochen zu werden, und zu spüren, daß ihr Schmerz verstanden und anerkannt wird, weiter nichts. Du kannst ihren Zorn nie zum Verschwinden bringen; dafür muß sie schon selbst sorgen. Wenn sie losgeworden ist, was sie sagen wollte, kannst du sie spezifisch fragen, was sie möchte, das du tun sollst, oder was sie für hilfreich hält. Oft ist das in der Hitze der Schlacht gar nicht so klar zu erkennen.

Die meisten Frauen werden vollkommen verblüfft sein, wenn ihnen plötzlich aufmerksam zugehört wird und sie eine offene Frage gestellt bekommen. Kommunikationsforscher sagen, daß wir die meiste Zeit zu uns selbst sprechen. Niemand hört wirklich zu. Menschen sind in der Lage, vierhundert bis sechshundert Worte in der Minute zu verstehen, während die durchschnittliche Sprechgeschwindigkeit hundertzwanzig Worte pro Minute beträgt. Frage dich einmal selbst, womit du all die Intervalle verbringst, während jemand zu dir spricht. Wenn du ihn oder sie nicht unterbrichst, dann hältst du wahrscheinlich ein kleines Schwätzchen mit dir selbst, bereitest eine Erwiderung vor, betest, es möge bald vorbei sein, oder träumst einen wunderschönen Tagtraum.

Erinnerst du dich, wie du deiner Liebsten stundenlang zuhören konntest, als ihr noch miteinander geflirtet habt? Wie du alle Themen und Unterthemen zwischen den Zeilen gehört hast? Versuche, wieder etwas von dieser Sensibilität in dir zu wecken. Hier sind noch ein paar zusätzliche Ratschläge, denn während du jedes geflüsterte Liebeswort verstehst, gehören schon sämtliche Gesprächstechniken des Zuhörens dazu, um auf Wut oder Kritik angemessen einzugehen. Zunächst solltest du dich, wenn möglich, hinsetzen oder zumindest deine Füße fest auf den Boden stellen. Das hindert dich daran, weggeblasen zu werden. Beiß dir auf die Unterlippe oder verstecke deine Zunge in der Wange, um dich daran zu hindern, sie zu unterbrechen. Öffne deine Hände. Wenn möglich, erinnere dich an freundliche Begegnungen mit deiner Liebsten: wie sie sich engelsgleich um dich gekümmert hat, als du deinen Job verloren hattest und in derselben Woche auch noch deine Räumungsklage erhieltest. Dies zumindest ist nicht so schlimm. Versuche, jede Kritik als Freibrief zu betrachten, der zu deiner Selbsterforschung führen kann. Umgekehrt hast du jede Freiheit, unfaire, nicht zur Sache gehörende oder häßliche Worte zurückzuweisen.

Dennoch ist das Zuhören schwer, denn sobald die andere ihre Gefühle verrät, werden bei uns automatisch ebenfalls eine Unzahl von Gefühlen ausgelöst. Arbeite daran, die Gefühle deiner Liebsten als *ihre* Gefühle zu betrachten, sie hat das Recht, sie zu erleben. Sie sind nicht die ganze Wahrheit oder das ganze Bild, also beurteile sie auch nicht so.

Schick deine kritische Intelligenz für einen Augenblick auf Reisen. Beobachte statt dessen, was sie empfindet. Gehörlose »hören« oft besser als andere Menschen, weil sie die Körpersprache beobachten, von der Kommunikationsexperten behaupten, sie sei verräterischer als der Inhalt der Worte oder der Tonfall. Selbst wenn die Tatsachen, die deine Liebste vorbringt, allesamt »falsch« sind, geht es hier um eine Erfahrung auf der Suche nach dem passenden Ausdruck. Erinnere dich wieder einmal der Botschaft ohne Worte. All dies mag eine Fortbildung in Psychotherapie oder die Priesterschaft in egolosem Buddhismus erfordern, aber tu dein Bestes, solange es nur geht. Alle Zehn-Punkte-Programme sind »Zuhör-Programme«, was für ihren großen Erfolg verantwortlich ist. Wenn du sie durchführst, wirst du lernen, dreißig Sekunden zu warten, bevor du die andere unterbrichst. Dann sagst du fast alles Freundliche außer: »Vielen Dank, daß du deine Gefühle mit mir teilst«, weil dieser Satz in den Mülleimer gehört, so abgedroschen ist er.

Lady C. hat uns berichtet, daß sie einmal in einer stillen Nacht mit ihrer Katze Burma Burmese zusammen in Trance fiel. Und Burma Burmese sprach folgende eindeutig zu verstehenden Worte: »Es ist nicht so, daß wir nicht sprechen; die Menschen hören nicht zu.«

Richtlinien für faires Streiten

Inzwischen sollte es offensichtlich sein, daß die Streittage für dich vorbei sind – jedenfalls zum größten Teil –, wenn du die Selbstdisziplin erworben hast, deiner Liebsten zu ermöglichen, ihre Gefühle offen auszusprechen, und die Großherzigkeit guter Manieren besitzt. Dennoch sind natürlich immer irgendwelche schwierigen Konflikte im Leben zu lösen, es gibt emotionale Elefanten in deinem Porzellanladen, du persönlich machst gravierende Schnitzer, und sonstige Dramen mögen dein Verhältnis zu Frauen trüben. Große Streiterinnen ebenso wie große Künstlerinnen und Liebhaberinnen entwickeln eine sorgfältige Technik, auf deren Grundlage sie improvisieren können. Bevor ein System des fairen Kämpfens funktionieren kann, muß jede Frau sich mit der anderen über die generelle Art des Konfliktes und seiner Behandlung einig sein. Zunächst ist es wesentlich, der Überzeugung zu sein, daß es lebenswichtig und durchaus funktional ist, Wut zu empfinden und sie mitzuteilen, ebenso gehört dazu der gute

Wille und die Verpflichtung darauf, sich – falls nötig – zu ändern. Die Wahrheit sollte im Mittelpunkt stehen, und sämtliche Lügen, Geheimnisse und Spielchen sollten tabu sein. Es sollte Einigkeit darüber herrschen, daß jede Frau das Recht auf ihre eigenen Bedürfnisse, Empfindlichkeiten und Lebensbedingungen hat, eine Art »Ich bin okay, du bist okay«-Bestätigung. Außerdem sollte Übereinkunft herrschen darüber, daß solche Rechte auch die Verantwortung für uns selbst, unsere Partnerin und die Beziehung mit sich bringen. Und schließlich solltet ihr euch einig sein, daß alle Macht und Autorität am besten so gleichmäßig wie möglich verteilt wird und daß es um Kooperation geht, nicht um Machtspiele und Konkurrenz.

Das allgemeine Vorgehen in der Eröffnung eines fairen Kampfes kann in der folgenden Formel zusammengefaßt werden: »Wenn du (*beschreibe die Handlung*), dann habe ich das Gefühl (*beschreibe das Gefühl*) und dann (*beschreibe die Auswirkung des Verhaltens auf dein Leben*). Ich möchte, daß du folgendes tust (*Handlung*), damit (*Sinn und Zweck*).« Beispiel: »Ich ärgere mich, wenn du deine Klamotten und dein dreckiges Geschirr tagelang in unseren gemeinsamen Räumen herumliegen läßt. Dann habe ich das Gefühl, als wäre ich dein Dienstmädchen, das dir alles hinterherräumen muß. Ich möchte, daß das Haus jede Woche einmal saubergemacht wird, und ich möchte es nicht mehr allein tun…«

Elegante Kämpferinnen werden dabei bemerken, daß die Sprecherin in angemessenem Maße die Verantwortung für die Dinge übernimmt, die sie betreffen, und daß sie ihre Gefühle hinsichtlich des Problems mit klaren »Ich«-Aussagen unterstreicht. Sie verurteilt den Charakter ihrer Partnerin nicht moralisch oder macht sie mit sonstigen Begriffen schlecht, das wäre die sofortige Einbahnstraße in die Nicht-Kooperation. Sie beurteilt und verurteilt nicht, und sie stellt keine psychologischen Diagnosen. Sie behandelt eine Sache nach der anderen. Im Gegensatz dazu hier eine Eröffnung, die nirgendwohin führt, außer nach unten. »Du bist eine Schlampe. Wenn du auch nur einen Gedanken an uns verschwenden würdest, dann würdest du unsere gemeinsamen Räume nicht wie diesen Schweinestall von deinem Zimmer und wie dein Auto behandeln. Du denkst wohl, daß alle es toll finden, deine persönliche Sklavin zu sein. Ich dagegen bin es leid, mir von dir anzuhören, daß ich nicht im Haus rauchen darf, wenn ich es schließlich bin, die dieses Haus saubermacht und dafür verantwortlich ist.«

Eine elegante Kämpferin erwischt ihre Partnerin auch nie auf dem falschen Fuß. Das bedeutet, sie versucht nie einen Streit auszufechten, wenn die andere gerade von einem langen Arbeitstag nach Hause kommt oder sich gerade mitten in einer wichtigen oder anstrengenden Situation befindet. Bevor ihr aneinander Kritik übt, ist es immer klug, sich zu versichern, daß ihr beide euch in guter geistiger und seelischer Verfassung befindet. Wenn es sich um einen wesentlichen Konflikt handelt, ist es am besten, deiner Partnerin zu sagen, daß du ein Problem hast und eine besondere Zeit dafür arrangieren möchtest, in der du mit ihr darüber diskutieren kannst. Elegante Kämpferinnen fechten natürlich nie irgendwelche Streitereien aus, wenn sie zur gleichen Zeit schlafen oder miteinander schlafen können.

Verhandlungsschritte

Laß dir vor allen Dingen Zeit. Verhaspele dich nicht in argumentativer Hast, weil du dann anfängst zu stottern und dich unklar ausdrückst. Wir neigen dazu, die andere Person als das Problem zu betrachten, nicht das Muster, um das es tatsächlich geht. Wenn du das Gegenüber des Wutausbruchs bist, erinnere dich an die Posen des Zuhörens, um dich wenigstens zeitweise zu entlasten: Stell die Füße fest auf den Boden, verstecke die Zunge in der Backe und entspanne die unteren Chakras, besonders den Bauch, wo das große *hara* sitzt. Und dann HÖR ZU. Wenn du beginnst, dich von dem Zorn deiner Angreiferin überwältigt zu fühlen, eile aus dem Zimmer und versichere ihr, daß du bald zurück sein wirst, nachdem du das *I Ging* konsultiert hast. Diese Handlung liefert dir die Möglichkeit, einmal ruhig durchzuatmen, und das *I Ging* bringt tatsächlich eine Menge Perspektive in verfahrenen Situationen. Wenn du kein *I Ging*-Fan bist, zünde eine Kerze an, um ruhig zu werden. Dann kehre zurück und HÖR ZU. Wann immer du es kannst, versetze dich in ihre Lage und zeige damit deine Flexibilität und deine bemerkenswerte Fähigkeit, dein Mißtrauen aufzugeben. Und dann gib nach. Jawohl. Das Leben ist zu kurz, um sich mit kleinen Tadeln groß herumzuschlagen. Es ist hilfreich, dich an wenigstens drei gute Eigenschaften zu erinnern, die diese Frau aufweist. Küsse sie auf die Wange, und dann gehe hin und bessere dich.

Manche Situationen sind jedoch sehr viel härter zu bewältigen. Nehmen wir einmal an, ihr beide werdet geschüttelt von rasendem Zorn, Schmerz und Mißtrauen. Hier solltet ihr versuchen, euch an zwölf gar nicht so einfache Schritte der Verständigung zu halten. Je explosiver die Situation, desto wichtiger ist es, eine solche Struktur zu haben. Nehmt euch eine besonders ruhige Zeit, um das Problem zu diskutieren, oder die Wunde wird weiter schwären.

Richtlinien für friedvolles Streiten:

1. Tritt in Kontakt zu dir selbst und werde dir klar darüber, in welchem Zustand du dich befindest und was du willst. Bevor ihr euch zusammensetzt, nimm dir ein wenig Zeit für dich, um zu begreifen, was du genau empfindest und warum. Konzentriere dich auf deine Ziele, so daß du sie nicht aus dem Auge verlierst, wenn die Auseinandersetzung hart wird.

2. Einigt euch auf eine zeitliche Begrenzung von fünf bis dreißig Minuten. Wenn ihr dann nicht zu einem zufriedenstellenden Ergebnis gekommen seid, verhandelt miteinander um mehr Zeit oder verabredet ein weiteres Treffen. Ein Zeitlimit wird euch darin bestärken, euch zu konzentrieren, statt immer weiter auszuufern. Außerdem verhindert es »Abnutzungs«-Strategien.

3. Beginne mit Komplimenten und Bestätigungen. Du kannst ihr immer – ganz gleich, wie getroffen du bist – sagen, daß du es zu schätzen weißt, mit einer Frau zusammenzusein,

die so offen ist und sich auch dazu durchgerungen hat, nach einer positiven Konfliktlösung zu suchen. Dann definiert ihr das genaue Thema und erklärt es zum gemeinsamen Thema, zum Beispiel: »*Wir* sind da unterschiedlicher Meinung.« – »Es handelt sich um *unser* Problem«, da es schließlich nicht um eine Übung geht, der einen oder anderen ihre Fehler nachzuweisen.

4. Sage präzise, was geschehen ist, was die andere Person getan hat. Isoliere einzelne Bestandteile und bleibe im Hier und Jetzt. Vergiß alte Kriege, oder du wirst den jetzigen niemals zu deiner Zufriedenheit beilegen können.

5. Sage präzise, was die Handlung der anderen mit dir gemacht hat, bestimme deine Position. Das kann sehr quälend sein, aber es hilft dabei, eine Lösung vorzubereiten. Versuche, deine Position als Furcht zu bestimmen, die du gerne aufgeben möchtest. Das trägt wahrscheinlicher dazu bei, deine Partnerin hilfsbereit zu stimmen, statt defensiv. »Wenn du spät nach Hause kommst und mich nicht anrufst, dann habe ich Angst, daß du einen Unfall hattest oder bei einer anderen Frau bist.« Und NICHT: »Ich fühle mich abgewertet, wenn du zu spät kommst.« Das letztere ist zum einen vage, zum anderen maskiert es sich zwar als eine »Ich«-Aussage, nimmt jedoch lediglich eine psychologische Interpretation vor und wird wahrscheinlich defensives Verhalten auslösen. Das gleiche gilt für: »Ich fühle mich mißverstanden« und »Ich fühle mich zurückgewiesen«, die beide sowohl nörgelnd als auch sinnlos sind und klingen.

6. Und dann HÖR ZU – mit aller Aufmerksamkeit und Egolosigkeit, die du aufbringen kannst. Unterbrich nicht, außer, um Fragen zur wesentlichen Klärung zu stellen. Der Informationsaustausch kann eine Zeitlang hin- und hergehen.

7. Schließlich kommt der Punkt der Veränderung. Verlange hundert Prozent dessen, was du willst; du kannst später verhandeln, aber vielleicht mußt du das gar nicht. Halte dich nicht bei all den Dingen auf, die du *nicht* willst; das gleitet gewöhnlich nur in eine Schuld-Debatte ab. »Ich wünsche mir, daß du mich anrufst, sobald du weißt, daß du später kommen

wirst. Dann brauche ich mir keine Sorgen zu machen und kann meinen Abend selbst gestalten.« Bestimme deine Position als einen Wunsch, nicht als eine Forderung.

8. Jetzt habt ihr das Verhandlungsstadium erreicht, und – nanu! – ihr redet ja immer noch miteinander! Tragt zusammen, was jede von euch braucht. »Du kannst nicht alles haben...« heißt es im Schlager. Lege es nicht darauf an, dich total mit ihr zu einigen oder von ihr eine wohlklingende Entschuldigung zu erhalten. Akzeptiere, was vernünftig ist, und sei nicht auf Perfektion aus. Und hört auf, wenn ihr den Höhepunkt erreicht habt.

9. Vereinbart zwischendurch eine dreißigminütige Abkühl-Periode, wenn die Verhandlung sehr schwer ist, wie in der folgenden Polarisierung: »Ich wünsche nicht, daß du mit Lesben ausgehst, mit denen du arbeitest, weil ich mich dann nie sicher fühle, da du sie ohnehin jeden Tag siehst. Außerdem weiß ich nie, wann du arbeitest oder ob du dich jetzt gerade herumtreibst«, versus die Aussage der anderen: »Wenn ich nicht mit einer Kollegin einen trinken oder ins Kino gehen kann, fühle ich mich eingesperrt und geknebelt.«

10. Wenn es sich um einen schwierigen Konflikt handelt, solltet ihr die Lösung und die vereinbarten Schritte dorthin aufschreiben. Selbst die ehrlichsten Menschen neigen dazu, Informationen zu filtern, und erinnern sich später nur noch an das, was ihnen angenehm ist. Wenn die Lösung nicht funktioniert, selbst wenn eindeutig ist, worauf ihr euch geeinigt habt, stimmt etwas nicht, und ihr müßt wieder an den Verhandlungstisch. Wenn eine Partnerin regelmäßig zustimmt, aber ihren Teil zur Lösung nie beiträgt, ist sie wohl noch etwas kindlich und sollte vielleicht gegen eine verantwortliche Erwachsene eingetauscht werden.

11. Richtige Verhandlungsprofis, die in der Lage sind, sich von dem Geschehen spätestens im nachhinein auch zu distanzieren, und die genügend Selbstvertrauen haben, werden im Anschluß daran bewerten, wie sie gekämpft haben und was sie das nächste Mal besser machen können. So kann jede Frau sich selbst einschätzen: Wie oft hat sie unter die Gürtellinie

geschlagen; wie gut ist es ihr gelungen, im Hier und Jetzt zu bleiben; wie spezifisch hat sie ihre Bedürfnisse und Wünsche äußern können; ist es ihr gelungen, humorvoll zu sein und ihre Fähigkeit, Verantwortung zu übernehmen, deutlich zu machen? Die Auseinandersetzung selbst läßt sich bewerten hinsichtlich des Ergebnisses: Hat sich das Ausmaß an Verletzung, Information, Angst, Vertrauen, Wiedergutmachung, Katharsis und Zuneigung vermehrt oder verringert?

12. Endet immer mit einer Bestätigung... Dankt euch gegenseitig für den Versuch, den Konflikt zu lösen, und für die eingegangenen Kompromisse; jede sollte in der Lage sein, ihr Gesicht zu wahren und würdevoll zu handeln. Das bedeutet nicht, daß du dich unterwerfen oder irgendeiner Idiotie zustimmen mußt, mit der du dich in der Hitze der Debatte einverstanden erklärt hast, aber am besten vergeßt ihr, wer »das letzte Wort« hat. Küsse sie statt dessen. Es ist klug zu erkennen, daß Menschen nach einem Kampf unterschiedlich lange Zeit brauchen, um ihre Wunden zu lecken. Die eine Frau wird sich immer wieder der anderen versichern wollen; die andere braucht vielleicht Stunden für sich allein.

Wenn diese zwölf Schritte auch sehr schwer scheinen, um ihnen durch emotionale Stürme folgen zu können, so mach dir trotzdem keine Sorgen... Sei geduldig und versuche, dich an sie zu halten, so gut du kannst. Sie werden im Laufe der Zeit verinnerlicht und dir immer leichter fallen. Veränderungen geschehen langsam, aber Rückschläge sind nicht gleichzusetzen mit Versagen.

Oft ist es auch hilfreich, einander während des Streitens zu berühren. Gewöhnlich fühlen wir uns während eines Konfliktes in Konkurrenz und entfremdet voneinander, wenn wir uns doch genausogut intim vertraut und kooperativ fühlen könnten. Die Lösung eines Konflikts ist schließlich im Interesse jeder Frau und stärkt die Beziehung. Helen Colten fand in *The Gift of Touch* heraus: Wenn eine Person berührt wird, wird mehr Hämoglobin ins Blut geschüttet und erfrischt es mit einem Anstieg an Sauerstoff. Sie hat auch festgestellt, daß europäische Freundinnen einander etwa hundertmal in der Stunde berühren, Amerikanerinnen kaum mehr als drei- oder viermal. Coltens Studien zeigen eine Korrelation zwischen dem Ausmaß an Gewalt und Grausamkeit einerseits und Berührung andererseits in dreißig verschiedenen Kulturen. Ergebnis: je weniger Berührung, desto mehr Gewalt.

Vergebung

Viele Lesben mögen Reinhold Niebuhrs »Bitte um Gelassenheit«: *Gib mir die Gelassenheit, die Dinge zu akzeptieren, die ich nicht ändern kann; den Mut, die Dinge zu verändern, die ich verändern kann; und die Weisheit, beides voneinander zu unterscheiden.* Wenn wir nach diesem Gebet leben und noch die Bitte um die Großzügigkeit zu vergeben anfügen könnten, würden wir bestimmt in diesem Leben schon selig werden. Geben wir es doch zu: Viele Konflikte können nicht »gelöst« werden. Manche Handlungen sind so verletzend, so jenseits aller Heilungsmöglichkeiten, daß sie uns ewig infam erscheinen werden. Doch warum sollten wir ihnen die Macht über unser Leben geben, indem wir immer und immer wieder durchleben müssen, was geschehen ist? Gelingt es uns zu heilen, oder halten wir die Wunden offen? Vergebung ist eine Art Macht, die frische Luft, das Wasser, das Licht, die uns die Freiheit geben, zu heilen, von vorne anzufangen, zu lieben. Wenn Schuldzuweisungen zu den nutzlosesten menschlichen Handlungen gehören, dann ist Vergebung eine der sinnvollsten. Vergebung bedeutet nicht, daß wir einem Nichtsnutz erlauben sollten, unser Vertrauen zurückzugewinnen und unser Leben wieder zu beeinflussen. Aber wir können den Zorn loslassen.

Vedanta sagt, es gibt keine Sünde, nur Unwissenheit. Das Zwölf-Punkte-Programm sagt, manche von uns sind kränker als andere; unser Wirklichkeitssinn sagt, Irren ist menschlich. Das Christentum ist, wie gewöhnlich, voller Widersprüche, aber Jesus hat wahrscheinlich gesagt: »Verurteilt nicht, damit ihr nicht verurteilt werdet.« Da die Buddhisten uns alle als Manifestationen des/der Einen betrachten, ist der/die ÜbeltäterIn nur eine andere Form unseres Selbst, vielleicht unser Schatten. Wir benötigen zum Beispiel eine unmoralische Person, um unsere eigene Moral zu definieren. Die moderne Psychologie scheint dieses »Schatten-Prinzip« zu bestätigen. Oft stellst du fest: Je mehr du einen Menschen haßt, desto mehr fürchtest du seine wahrgenommenen dunklen Eigenschaften in dir selbst. Und wer ist homophobischer als ein/e latente/r Homosexuelle/r, wer ist besessener von Sexualität als ein/e PuritanerIn?

Die Fähigkeit zur Vergebung ist wie die zu fairem Kampf eine erworbene Fähigkeit, für die meisten von uns eine langsame und sanfte Übung des Herzens. Die Ladies geben den Rat, mit deiner körperlichen Wahrnehmung zu beginnen. Spüre deinen Zorn tiefer und tiefer, bis du fühlst, wo du ihn trägst: in deinem Nacken, auf deinen Schultern, in deinem Bauch, deinem Herzen, in jeder Zelle deines Körpers. Wahrscheinlich kannst du den Zorn erst dann loslassen, wenn du ihn in seiner ursprünglichen vibrierenden Form als Schmerz erlebst. Vielleicht kannst du dein Herz offen lassen, selbst dafür, eine Weile verschlossen zu bleiben. (Du bemerkst vielleicht, daß Rache die Quelle des Schmerzes nicht berührt und daß wir uns, wenn wir rachsüchtig sind, gewöhnlich eher klein und häßlich fühlen.) Und schließlich wirst du mit deinem Schmerz so weit gehen, wie du kannst. Du wirst die endgültige Grenze überqueren und schließlich zusammenbrechen. Jetzt fühlst du dich leer. Du kannst dir selbst allen Schmerz vergeben, allen Anteil, den du daran hast. Jetzt bist du auf dem besten Weg, der oder dem anderen vergeben zu können. Du mußt jetzt nicht mehr ihren Affen auf deinem Rücken tragen. Du hast Distanz; du mußt dir nichts mehr beweisen, du bist bereit, etwas Neues anzufangen.

Wir leben oft aus sehr geringem Anlaß in Bitterkeit und verschließen uns der Umwelt. Verglichen mit der Fähigkeit zur Vergebung von Vergewaltigung, Inzest, Folter, vorsätzlicher Tötung und Krieg, die mehr sind, als ein normaler Verstand verkraften kann, können wir in weniger bedrohlichen Situationen sicherlich in uns gehen, uns weigern, den Schmerz gegen uns selbst zu wenden, und die einzelnen Bestandteile neu arrangieren wie in einem Bild von Frida Kahlo:

Die Wurzeln eines Baumes wachsen aus einem Skelett heraus,
das in seiner Erde begraben ist.
Der Tod befruchtet das Leben.
Wie diese Vergewaltigung mein Verständnis nährt
Und das Leiden unsere Seelen lehrt.

Judith Ragir

Das hebräische Wort für Mitempfinden, *rachamin*, bedeutet wörtlich Schoß, neue Geburt, Neubeginn. »Laß das, was war, vergangen sein; was sein wird, kommen; was jetzt ist, sein.«

VII.
Fünfzig Arten, deine Geliebte zu verlassen

Fünfzig? Es gibt, wie jede weise Lesbe weiß, nur eine einzige Art, deine Geliebte zu verlassen: indem sie lacht und dir ein Luftküßchen zuwirft. Wenn du das nicht fertigbringst – und gelöstes Verhalten bei der Auflösung einer Beziehung scheint so selten zu sein wie Seidenpyjamas –, dann verlasse deine Liebste überhaupt nicht. Laß sie dich verlassen. Das ist viel einfacher. Gib freundlich zu, wessen sie dich auch immer beschuldigt, oder entwickle einen gravierenden Charakterfehler. Und dann zieh dich langsam zurück. (»Ja, ich bin selbstsüchtig und starrköpfig.« – »Ja, ich bin ein Workaholic.« – »Nein, ich kann in diesem Leben einfach sexuell nicht treu sein.«) Und dann schließe die Tür sanft, bleibe fest und schicke ihr wie Cole Porters Miss Otis – den Ausdruck deines Beileids. Entschuldige dich und streue Asche auf dein Haupt; versuche nicht zu erklären. Warum sich über das Ende grämen und auf das emotionale Schlachtfeld der gegenseitigen Schuldzuweisungen zurückbegeben? Gib die einzige Wahrheit zu, die es wert ist, ausgesprochen zu werden: »Wir verstehen einander nicht mehr.« Kein Moralisieren. Kein Aufguß all der Streitereien, die ihr schon hinter euch habt. »Wir liebten, wir litten, wir sind.« Danke ihr vor allem für die guten Tage der Beziehung; schmücke einige von ihnen aus, wenn du die Großherzigkeit dazu besitzt. Betone, wie begehrenswert sie ist. »Ich weiß, was ich verliere.« Das Ende einer Beziehung ist so wichtig wie der Beginn; die Große Göttin gab dir das Geschenk der Kreativität und des Gedächtnisses, um Rosen im Dezember hervorzuzaubern. Schütze ihr Selbstwertgefühl und dein eigenes, und dann bist du vielleicht schon auf dem besten Weg zu den Freuden des *après-deux*.

Jede kluge ältere Lesbe weiß auch, daß das oben beschriebene Szenario nur dann möglich ist, wenn die Bindung an eine Geliebte schon sehr weit gelockert ist oder du dich bereits durch den Kummer des Verlusts hindurchgearbeitet hast. Was aber tust du, wenn die Trennung dich so zum Bluten bringt, daß du fürchtest, sie nicht zu überleben, wenn dein Herz in tausend Stücke gerissen wird, wenn du ein wandelnder Schmerzensschrei bist? Wenn du dich über das Leiden erhebst, nur um noch schlimmeres Leid zu erfahren – das existentielle Leiden an der Vergänglichkeit, dem Geheimnis des *Tout passe, tout casse, tout lasse*? Du bist so verletzt, daß du ganz klar weißt, du würdest es nicht ertragen, noch einmal irgendeiner deine Lebensgeschichte zu erzählen. Hier also sind mehr oder weniger fünfzig Arten, mit einer ernsten Trennung fertig zu werden, fünfzig kleine Trostpflästerchen. Denn wie sagte Yeats' Verrückte Jane zum Bischof: »Nichts kann einzig oder ganz sein – das nicht zerrissen war.«

Tröste dich: Die folgenden Heilmittel haben sich im Laufe der zweiundzwanzig wesentlichen Trennungen, die in Lady C.s Kreis zum gemeinsamen Erfahrungsschatz gehören, als nützlich erwiesen. Jede von uns durchlebte Zeiten, in denen sie das Gefühl hatte, ihr Herz würde in tausend Stücke zerbrechen. Und wie Lady C. sagt: »Die Qual verläßt dich nie dort, wo sie dich fand.« Zu dem Zeitpunkt, an dem du solche Schmerzen hast, wirst du natürlich der simplen Wahrheit nicht glauben: Wenn du ein Stück deines Herzens weggibst, wird es zurückwachsen. Versuche einfach, dein Herz noch einmal, einen weiteren Frühling lang, zu öffnen. Und höre, was eine der größten Dichterinnen Japans, Izumi Shikibu, vor tausend Jahren geschrieben hat:

Mit den Jahren
habe ich mich an die Sorgen gewöhnt.
Es gibt nicht einen Frühling,
den ich nicht verließ, Blumen auf den Wegen hinter mir.

Es heißt, da wir alle Göttinnen sind, können wir auch gut darin sein. Eine unvermeidliche Wahrheit lautet: Unser Pantheon enthält auch die Dunkle Göttin. Obwohl wir ihr nie eine Einladung schicken, ist sie die Führerin, die treu erscheint, wann immer unser Weg zum Himmel sich gabelt dank einer Trennung. Sie verspricht (wenn du sie hören kannst): Immer, wenn du etwas verlierst, wird sie dir etwas zeigen (wenn du es sehen kannst). Auf diesen versteckten Hinweis hin schleudert sie dich ins dunkle All, in die gefährliche *terra infirma*, wo die Schöpfung aus Materie besteht, die es loszulassen gilt. Der Dunklen Göttin macht es nichts aus, daß sie als Pilotin deines Schicksals nicht willkommen ist. Sie verkörpert auf ernsthafte Weise *Lady C.s Erstes Gesetz der Auflösung: Keine Libido ohne mortido.* Beispiele dafür sind: Persephone, Lilith, Oya, Inanna und Kale. Die Dunkle Göttin möchte, daß du die Worte der Dichterin Audre Lorde verstehst: *Nach wie vor grüße ich die Macht, Verlust zu lernen.* Und nun begib dich auf die Reise in die Untiefen deiner Seele. Erschaffe deine eigene Poesie des Verlusts, wo immer es dir möglich ist. Versichere dich, daß sie dich lehrt, wie du dir selbst Trost spenden kannst.

Wie auch immer du mit der Tatsache fertig wirst, daß du jetzt in einen anderen Lebensbereich eingetreten bist – der erste Schritt besteht darin, die Wirklichkeit des Verlustes voll zu akzeptieren und den Schmerz fließen zu lassen. Vielleicht erlebst du zunächst einen Schock und Verleugnung. Vielleicht bettelst du deine Liebste an, sie möge doch zurückkehren. Vielleicht trägst du die Leiche deiner Beziehung mit dir herum, betrachtest sehnsüchtig die alten Fotos und Briefe. Jetzt ist es Zeit, dich zusammenzureißen. Du hast die Botschaft erhalten; jetzt lege den Hörer auf. Das ist oft so schwer, daß die Ladies vorschlagen, überall in der Wohnung Zettel aufzuhängen, die dir dabei helfen können, den Drang zur Verleugnung aufzubrechen. Eine schrieb sich ein japanisches Sprichwort auf: »Du kannst kein Wasser vom Mond holen.« Beliebt ist auch die berühmte Tagebucheintragung Nummer zweihundertachtundneunzig aus Ntozake Shanges *Sassafrass, Cypress & Indigo.* Wie die schöne Cypress, die ihre lesbische Liebe beklagt, müssen wir lernen, alleine zu singen:

Was du nicht haben kannst, kannst du nicht haben
Wer nicht gemeint ist, ist nicht in dir
Wer gegangen ist, ist nicht da
Was nicht dein ist – muß einer anderen gehören
Du mußt bringen, was du brauchen wirst
Du mußt dich ablösen – in die Wunde hinabsteigen – dich umsehen
und mitbringen, was du brauchen wirst.

Schreibe all deine Fähigkeiten, Talente, guten Eigenschaften und Leistungen auf farbige Zettel. Lege sie in einen hübschen kleinen Krug und stelle diesen auf eine sonnenbeschienene Fensterbank. Sie ist vielleicht gegangen, aber der Krug ist noch so voll wie eh und je. Sieh der harten Tatsache ins Auge, daß sie nicht alles will oder anerkennt, was du zu geben hast. Laß das Fenster offen, falls du wünschst, daß sie zurückkommt, aber kehre du ins Leben zurück, zum Tun, und laß die Toten die Toten begraben.

Wenn du erst einmal eingesehen hast, daß deine Liebesbeziehung beendet ist – aus und vorbei –, kannst du dich auf die folgende Depression freuen. Ich sage »freuen«, denn Depression ist das Trennungsstadium, in dem du etwas taub wirst. Du bist vereist vor Einsamkeit, ansonsten fühlst du dich irgendwie traurig. Selbst wenn du normalerweise nicht dazu neigst, Listen zu verfassen, kann dies die Zeit sein, alles aufzuschreiben, was du jeden Tag tun mußt, und es dir an den Pullover zu heften, denn zur Zeit scheint nichts irgendeine Bedeutung zu haben. Offenbar bist du im Augenblick noch nicht in der Lage, mit dem Schmerz fertig zu werden, also betäubt er dich, sprich: die höhere Intelligenz in dir, um dich für die emotionalen Stürme zu wappnen, die noch kommen werden.

Vor allen Dingen solltest du dich in dieser Zeit nicht lange einigeln, sonst könnten deine anderen Rettungssysteme einrosten. Sei ruhig, aber mache lange Spaziergänge, um deine Energie in Fluß zu halten. Fasse den Fernseher, den König aller Depressiven, nicht mit der Kneifzange an. Statt dessen kannst du beobachten, wie Kinder spielen, Blumen wachsen und Wellen fließen. Bitte deine Freundinnen, dir eine herzhafte Suppe vorzubereiten oder dich zum Abendessen und gesellschaftlichen Ereignissen zu begleiten, damit du nicht in Agonie verfällst. Sorge dafür, daß du mehrere Freundinnen hast, die dich unterstützen, denn wenn es sich nur um eine handelt, wird sie sicherlich irgendwann ausgebrannt sein. Freundinnen sind die besten Wächterinnen, die dich vor deinem eigenen negativen Denken beschützen, denn deine behinderten Gedankenprozesse beschuldigen dich jetzt, eine Versagerin, eine soziale Paria zu sein.

Während du dich zwar darum kümmern solltest, dich nicht zu isolieren, solltest du auch die Funktion der guten alten Depression anerkennen: Sie zwingt dich, Stunden mit dir selbst, deiner eigenen besten Freundin, deiner endgültigen Heilerin, zu verbringen. Jeden Tag kannst du eine einfache, liebevolle Handlung für dich selbst tun. Kaufe dir einen Blumenstrauß, backe dir Plätzchen, bring dir Bücher aus der Bücherei mit. Teure Kunstbände eignen sich gut; das gleiche gilt für witzige, sogar etwas morbide Romane. Zunächst schmerzt es dich vielleicht sehr, allein zu sein. Das ist nur natürlich. Das Licht schafft oft interessante Muster, ebenso der Klang. Eine Art und Weise, deine Empfindsamkeit daran zu hindern, von den Wänden widerzuhallen und auf dich einzustürzen, ist, sie leicht zu kanalisieren: in Schreiben, Musik, Kunst. Vielleicht hast du jetzt eine besonders gesegnete Schaffensperiode. Ein Kunstwerk ist oft Ausdruck einer Wunde, die dabei ist, zu heilen. Sorge dafür, daß deine Füße immer warm sind, und schlafe viel.

Sei nicht überrascht, wenn dein Depressions-Gletscher in

Panik zerbirst. Du stellst fest, daß du dich nicht konzentrieren kannst, und fürchtest, aus dem Gleis zu geraten. Dieses Stadium ist bekannt unter dem Namen »Die Stunde der Wölfin«. Unterdrücke sie nicht, oder sie wird dich wieder und wieder heimsuchen. Sprich mit jemandem, der oder dem du deine Furcht in allen Einzelheiten schildern kannst. Wenn deine Freundinnen es müde sind, dir zu versichern, daß sich nicht die ganze Welt in einem Zustand des Verfalls befindet und du auch nicht von den Männern im weißen Kittel abtransportiert werden wirst, kannst du eine lesbische Therapeutin aufsuchen und dir helfen lassen. In beinahe jeder Stadt gibt es Selbsthilfegruppen, nicht nur von »Frauen, die zu sehr lieben«. Geteiltes ist zwar nicht immer halbes Leid, aber geteilte Erfahrung schenkt Kraft und Hoffnung. Eine weitere sinnvolle Technik besteht darin, in das immerzu sympathisierende Ohr der Anrufbeantworterin deiner Freundin zu weinen. Ihre Antwort, daß sie an deine Gesundheit und deine Erholung glaubt, kannst du nun wiederum aufzeichnen und in den schlimmsten Stunden wieder und wieder abspielen, während du eine schnurrende Katze auf deinem Schoß streichelst.

Mit der Zeit wirst du dich genug beruhigen, um den meisten BeobachterInnen normal zu erscheinen. Doch sobald du in der Lage bist, dich wieder auf etwas zu konzentrieren, wirst du feindselig um dich schlagen. Das Hauptziel ist natürlich deine alte Geliebte. Der Zorn ist häufig ein Anzeichen dafür, daß es dir schon wieder besser geht, daß du wieder etwas empfinden kannst. Zorn ist nützlich, wenn er dir dabei hilft, Brücken hinter dir abzubrechen und loszulassen, besonders wenn du sehr schlecht behandelt worden bist. Schreibe deinen Kummer und deine Vorwürfe auf ein Stück Papier und verbrenne es feierlich als Symbol deiner neuen Freiheit nach solch barbarischen Erfahrungen. Ausgesprochen unklug ist es jedoch, ungefiltert deine Wut in einen Brief zu gießen und ihn abzuschicken. Wütende »Liebe Anne«-Briefe sind selten mehr als ungehobeltes und selbstgerechtes Um-dich-Schlagen. Briefe sind gewöhnlich eine unfaire, einseitige Form der

Bestrafung, da du offenbar immer noch Angst davor hast, dich mit deiner alten Liebe direkt zu konfrontieren. Umgekehrt solltest du auch keinen Brief entgegennehmen, von dem du befürchtest, es könnte ein Geschoß aus Wut und Vorwürfen sein. Einen solchen Brief zu lesen könnte dich um Monate zurückwerfen. Einmal konnte ich nicht widerstehen: »Nachdem ich viele Minuten lang mit mir gerungen habe, entschied ich mich, deinen Brief ungeöffnet zurückzuschicken.« Aber das war nur billige Rache. Wann immer du die Wunde deiner Trennung wieder aufreißt, wird sie erneut anfangen zu bluten.

Wenn du in das Stadium kommst, auf dich selbst wütend zu sein und dir Selbstvorwürfe zu machen, sei besonders vorsichtig. Es kann dir passieren, daß du dich fixierst auf alles, was du nur »falsch« gemacht haben könntest, und daß du dich wieder verrückt machst. Du kannst Schuldgefühle nur loslassen, wenn du sie für ein Gefühl der (Selbst-)Verantwortung eintauschst. Meist sind es diejenigen, die zu sehr mit sich selbst beschäftigt sind, die sich in Schuldgefühlen suhlen. Übernimm die Verantwortung für die Handlungen, die dir leid tun, indem du dich wirklich dafür entschuldigst, wenn du kannst; ansonsten verändere vor allem dein Verhalten in der Gegenwart.

Vergib und sei geduldig mit dir selbst. Der Verlust einer Liebe ist so schmerzhaft wie eine körperliche Verletzung und braucht gewöhnlich längere Zeit, um zu heilen. Manchmal dauert es Monate, bei den schwereren Symptomen manchmal mehr als ein Jahr, bis du dich wieder so fühlst, wie du früher einmal warst. Schließlich machst du – abgesehen von dem seelischen Schmerz – auch noch einen körperlichen Entzug durch. Nicht nur, daß deine Arme im wahrsten Sinne des Wortes leer sind und du um das weinst, was ihnen fehlt – auch dein Körper macht einen chemischen Entzug durch. Beim Verlust einer Langzeit-Partnerschaft sinkt der Spiegel unserer körpereigenen opiat-ähnlichen Hormone schlagartig. Das ist unfair, aber wahr. Wenn du dich wunderst, wie quälend dein Schmerz ist, liegt es vielleicht daran, daß deine gewöhnlichen chemischen Schmerzmittel, die du selbst im Körper hergestellt hast, kaum noch zur Verfügung stehen. Alle Arten von Sport sind in dieser Zeit von unschätzbarem Wert, um diese schmerzerleichternden Hormone wieder zu reaktivieren. Körperliche Betätigung und lange Spaziergänge helfen dir auch dabei, wieder Energie zu gewinnen, denn selbst in einer schlechten Beziehung war deine Partnerin eine Energiequelle für dich.

Manchmal erkennt der Körper den Schmerz an, bevor der Geist es tut. Das leere Gefühl in deinem Solarplexus (dem Macht-Chakra) spiegelt den Verlust einer bestimmten Identität wider. Manchmal geht die Stimme verloren, und es kommen nur kleine Piepser aus deiner Kehle. Der »Klang der Stille«? Wenn du dich trennst und nicht länger mit der anderen identifizierst, folgt selbstverständlich eine Phase der Desorientierung. Hier können bestimmte, sogar relativ kurze Übungen in Tiefenatmung helfen, in denen du langsam bis zehn zählst. Glücklicherweise ist unser Verstand wie ein Plattenspieler; er kann nicht zwei Platten auf einmal auflegen. Wenn dein Verstand das Lied eines Hamsters im Rad spielt, dann tu, was immer du kannst, um die Nadel seiner Aufmerksamkeit zu heben. Meditiere über etwas jenseits aller Worte, wie deinen Atem, das Licht- und Schattenspiel in einem Baum, Noten und Klänge, die ansteigen und abfallen. Vergib dir dafür, wie oft du zu der Hamster-im-Rad-Platte zurückkehrst. Hebe geduldig die Nadel und lege eine beruhigende Platte auf.

Trotz dieser Fähigkeit stellst du vielleicht fest, daß du beginnst, an deiner ganzen Identität zu zweifeln, deiner Identität als Lesbe, deiner Identität als Liebhaberin. Dein alltägliches Leben, zukünftige Pläne und Prioritäten müssen sich neu orientieren. Vielleicht hast du das Gefühl, nicht nur deine Liebste, sondern auch deine beste Freundin verloren zu haben. Alle Risse in den Bodenbrettern deines Lebens öffnen sich. Also warnt Lady C.: »Ihr, der die Zeit fehlt zu trauern, fehlt auch die Zeit zu heilen.« Der Trauerprozeß erfordert Mut, Glauben und Zeit. Eine Liebesbeziehung erweckt schlafende Urbedürfnisse nach Dingen wie bedingungslose Liebe, Abhängigkeit, Permanenz und Wahrheit. Wenn unsere Erwartungen zerstört werden, blicken wir unmittelbar in den Abgrund der Vergänglichkeit, des Chaos. Wie kannst du Haltung bewahren, wenn das Glas weder halbvoll noch halbleer ist, sondern einfach nur halb? Wie kann unser gewöhnlicher Geist verstehen, daß das Glas jetzt sowohl leer ist als auch voll, daß es sogar weder Inhalt gibt noch Gefäß? Um mit solchen nicht weiter zu reduzierenden Fragen fertig zu werden, braucht es mehr Mut in der Abteilung freie Assoziation. Zumindest bist du, na ja, frei...

Um alles etwas einfacher zu machen, bildeten wir Geschiedenen in Lady C.s Kreis eine Gruppe namens »Freundinnen der Leere«. Die Frauen schicken kein Geld und bekommen nichts zurück. Du bist Vollmitglied, sobald dein Nest leer ist und du das Chaos des Neuanfangs vor dir hast. Dieses Chaos sieht nur dann furchterregend aus, wenn es neben der alten Ordnung steht. In Wirklichkeit ist es eine neutrale Zone primärer, fruchtbarer Energie, ungeformt und frei, alles mögliche zu werden. Die Leere ist etwas, an dem du dich erfreuen kannst. Das buddhistische Denken ist der Auffassung, daß jeder Moment aus (mehr oder weniger) fünfundsechzig *ksanas* oder Augenblicken besteht, die dauernd aufkommen, verschwinden und wieder erscheinen. Auf diese Weise ist das Gesetz der Vergänglichkeit nicht zu verwechseln mit pessimistischem Verständnis. Daher das Motto der Freundinnen: »Nichts ist jemals immer.« Dies führt dich zu solch grundlegenden Meditationen über die Natur der Unbeständigkeit oder Vergänglichkeit, daß du vielleicht sogar religiös wirst in dem Sinne, jeden Augenblick als kostbar zu betrachten. Deine Existenz wird so weit, wie dein Sinn für den Augenblick sich weitet. Stabilität ist nur ein Mythos, den wir uns zusammenzimmern.

Die Freundinnen der Leere feiern Feste (schließlich sind wir alle Lesben), zu der jede nichts mitbringt, weil keine da ist. Das hindert uns nicht daran, die Unterhaltung um so beliebte Themen kreisen zu lassen wie: »Meine Beziehung als ein kosmisches Setting« oder »Das Prinzip umgekehrter Polarität«, mit Lesungen von Yin und Yang aus dem *I Ging*. Wir feiern stets das große »Prinzip der Periodizität« und bringen einen Trinkspruch auf jeden Zyklus oder jede Jahreszeit aus, die sich gerade entwickelt. Die besten Zeiten haben wir dann, wenn Absurdität uns mit ihrem Gelächter ergötzt, ihrem Gelächter in der Dunkelheit.

Also, meine traurige Freundin, komm zu uns, den Freundinnen der Leere, wo du bei dir bist, aber nicht allein, wo »auch dies vorbeigehen wird« und »dies alles sicherlich nicht ohne Bedeutung ist«.

Kompostieren und wachsen lassen

Dann kommt eine Zeit – und es dauert eine Zeit, bis diese Zeit kommt –, in der du beginnen kannst, das *luz de la lucha*, das Licht des Kampfes zu sehen. Du hast sorgfältig nachgefühlt, wo du verletzt bist, du hast dich aufgefordert, vom Schmerz zu lernen, und du warst in der Lage, wenigstens eine Sache auf der Welt zu tun, die dir Hoffnung gibt. Du magst immer noch »eine Harfe im Wind« sein, wie George Sand es ausdrückte, aber du bist auf dem Weg der Besserung. Zu Beginn dieser Phase bist du dankbar oder zumindest erleichtert über verschiedene Dinge. Der Mangel an emotionaler Stabilität, den deine Beziehung mit sich brachte, mit all der Unordnung und der Krise, die er bewirkte, ist nun vorbei. Du mußt dich nicht länger ärgern, wundern und immer wieder erneut über das Ende dieses dreibeinigen Rennens nachgrübeln. Verfasse eine Liste all der irritierenden und ärgerlichen Eigenschaften deiner Liebsten, mit denen du dich nie mehr herumschlagen mußt, ganz zu schweigen von ihren bösartigen Ausbrüchen, ihrer Erbärmlichkeit oder der unausweichlichen Verdammnis, in die ihr beide geraten seid. Vielleicht sind ihre negativen Eigenschaften nicht ganz so schrecklich, aber es besteht die

Wahrscheinlichkeit, daß sie deine eigenen schlechten Seiten immerzu bestärkt haben. Jetzt bist du endlich frei, dich in anderen Dingen zu üben.

Wo Buddha nicht ist,
halte dich nicht auf.
Wo Buddha ist,
lege deinen Finger drauf.

Wenn du den Dummköpfen in euch beiden Raum gegeben hast, stellst du als nächstes eine Liste all der guten Dinge auf, die aus der Beziehung hervorgegangen sind. Je stärker das Gefühl des Verlusts, desto bedeutender die Geschenke, die diese Frau dir wahrscheinlich mitgebracht hat. Die guten Veränderungen, die deine Liebste bei dir auslöste, kannst du behalten. Eine lesbische Mutter sagte, sie habe das Gefühl, daß ihre alte Geliebte sogar in ihrem Kind anwesend sei, da die Freundschaft ihrer Liebsten ihre Tochter so stark beeinflußt hatte. Damit weicht die Einsamkeit von dir. Beide Ex-Geliebte werden Teil voneinander auf einem bestimmten Niveau, das erhalten bleibt. Jede Beziehung ist wie ein Kokon. Du verläßt ihn verletzbar, unausweichlich verändert und bewegst dich ans Licht.

Ein Licht, das du in dieser Phase der Veränderung im Auge behalten kannst, ist die Möglichkeit von Freundschaft, der großen *Après-deux-Beziehung*. Liebende sind wunderbar, aber ehemalige Liebende sind für immer einander verbunden. Hier stirbt die Liebe nicht; sie existiert an einem ruhigeren Ort. BeziehungsforscherInnen sagen: Damit eine Liebesbeziehung sich in eine tiefe Freundschaft verwandeln kann, braucht es eine heilende Zeit plus einer Lösung all der Probleme, die euch als Liebende auseinanderbrachten. Vielleicht benötigt ihr dazu die Hilfe einer dritten Person oder einer Paarberaterin, um über die heiklen Themen zu sprechen, nachdem die Zeit den Schmerz gemildert hat. Eine Lösung wird schwieriger, wenn eine andere Frau beteiligt ist, da sie oft der Fokus der Trennung wird, statt daß die wirklichen

Konflikte in den Mittelpunkt gestellt werden, die der Trennung vermutlich vorausgingen. Eine Lösung mag unmöglich sein, wenn selbstzerstörerisches Verhalten beteiligt ist (»bis uns die Drogen scheiden«) oder wenn es ein geschlossenes Muster gibt wie Machtspiele, körperliche Gewalt oder neurotische Abhängigkeit.

Manche Frauen brauchen eine lange Trauerzeit alleine, bevor sie beginnen können, an einer Freundschaft zu arbeiten. Sechs Monate ist nicht ungewöhnlich. Eine Zeit der Trennung von deiner alten Liebe ermöglicht es dir, alte Bindungen aufzubrechen und dein Leben wieder neu zu ordnen. Du riskierst vielleicht jedesmal einen Rückschlag, wenn du deine alte Liebe siehst oder mit ihr sprichst. Explosive Reaktionen sind die Norm, und du reibst Salz in die Wunde. Je eher du es schaffst, dich körperlich zurückzuziehen, desto besser; jeder Austausch körperlicher Zärtlichkeiten ist ein weiterer Angelhaken. Vielleicht triffst du dich mit deiner alten Liebe einen, zwei oder sechs Monate nach der Trennung, um zu versuchen, jeden noch übriggebliebenen Konflikt zu lösen und eure Beziehung als Freundinnen aufzubauen. Warum eine Trennung mit dem endgültigen Ende verwechseln? Keine von euch ist tot. Wenn sie es einmal wert war, geliebt zu werden, ist sie es jetzt genauso, und euer Leben ist zu kurz, um kleingeistig zu sein. Warum einander verlieren, wenn ihr doch eine kostbare Geschichte miteinander und auch sonst viele Gemeinsamkeiten habt? Erinnere dich an das Juwel der Freundschaft, wenn du in Versuchung bist, ihr im Verlaufe der Qualen eurer Trennung einen Schlag zu versetzen oder etwas Häßliches anzutun. Je weniger ihr aufzuräumen habt, desto besser. Es ist eine Kunst, etwas verlieren zu können, dein Ende des Endes festzuhalten oder loszulassen. Wenn du die Schichten des Verlusts kompostierst, wird etwas auf ihnen wachsen, sofern du nicht den ungelöschten Kalk der Gehässigkeit darüber schüttest.

Sei jedoch nicht überrascht, wenn du und deine alte Liebe weiterhin einige der alten Schwierigkeiten miteinander habt. Erinnere dich: Ihr chronisches Zuspätkommen zum Beispiel oder ihr Mangel an Takt wird nicht verschwunden sein. Der Unterschied ist, daß ihr jetzt beide frei seid, euch auf die jeweils guten Eigenschaften der anderen zu konzentrieren und mit Toleranz oder Ironie statt mit Hysterie auf die anderen zu reagieren. Vor allem, bleibt in der Gegenwart. Erlegt euch eine Geldstrafe auf, wenn eine von euch beginnt, in den Trümmern der Vergangenheit zu wühlen. Ihr könnt nicht so unreif bleiben und Freundinnen werden. Wenn ihr schon die alte Geschichte wieder aufwärmen müßt, dann versucht doch die Rolle zweier großzügiger, weltgewandter Journalistinnen zu spielen, die ein Buch besprechen, das ihr einmal beide zusammen gelesen habt. Ihr werdet auch neue Grenzen miteinander aushandeln müssen, etwa Zärtlichkeits- und sexuelle Grenzen. Eines der netten Dinge am *Après-deux* ist der unterschwellige Strom der Sinnlichkeit, selbst wenn er niemals ausgelebt wird. »Du wirst immer einen G-Punkt in meinem Herzen haben.«

Ihr könnt den Kompost eurer alten Beziehung dazu benutzen, daß jede von euch für sich neue Dinge wachsen lassen kann. In jeder traumatischen Situation hast du die Wahl, dich abzuschotten und zu schützen oder zu lernen und zu wachsen. Wenn du sofort in die Arme einer neuen Frau rennst, ist es eher unwahrscheinlich, daß du etwas aus der Trennung lernen wirst. Du wirst dann nämlich dazu neigen, immer wieder dieselben Fehler zu machen und deine Flirts als Ablenkung gegen den Schmerz einzusetzen. Der Schmerz ist ein Warnsignal, dem du Aufmerksamkeit schenken solltest, weil es dir etwas sehr Wichtiges mitteilt. Am besten verbringst du die Zeit des Kompostierens ohne neue Liebe und konfrontierst dich statt dessen mit dir selbst.

Habe den Mut, etwas zu tun, das Lady C. eine »Beziehungs-Retrospektive« nennt. Die meisten Menschen, die einmal dem Tod ins Auge gesehen haben, sahen in dieser Situation alle wesentlichen Menschen in ihrem Leben blitzartig vor sich. Warum? Was sind deine immer wiederkehrenden Beziehungsmuster? Deine immer wiederkehrenden Rollen? Wie beginnen deine Beziehungen, wie enden sie tendenziell? Welche gemeinsamen Qualitäten hatten all deine Partnerinnen? Besitzt du selbst irgendwelche der Merkmale, die du in deiner alten Liebe bekämpft hast? War sie dein Schatten, herbeigeholt, um dich mit deinen vielseitigen Energiemustern in Verbindung zu bringen? Was hat dich an ihren Problemen in erster Linie angezogen oder fasziniert? Was sind deine Stärken und Schwächen in einer Beziehung? Welche Sorgen hast du anderen bereitet? Wo hast du dich bewaffnet und selbst geschützt? Wo konntest du dich öffnen und wachsen? Was möchtest du lernen, anders zu machen? Was möchtest du jetzt tun? Wünschst du deiner alten Liebe mehr, daß sie glücklich wird oder daß sie bei dir sei? Was machte dich glücklich, bevor du ihr begegnet bist? Gib zu, daß es zwei Menschen braucht, um eine Beziehung zugrunde zu richten. Selbst wenn dein Anteil an ihrem Tod nur zehn Prozent betrug (ha!), so übernimm dafür die Verantwortung. Entschuldige dich für alles, was du angerichtet hast, und laß alles los, auch dich selbst. Von da an kannst du beginnen, eine neue innere Beziehung aufzubauen. »Wann immer wir über Beziehungen reden, sprechen wir in Wirklichkeit über uns in anderer Form«, sagt Lady C.

Vom Nutzen der Trauer

Wenn du dem meisten des gerade Gesagten rational und philosophisch zustimmst, dich aber immer noch schrecklich fühlst – hier ein paar weitere herzensheilsame Übungen der Ladies. Mach dir keine Sorgen, wenn Wellen der Trauer, des Zweifels und der Wut ohne Vorwarnung über dich hinwegspülen. Deine Heilung wird eher eine gezackte Linie aus »nicht so gut« und »besser« sein als eine sanfte Kurve des Fortschritts. Etwas, das vielleicht hilft, ist eine Form Zenbeeinflußter Lehre, genannt »Realitäts-Therapie« oder »Morita« nach seinem frühen japanischen Gründer. Sein wichtigster Lehrsatz lautet: »Das Verhalten ist das Schwanzwackeln der Gefühle.« Moritas Weg besteht darin, Gefühle festzustellen und sie zu akzeptieren: »Ein Gefühl zu unterdrücken, ist, wie eine Welle mit einem Hammer zu erschlagen. Das schafft nur tausend kleine Wellen.« Der stoische Ratschlag von Morita besteht darin, weiterzumachen und zu *tun*, was immer du nötig hast, unabhängig von deiner Stimmung. Deine Handlungen werden letztlich deine Gefühle beeinflussen. Gefühle können als die »Würze« der Existenz betrachtet werden, statt als ihre Hauptquelle. Emotionen müssen nicht unbedingt unser Verhalten bestimmen, und wir müssen auch nicht mit ihnen in Einklang sein, bevor wir handeln. Hier sind weitere handlungsorientierte Vorschläge, die für manche von uns in Verlustsituationen sinnvoll waren:

– Um dich wieder liebenswert zu fühlen, tu etwas Liebenswertes für jemanden.

– Um Frieden zu empfinden, meditiere über den Frieden und die Freiheit von Leid für alle Lebewesen und trage deinen Teil dazu bei, Harmonie herzustellen, und sei es, daß er nur darin besteht, sanft zu sprechen.

– Um dich positiv zu fühlen, wenn du nicht positiv denken kannst, überdenke deine Mythen, zum Beispiel, daß Glück und von einer Partnerin geliebt werden ein und dasselbe sind. Viele Menschen lieben die Welt oder einen wunderbaren oder wichtigen Teil von ihr so sehr, daß sie in Glück und Liebe leben, ohne in einer Paarsituation zu sein. Im Gegensatz dazu sind viele Menschen, die geliebt werden, ausgesprochene Pechvögel – genauso wie ihre Partnerinnen. Schaffe Strukturen in deinem Leben, gerade in diesen turbulenten Zeiten, so gut, wie es dir nur möglich ist. Das ist besonders wichtig, wenn du freiberuflich arbeitest oder nicht jeden Tag zur Arbeit gehen mußt. Vielleicht meditierst du jeden Morgen, um dich wertvoll zu fühlen, ohne dich von irgend etwas überwältigen zu lassen.

– Zünde Kerzen und Räucherstäbchen an und stimme dich ein auf jeden Rosenquarz oder jede rote Koralle, die du erbetteln, borgen oder kaufen kannst.

– Hole dir professionelle Hilfe, um deinen Humor wieder

hervorzulocken. Die Welt ist voller Humoristen, die auf dich warten: witzige AutorInnen in der Bücherei, Komödien im Kino oder Theater... Lachen ist das sanfte Seelen-Jogging, das dein Herz wieder in Schwung bringt.

– Tu so, als besuchtest du eine sehr kranke Freundin und versuchtest, sie aufzuheitern. Die Unterhaltung wendet sich dem Thema zu: »Wie meine Beziehung starb.« Deine Aufgabe ist es jetzt, diese arme Frau zum Lachen zu bringen. Stelle die absurdesten Höhepunkte heraus, die lächerlichsten Argumente und das bizarrste Verhalten aus deiner Trennungsphase. Du wirst beginnen, selbst zu lachen. Von Natur aus sind wir vielleicht eine Tragödie, aber von unseren Handlungen her sind wir oft sehr komisch.

– Entdecke deine ursprüngliche Faszination wieder für die Wechselfälle des Lebens.

– Und jetzt eine Botschaft aus der Drogen-Abteilung. Vermeide Alkohol und irgendwelche anderen Suchtmittel. Schließlich sollst du eingestimmt werden, nicht wegtreten. Die meisten stimmungsverändernden Drogen lösen einen Kurzschluß in deinen Gefühlen aus und hindern dich daran, mit Schmerz, Intimität oder auch Lust in Kontakt zu kommen. Statt dessen bekommst du eine chemische Lobotomie, nicht etwa Heilung. Die Frau, die ihr Leben neu ordnen will, muß vielleicht ihren Wein zurückgehen lassen, heißt es.

– Auch eine »geographische Kur« solltest du ins Auge fassen. Eine sinnvolle Art, den Zauber des Unglücks zu brechen, ist, sich total aus der angstvoll besetzten Szenerie herauszubegeben. Der Lieblingsstuhl deiner alten Liebe, ihre Geschenke, »unsere« Lieder auf all den Kassetten machen dir Kopfschmerzen. Wenn du eine Weile zu einer Freundin ziehst oder auf ein Haus aufpaßt, selbst wenn es nur für ein Wochenende ist, wird dir das dabei helfen, der negativen Hypnose zu entgehen.

– Kaufe oder leihe dir neue Platten, so daß du Musik einsetzen kannst, um dich selbst zu heilen.

– Die schlimmste Qual ist, wenn ihr euch schon getrennt habt, aber immer noch zusammen wohnen müßt, bis die eine oder andere von euch eine neue Wohnung gefunden hat. Dies stellt eine Zerreißprobe eurer psychischen Stärke dar und ist die äußerste Anforderung an euer gutes Benehmen, die sich nur denken läßt. Zuallererst solltest du nur so wenig Zeit wie möglich zu Hause verbringen. In einer solchen Situation kann kein Mensch Gleichmut bewahren. Gib vor, daß du eine großartige Schauspielerin bist in deiner größten Rolle: »Die attraktive Fremde.« Denke »räumlich«. Oder gib vor, du seist eine weise und empfindsame Priesterin der Göttin, die in das Tal des Schmerzes und der Würdelosigkeit hinabgestiegen ist, um Sanftheit und Großmut zu lernen. Es heißt, es sei nicht nötig, Buddha zu sein, nur, sich entsprechend zu benehmen. Tröstlich kann der Gedanke sein, daß du danach das Fegefeuer bereits hinter dir hast und es dann nicht mehr nach deinem Tode erleben mußt.

– Wenn du Glück hast und nicht die Rolle der Mitbewohnerin deiner Ex spielen mußt, gibt es noch ein weiteres schreckliches Spiel, die »Güter-Trennung«. Wenn ihr zusammengelebt habt, müßt ihr all die Dinge aufteilen, die ihr gemeinsam angeschafft habt: die Kücheneinrichtung, das Aquarium oder – Göttin, hilf – den Futon und sogar die FreundInnen. Idealerweise wurde dies alles bereits in eurer gemeinsamen Vereinbarung geklärt. Wenn nicht, stehen jetzt rauhe Zeiten bevor. Materielle Güter symbolisieren dann häufig emotionale Ungerechtigkeiten, die richtiggestellt werden müssen. Die meisten Ladies erinnern sich bei dem Gedanken an ihre »beste Trennung« daran, wie jede der beiden Partnerinnen sich überwunden hat, um so großzügig wie möglich zu sein. »Dies ist mein Geschenk an dich.« Solche Paare bleiben gewöhnlich Herzensfreundinnen mit gemeinsamen Ressourcen bis zum heutigen Tag. Vermutlich wirst du hassen, was du deiner alten Liebe abgerungen hast, also warum läßt du nicht ein paar wenige Dinge los und behältst dafür deine Würde?

Bei Kindern ist es anders. Idealerweise habt ihr bereits die Besuchsrechte, Unterstützung und andere Themen geklärt, als die Wogen eurer Beziehung noch ruhig waren. Es ist immer besser, den Kindern die Wahrheit über die Trennung und eure wirklichen Gefühle zu sagen. Kinder können heilsame Weisheiten dazu beitragen und sehr gut für sich selbst sorgen. Aber sei darauf vorbereitet, mit ihnen über ihre Themen zu sprechen, die sich gar nicht so sehr von deinen eigenen unterscheiden: Verlassenheitsgefühle, Abhängigkeit, Stabilität, Schuldgefühle.

Sei auch darauf vorbereitet, mit eurer jeweiligen biologischen Familie umgehen zu müssen. Es ist wahrscheinlich, daß Eltern und Geschwister, die euch auch in einer Trennungssituation beistehen, euch auch schon vorher zur Seite standen. Familienmitglieder, die jedoch eurer Beziehung feindlich gegenüberstanden, werden euch auch mit Vorurteilen und Schuldzuweisungen überhäufen, wenn es zur Trennung kommt. Das Traurigste ist jedoch, wenn eure Liebe unsichtbar war für eure Herkunftsfamilien, denn dann gilt das gleiche für den Schmerz eurer Trennung.

– Viele Frauen finden es hilfreich und unterstützend, wenn sie ihren Kummer in einem Tagebuch notieren können. Verfolge deine emotionalen Ausbrüche und versuche festzustellen, was sie auslöst. Schreibe auf, was dich stützt und stärkt, was dir hilft. Erfinde dich neu als einen Charakter, der zu dir zurückkehrt.

– Schreibe deinen Nachruf auf. Schreibe auf, was sie in fünf Jahren über dich sagen sollen.

– Klebe dir Sprüche mit unterstützenden Bemerkungen überall hin: »Es hat dich also umgemäht. Steh auf und beginn von neuem.« – »Ich habe den Rest meines Lebens zurückerhalten.« – »Schmerz ist unvermeidbar. Leiden kannst du wählen.«

– Entwickle Teile von dir weiter, für die du bislang keine Zeit hattest. Kunst, Politik, Gemeindearbeit sind auch großartige Möglichkeiten, neue Menschen in dein Leben einzuladen.

– Lade diese neuen Menschen von ganzem Herzen in dein Leben ein. Die Natur kann ein Vakuum nicht leiden. Während du frei bist, allein zu wachsen, bist du auch frei, die eine zu finden, die nach dir Ausschau hält.

– Versichere dich, daß du jemanden findest, der oder die mit dir die Ferien verbringt. Der Urlaub ist sonst eine einzige große Einsamkeits-Spirale. Bitte deine FreundInnen, in Zeiten bei dir zu sein, die besonders schlimm sind, wie Gedenktage.

– Wenn es bei dir um Veränderung geht, dann trage die Veränderung mit Fassung. Veränderung hat sie gebracht, und die Veränderung hat sie genommen. Manche Frauen legen sich neue Kleidungsstücke zu, einen neuen Haarschnitt, einen neuen Job – sie verändern in dieser Zeit alles, nur die Kinder behalten sie.

So endet dieses unpopuläre Kapitel. Aber wenn wir alle Liebhaberinnen sind, die alleine gehen – zumindest zeitweise –, ist das das Ende? Es klingt doch mehr wie ein Anfang, denn meistens ist dann das Ende der Anfang von etwas Neuem. »Nimm's leicht«, fordert uns Gertrude Stein auf, »und wenn du es nicht leicht nehmen kannst, dann nimm es so leicht, wie du kannst.«

Die Frau in der Gesellschaft

Gerhard Amendt
Die bevormundete Frau oder Die Macht der Frauenärzte
Band 3769

Dagmar Bielstein
Von verrückten Frauen
Notizen aus der Psychiatrie
Band 10261

Margrit Brückner
Die Liebe der Frauen
Über Weiblichkeit und Mißhandlung
Band 4708

Colette Dowling
Der Cinderella-Komplex
Die heimliche Angst der Frauen vor der Unabhängigkeit
Band 3068

Perfekte Frauen
Die Flucht in die Selbstdarstellung
Band 11190

Uta Enders-Dragässer / Claudia Fuchs (Hg.)
Frauensache Schule
Aus dem deutschen Schulalltag: Erfahrungen, Analysen, Alternativen
Band 4733

Marianne Grabrucker
»Typisch Mädchen ...«
Prägung in den ersten drei Lebensjahren
Band 3770

Vom Abenteuer der Geburt
Die letzten Landhebammen erzählen
Band 4746

Michaela Huber/ Inge Rehling
Dein ist mein halbes Herz
Was Freundinnen einander bedeuten
Band 4727

Helge Kotthoff (Hg.)
Das Gelächter der Geschlechter
Band 4709

Ellen Kuzwayo
Mein Leben
Frauen gegen Apartheid
Band 4720

Katja Leyrer
Hilfe! Mein Sohn wird ein Macker
Band 4748

Marlene Lohner (Hg.)
Was willst du, du lebst
Trauer und Selbstfindung in Texten von Marie Luise Kaschnitz
Band 10728

Fischer Taschenbuch Verlag

fi 15 / 10 a